O Livro Perdido de Enki

Memórias e Profecias de um Deus Extraterrestre

Zecharia Sitchin

O Livro Perdido de Enki

Memórias e Profecias de um Deus Extraterrestre

Tradução:
Renata Brabo

Publicado originalmente em inglês sob o título *The Lost Book of Enki*, por Blar & Company.
© 2002, Zecharia Sitchin.
Direitos de edição e tradução para o Brasil.
Tradução autorizada do inglês.
© 2024, Madras Editora Ltda.

Editor:
Wagner Veneziani Costa (*in memoriam*)

Produção e Capa:
Equipe Técnica Madras

Tradução:
Renata Brabo

Revisão da Tradução:
Eduardo Kraszczuk

Revisão:
Arlete Genari
Neuza Rosa

Dados Internacionais de Catalogação na Publicação (CIP)
(Câmara Brasileira do Livro, SP, Brasil)

Sitchin, Zecharia
O livro perdido de Enki : memórias e profecias de um Deus extraterrestre / Zecharia Sitchin ; tradução Renata Brabo.
São Paulo : Madras, 2024.

ISBN 978-85-370-0846-1

Título original: The lost book of Enki
Bibliografia.
1. Civilização antiga - Influências extraterrestres 2. Livros antigos - História I. Título.

13-02771   CDD-930

Índices para catálogo sistemático:
1. Civilização antiga : Influências extraterrestres 930

É proibida a reprodução total ou parcial desta obra, de qualquer forma ou por qualquer meio eletrônico, mecânico, inclusive por meio de processos xerográficos, incluindo ainda o uso da internet, sem a permissão expressa da Madras Editora, na pessoa de seu editor (Lei nº 9.610, de 19.2.98).

Todos os direitos desta edição, em língua portuguesa, reservados pela

MADRAS EDITORA LTDA.
Rua Paulo Gonçalves, 88 — Santana
CEP: 02403-020 — São Paulo/SP
Tel.: (11) 2281-5555 – (11) 98128-7754
www.madras.com.br

Índice

Introdução 7
Atestado 16

As Palavras do Senhor Enki
    A Primeira Tabuleta 23
    A Segunda Tabuleta 41
    A Terceira Tabuleta 58
    A Quarta Tabuleta 75
    A Quinta Tabuleta 92
    A Sexta Tabuleta 109
    A Sétima Tabuleta 126
    A Oitava Tabuleta 143
    A Nona Tabuleta 160
    A Décima Tabuleta 179
    A Décima Primeira Tabuleta 197
    A Décima Segunda Tabuleta 216
    A Décima Terceira Tabuleta 235
    A Décima Quarta Tabuleta 254

Glossário 257

Introdução

Há cerca de 445.000 anos, astronautas de outro planeta vieram à Terra em busca de ouro.

Caindo em um dos mares da Terra, eles desembarcaram e fundaram Eridu, o "Lar Longínquo". Com o passar do tempo, o assentamento inicial se expandiu, tornando-se a Missão Terra completa, com um centro de controle da missão, um porto espacial, operações mineradoras e, ainda, uma "estação de passagem" em Marte.

Com mão de obra insuficiente, os astronautas utilizaram a engenharia genética para criar operários primitivos – o *Homo Sapiens*. O Dilúvio que varreu catastroficamente a Terra exigiu um novo recomeço. Os astronautas tornaram-se deuses, concedendo à humanidade a civilização e ensinando-a a adorar.

Então, cerca de 4 mil anos atrás, tudo o que foi conquistado desmoronou em uma catástrofe nuclear, causada pelos visitantes no curso de suas próprias rivalidades e guerras.

O que ocorreu na Terra e, em especial, os eventos no princípio da história da humanidade foram reunidos por Zecharia Sitchin em sua série *As Crônicas da Terra*, a partir dos textos da Bíblia, de tabuletas de argila, mitos antigos e descobertas arqueológicas. Porém, o que houve antes dos acontecimentos na Terra? O que aconteceu em Nibiru, o próprio planeta dos astronautas, que os levou a viajar pelo espaço, o que causou sua necessidade de ouro e levou à criação do Homem?

Que emoções, rivalidades, crenças, morais (ou ausência delas) motivaram os protagonistas das sagas celestes e espaciais? Que relacionamentos levaram a uma tensão crescente em Nibiru e na Terra, que conflitos surgiram entre velhos e jovens, entre os que haviam vindo de Nibiru e os que nasceram na Terra? E em que medida isso havia sido determinado pelo Destino – cujo registro de acontecimentos passados guarda a chave para o futuro?

Não seria auspicioso se um dos protagonistas, testemunha ocular, e o único capaz de distinguir entre Sorte e Destino, registrasse para a posteridade como, onde e o porquê de tudo – o Princípio e, quem sabe, o Fim?

Foi exatamente isso que alguns deles fizeram, e dentre os principais estava o líder que comandou o primeiro grupo de astronautas.

Estudiosos e teólogos partilham atualmente a ideia de que os relatos bíblicos da Criação, de Adão e Eva, do Jardim do Éden, do Dilúvio e da Torre de Babel se basearam em textos redigidos milênios antes, na Mesopotâmia, principalmente pelos sumérios. Estes, por sua vez, declaravam claramente que obtiveram seus conhecimentos por meio de eventos passados – muitos deles de uma época anterior ao início das civilizações e até antes da criação da humanidade – das escrituras dos anunnakis ("Aqueles que vieram do Céu à Terra"), os "deuses" da Antiguidade.

Como resultado de um século e meio de descobertas arqueológicas nas ruínas das civilizações antigas, em especial no Oriente Próximo, foi descoberto um grande número desses textos primitivos. Os achados revelaram também a extensão dos textos perdidos – os assim chamados livros perdidos – os quais eram também mencionados nos textos descobertos ou inferidos a partir destes, ou cuja existência é conhecida porque foram catalogados em bibliotecas reais ou dos templos.

Algumas vezes os "segredos dos deuses" foram parcialmente revelados em histórias épicas, como a "Epopeia de Gilgamesh", que revela o debate entre os deuses que levou à decisão de permitir que a humanidade parecesse em meio ao Dilúvio, ou em um texto nomeado "Epopeia de Atrahasis", que conta sobre o conflito dos anunnakis que trabalhavam nas minas de ouro e conduziu à criação de trabalhadores primitivos – os terrestres. De tempos em tempos, os próprios líderes dos astronautas escreviam as composições: às vezes ditando o texto a um escriba, como no chamado "The Erra Epos", em que os dois deuses responsáveis por desencadear a catástrofe nuclear tentam culpar um ao outro; outras vezes o deus agia como o próprio escriba, como no caso do *Book of the Secrets of Thoth* (o deus egípcio do conhecimento), e que o mesmo deus escondeu em uma câmara subterrânea.

Quando o Senhor Deus Jeová, segundo a Bíblia, concedeu os Mandamentos ao seu povo escolhido, ele primeiramente os escreveu com as próprias mãos em duas tábuas de pedra, que deu a Moisés no Monte

Sinai. Quando Moisés destruiu essas primeiras tábuas, como resposta ao incidente do "bezerro de ouro", as tábuas substitutas foram escritas por ele mesmo, em ambos os lados, enquanto permaneceu no Monte durante 40 dias e 40 noites, registrando as palavras do Senhor.

Não fosse um relato escrito em um papiro na época do faraó egípcio Khufu (Quéops) a respeito do *Book of the Secrets of Thoth*, a existência desse livro seria desconhecida. Não fosse pelas narrativas bíblicas do Êxodo e do Deuteronômio, nunca saberíamos sobre as tábuas divinas e seu conteúdo; tudo se tornaria parte da enigmática coleção dos "livros perdidos", cuja existência jamais teria vindo à luz. Não menos doloroso é o fato de que em alguns casos nós saibamos da existência de certos textos, mas seus conteúdos permaneçam na escuridão – é o caso do *Livro das guerras de Yahweh* e do *Livro de Jasher* (o "Livro do Justo"), mencionados na Bíblia. Em pelo menos duas instâncias pode-se inferir a existência de livros antigos – textos primitivos, conhecidos pelo narrador bíblico. O capítulo cinco de Gênesis inicia com a afirmação "Este é o livro do Toledot de Adão", sendo o termo Toledot comumente traduzido como "gerações". Porém seu significado mais preciso seria "registro histórico ou genealógico". A outra instância está no capítulo seis de Gênesis, no qual os eventos sobre Noé e o Dilúvio começam com as seguintes palavras: "Estas são as *Toledot* de Noé". De fato, versões parciais de um livro conhecido como *O Livro de Adão e Eva* sobreviveram por milênios nas línguas armênia, eslava, siríaca e etíope, e *O Livro de Enoch** (um dos chamados livros Apócrifos não incluídos na Bíblia canônica) possui segmentos que são considerados pelos estudiosos fragmentos de um livro bem mais antigo, *O Livro de Noé*.

Um exemplo bastante citado sobre o grande número de livros perdidos é o da famosa Biblioteca de Alexandria, no Egito. Fundada pelo general Ptolomeu após a morte de Alexandre, em 323 a.C., supostamente continha mais de meio milhão de "volumes" – livros inscritos em uma variedade imensa de materiais, como barro, pedra, papiro e pergaminho. Essa grande biblioteca, onde os estudiosos se reuniam para analisar o conhecimento acumulado, foi queimada e destruída nas guerras que ocorreram de 48 a.C. até a conquista árabe, em 642 d.C. O que restou de seus tesouros foi uma tradução para o grego dos primeiros cinco livros da Bíblia Hebraica, além de fragmentos conservados nos escritos de alguns estudiosos que residiam na biblioteca.

---

*N.E.: Sugerimos a leitura de *O Livro de Enoch – O Profeta*, publicado pela Madras Editora.

É somente assim que sabemos que o rei Ptolomeu II incumbiu, por volta de 270 a.C., um sacerdote egípcio que os gregos chamaram de Maneton, de compilar a história e a pré-história do Egito. Primeiramente, Maneton escreveu que só os deuses reinavam ali; em seguida os semideuses e, finalmente, por volta de 3100 a.C., iniciaram-se as dinastias dos faraós. Segundo Maneton, os reinados divinos tiveram início 10 mil anos antes do Dilúvio e se seguiram por milhares de anos depois disso, tendo seu último período testemunhado batalhas e guerras entre os deuses.

Nos domínios asiáticos de Alexandre, em que o reinado caiu nas mãos do general Seleucos e seus sucessores, houve um esforço similar para proporcionar aos sábios gregos registros dos eventos passados. Beroso, um sacerdote do deus babilônio Marduk, com acesso às bibliotecas de tábuas de argila, cujo núcleo era a biblioteca do templo de Harran – atualmente no sudeste da Turquia – escreveu em três volumes uma história de deuses e homens, desde 432 mil anos antes do Dilúvio, quando os deuses haviam descido dos céus à Terra. Listando por nomes e duração os reinados dos dez primeiros comandantes, Beroso relatava que o primeiro líder (vestido como um peixe) chegou à terra pelo mar. Seria ele quem daria civilização à humanidade, e seu nome, transformado para o grego, era Oannes.

Combinando muitos detalhes, os dois sacerdotes relataram assim histórias sobre deuses que vieram do céu para a Terra, sobre um tempo que somente os deuses reinavam nela, e também sobre o catastrófico Dilúvio. Nos fragmentos conservados (em outros escritos contemporâneos) dos três volumes, Beroso especificava a existência de escritos anteriores à época da Grande Enchente – tábuas de pedra que foram escondidas, por segurança, em uma cidade antiga chamada Sippar, uma das cidades originais fundadas pelos deuses antigos.

Apesar de Sippar, assim como outras cidades dos deuses antes do Dilúvio, ter sido esmagada e destruída pela Grande Enchente, uma referência aos escritos pré-diluvianos surgiu nos anais do rei assírio Assubarnipal (668-633 a.C.). Quando os arqueólogos encontraram em meados do século XIX a antiga capital assíria de Nínive – até então conhecida apenas pelo Antigo Testamento – eles descobriram nas ruínas do palácio de Assubarnipal uma biblioteca com cerca de 25 mil tabuletas de argila inscritas. Assíduo colecionador de "textos antigos", Assubarnipal gabava-se em seus anais: "O deus dos escribas presenteou-me com o dom do conhecimento de sua arte; fui iniciado no segredo da escrita, consigo ler as tabuletas mais complexas em sumério, compreendo as palavras enigmáticas nas pedras esculpidas nos dias anteriores ao Dilúvio".

Sabe-se que a civilização suméria transformou-se no que hoje é o Iraque quase um milênio antes da época faraônica no Egito, e que ambas foram seguidas pelo Vale do Indo, no subcontinente da Índia. Sabemos também que os sumérios foram os primeiros a escrever os anais e histórias de deuses e homens, dos quais todos os outros povos, inclusive os hebreus, obtiveram relatos sobre a Criação, Adão e Eva, Caim e Abel, o Dilúvio e a Torre de Babel, e das guerras e os amores dos deuses, refletidos em escritos e recordações dos gregos, hititas, cananeus, persas e indo-europeus. Todos esses escritos antigos atestam que suas fontes foram textos ainda muito mais antigos – alguns descobertos, vários perdidos.

O volume desses escritos antigos é estarrecedor; não milhares, mas dezenas de milhares de tábuas de argila foram descobertas nas ruínas do antigo Oriente Próximo. Muitas registram aspectos da vida cotidiana, como o salário dos trabalhadores e contratos comerciais; outras, encontradas principalmente nas bibliotecas de palácios, constituem os anais reais. Outras, ainda, descobertas nas ruínas das bibliotecas dos templos ou nas escolas de escribas, constituem um grupo de textos canônicos, uma literatura secreta, escritas na linguagem suméria e traduzidas para o acádio (a primeira língua semita) e, posteriormente, para as outras línguas da Antiguidade. E mesmo nesses escritos antigos de quase 6 mil anos é possível encontrar referências a "livros" perdidos (textos inscritos em tabuletas de pedra).

Dentre os incríveis – dizer afortunados não expressaria completamente o milagre – achados nas ruínas das cidades antigas e suas bibliotecas estão alguns prismas de argila, em que há escrituras com várias informações sobre os dez governantes pré-diluvianos e seus 432 mil anos de reinado ao qual Beroso havia se referido. Conhecidas como *As Listas dos Reis Sumérios* (e expostas no Museu Ashmolean, em Oxford, Inglaterra), suas diversas versões não deixam dúvidas de que os compiladores sumérios tiveram acesso a um material comum ou canônico mais antigo. Em conjunto com outros textos, igualmente primitivos, descobertos em vários estados de conservação, eles sugerem veementemente que quem registrou originalmente a Chegada, tal como os eventos que a precederam e seguiram, foi um daqueles líderes, um "participante-chave", uma testemunha.

Alguém que testemunhou esses eventos, de fato um dos principais participantes, foi o líder que aterrissou com o primeiro grupo de astronautas. Na época, seu nome-epíteto era E. A., "Aquele que Mora na Água". Ele sofreu uma imensa decepção por ter perdido o comando da Missão Terra para seu meio-irmão e rival EM.LIL ("Senhor do Comando"), uma humilhação pouco amenizada por ter recebido o título de EN.Ki, "Senhor da Terra". Afastado das cidades dos deuses e de seu aeroporto espacial no E.DIN ("Éden") para supervisionar a mina de ouro de AB.ZU (sudoeste da África), Ea/Enki – um grande cientista – notou os hominídeos que habitavam aquelas áreas. E então, quando os anunnakis que trabalhavam nas minas se amotinaram e disseram "basta!", foi ele quem percebeu que a mão de obra necessária poderia ser obtida acelerando-se a evolução por meio da engenharia genética. E assim surgiu o *Adão* (literalmente, "Aquele que é da Terra", terrestre). Sendo um híbrido, Adão era incapaz de procriar; os eventos ecoados em relatos da Bíblia sobre Adão e Eva no Jardim do Éden marcam a segunda manipulação genética de Enki, a qual foram aduzidos os genes cromossômicos necessários para a procriação. E quando a humanidade, proliferando, não saiu da maneira que havia sido prevista, Enki foi contra o plano de seu irmão Enlil de deixar que a humanidade perecesse no Dilúvio – eventos cujo herói foi chamado de Noé na Bíblia e Ziusudra nos antigos textos originais sumérios.

Como primogênito de Anu, governante de Nibiru, Ea/Enki era versado no passado de seu planeta (Nibiru) e de seus habitantes. Cientista competente, Enki legou os mais importantes aspectos dos conhecimentos avançados dos anunnakis, especialmente a seus dois filhos: Marduk e Ningishzidda (que, no Egito, eram conhecidos respectivamente como os deuses Rá e Thoth). No entanto, ele teve também um papel de extrema importância no compartilhamento com a humanidade de certos aspectos de tal conhecimento avançado, ensinando a indivíduos selecionados os "segredos dos deuses". Em pelo menos dois casos, os iniciados anotaram (como lhes foi instruído) esses ensinamentos divinos como herança da humanidade. Um desses iniciados, chamado Adapa e provavelmente filho de Enki com uma humana, é conhecido por ter escrito um livro chamado *Writings Regarding Time* (um dos livros perdidos mais antigos). O outro, Enmeduraki, foi possivelmente o protótipo do Enoch bíblico, aquele que subiu ao céu após ter confiado a seus filhos o livro secreto dos deuses, uma versão do qual provavelmente sobreviveu no extra-bíblico *Livro de Enoch*.

Mesmo sendo o primogênito de Anu, ele não estava destinado a ser o sucessor de seu pai ao trono de Nibiru. Regras complexas de sucessão, reflexo da conturbada história dos nibiruanos, concediam tal privilégio ao meio irmão de Enki, Enlil. No empenho de resolver o amargo conflito, Enki e Enlil acabaram em uma missão, em um planeta estranho – a Terra – cujo ouro era necessário para criar um escudo que preservasse a pequena atmosfera de Nibiru. Foi nessas condições ainda mais complexas, por causa da presença de sua meia-irmã Ninharsag (a oficial médica chefe dos anunnakis), na Terra, que Enki decidiu desafiar os planos de Enlil de fazer com que a humanidade perecesse no Dilúvio.

O conflito entre os meio-irmãos continuou, mesmo entre seus netos. O fato de que todos eles, e especialmente aqueles nascidos na Terra, enfrentavam a perda da longevidade proporcionada pelo longo período orbital de Nibiru aumentou as agonias pessoais e aguçou as ambições. Tudo isso chegou ao ápice no último século do terceiro milênio a.C., quando Marduk, primogênito de Enki por sua esposa oficial, proclamou que ele, e não o primogênito de Enlil, Ninurta, deveria herdar a Terra. O amargo conflito, que incluiu uma série de guerras, levou ao uso de armas nucleares; o resultado não intencional foi o fim da civilização suméria.

A iniciação de indivíduos selecionados nos "segredos dos deuses" marcou o início do sacerdócio, as linhagens de mediadores entre os deuses e o povo, os transmissores da Palavra Divina aos mortais terrestres. Os oráculos – interpretações de declarações divinas – misturaram-se à observação dos céus aos presságios. E quando a humanidade cada vez mais tomava partido nos conflitos dos deuses, a Profecia começou a desempenhar um papel. De fato, o termo que denota esses porta-vozes dos deuses que proclamavam o que estava por vir, *Nabih*, era o epíteto ao filho primogênito de Marduk – Nabu –, que, em nome de seu pai exilado, tentou convencer a humanidade de que os sinais celestes indicavam a supremacia de Marduk.

Esses acontecimentos destacaram a necessidade de diferenciar entre Sorte e Destino. As proclamações de Enlil, às vezes também de Anu, que costumavam ser inquestionáveis, estavam agora sujeitas ao minucioso exame da diferença entre o NAM – um Destino, como os circuitos planetários, cujo curso havia sido determinado e era imutável – e NAM.TAR, literalmente um destino que poderia ser curvado, quebrado, mudado – que seria a Sorte. Revisando e relembrando a sequência dos acontecimentos e o aparente paralelismo entre o que havia ocorrido em Nibiru e o que acontecera na Terra, Enki e Enlil começaram a ponderar filosoficamente o que de fato fora destinado e não poderia ter sido evitado, e o que acabou acontecendo como consequência de decisões, certas ou erradas, e do livre-arbítrio. Estas não podiam ser antecipadas, enquanto que as primeiras podiam ser previstas – especialmente se todas, como os circuitos planetários, fossem cíclicas; se o que foi voltaria a ser, se as Primeiras Coisas voltariam a ser as Últimas Coisas.

O evento climático da desolação nuclear aguçou o exame de consciência entre os líderes dos anunnakis e destacou a necessidade de explicar para as devastadas massas humanas o porquê de ter ocorrido tudo aquilo. Foi coisa do destino, ou apenas o resultado da Sorte dos anunnakis? Havia algum responsável, alguém para prestar contas?

Nos conselhos dos anunnakis às vésperas da calamidade, foi Enki o único a se opor ao uso das armas proibidas. Foi então importante para Enki explicar aos sobreviventes que sofreram como aquele ponto crítico na saga dos extraterrestres, que tinham boas intenções, havia acontecido. E quem, se não Ea/Enki, o primeiro a chegar e presenciar tudo, era o mais qualificado para contar sobre o passado para que o futuro pudesse ser adivinhado? E a melhor forma de contar tudo isso era um relatório em primeira pessoa feito pelo próprio Enki.

É certo que ele escreveu sua autobiografia, pois um longo texto (estendendo-se por pelo menos 12 tabuletas), descoberto na biblioteca de Nippur, cita Enki dizendo:

Quando cheguei à Terra,
havia uma grande inundação.
Quando me aproximei de seus prados verdes,
montes e morros eram empilhados
ao meu comando.
Em um lugar puro construí minha casa,
um nome apropriado eu lhe dei.

O longo texto prossegue descrevendo como Ea/Enki atribuiu, então, tarefas aos seus tenentes, iniciando sua missão na Terra.

Vários outros textos que relatam diversos aspectos do papel de Enki nos acontecimentos que se seguiram servem para complementar o seu relato. Eles incluem uma cosmogonia, um épico sobre a Criação, cujo cerne está no próprio texto de Enki, chamado pelos estudiosos de *Gênese de Eridu*. Neles se incluem descrições detalhadas da criação de Adão, além de descrever como outros anunnakis, macho e fêmea, chegaram até Enki em sua cidade, Eridu, para obter dele o ME – uma espécie de disco de dados com todos os aspectos da civilização codificados; e estão também inclusos textos sobre a vida privada de Enki e seus problemas pessoais, como o relato de suas tentativas de ter um filho com sua meia-irmã Ninharsag, suas relações promíscuas com as deusas e com as Filhas do Homem e as inesperadas consequências resultantes disso. O texto *Atra Hasis* ilumina os esforços de Anu para prevenir um surto de rivalidades de Enki e Enlill dividindo o domínio da Terra entre eles e os textos que registram os acontecimentos que precederam ao Dilúvio tornam quase textuais os debates do Conselho dos Deuses sobre a Sorte da humanidade e o subterfúgio de Enki conhecido como o relato de Noé e a arca – um relato conhecido somente por meio da Bíblia, até ser encontrada uma de suas versões mesopotâmicas originais em tabuletas da *Epopeia de Gilgamesh*.

As tabuletas de barro sumérias e acádias, bibliotecas dos templos babilônios e assírios, "mitos" egípcios, hititas e cananeus, e narrações bíblicas formam o corpo primordial de memórias escritas sobre as questões dos deuses e homens. Pela primeira vez, esse material disperso e fragmentado foi agregado e utilizado por Zecharia Sitchin para recriar o testemunho de Enki – lembranças bibliográficas e profecias criteriosas de um deus extraterrestre.

Apresentado como um texto ditado por Enki a um escriba escolhido, um livro de testemunho para ser revelado no momento apropriado, ele faz recordar as instruções de Jeová ao profeta Isaías (século VII a.C.):

Agora vem,
Escreve-o em uma tabuleta selada,
como um livro, grava-o;
Deixa-o ser um testemunho até o último dia,
um testemunho para todo o sempre.
Isaías, 30:8

Ao lidar com o passado, o próprio Enki percebeu o futuro. A noção de que os anunnakis, exercitando o livre-arbítrio, eram senhores de sua própria Sorte (assim como da Sorte da humanidade), abriu caminho à conclusão de que o Destino, afinal, determinava o curso dos acontecimentos, e, portanto – como reconheceram os profetas hebreus –, as Primeiras Coisas serão também as Últimas.

O registro dos eventos ditados por Enki torna-se, assim, um fundamento para a profecia, e o passado torna-se o futuro.

Atestado

*Palavras de Endubsar, escriba mestre,
filho da cidade de Eridu, servo do senhor Enki, o grande deus.*

No 17º dia do segundo mês do sétimo ano após a Grande Calamidade, fui convocado por meu mestre, o Senhor Enki, o grande deus, benevolente criador da humanidade, onipotente e misericordioso.

Eu estava entre os remanescentes de Eridu que haviam escapado da estepe árida quando o Vento Maléfico se aproximava da cidade. E vaguei pelo deserto para procurar galhos secos para fazer lenha; olhei para cima e eis que um redemoinho chegou, vindo do sul. Havia um brilho avermelhado ao seu redor, e ele não emitia qualquer som. Quando tocou o chão, quatro pés em linha reta saltaram de seu ventre, e o brilho desapareceu. Atirei-me ao chão e prostrei-me, pois sabia que aquela era uma visão divina.

E quando levantei meus olhos, havia dois emissários divinos perto de mim. Eles tinham rostos de homens, e suas vestimentas brilhavam como bronze polido. Chamaram-me por meu nome e me disseram: "Tu foste chamado pelo grande deus, o senhor Enki. Não temas, pois tu és abençoado. E estamos aqui para elevar-te e carregar-te até seu retiro na Terra de Magan, na ilha no meio do Rio de Magan, onde estão as comportas".

Enquanto eles falavam, o redemoinho levantou-se como uma carruagem de fogo e partiu. E eles tocaram minhas mãos, cada um segurando uma delas. E elevaram-me, carregando-me rapidamente entre a Terra e os céus, como no voo de uma águia. Pude ver a terra e as águas, as planícies e as montanhas. E eles me deixaram na ilha, na entrada da morada do grande deus. No momento em que soltaram minhas mãos, uma claridade como eu nunca havia visto se apossou de mim e me dominou, e caí no chão como se tivesse ficado vazio do espírito da vida.

Meus sentidos vitais retornaram, como se eu acordasse de um sono profundo, quando ouvi uma voz chamando pelo meu nome. Eu me encontrava em uma espécie de clausura. Estava escuro, mas também havia uma aura. E então meu nome foi chamado outra vez, pela mais intensa das vozes. E embora eu pudesse ouvi-la, não saberia dizer de onde ela vinha, nem ver quem estava falando. Estou aqui, eu disse – Eis-me aqui.

E então a voz me disse: "Endubsar, descendente de Adapa, eu te escolhi para ser meu escriba, para que escreva minhas palavras nas tabuletas".

E de repente apareceu um resplendor em uma parte do recinto. Eu vi um lugar organizado como o local de trabalho de um escriba: uma mesa e um assento de escriba, e pedras finamente moldadas sobre a mesa, porém não vi tabuletas nem recipientes de argila úmida. E sobre a mesa só havia um estilete, que brilhava como nenhum outro estilete era capaz.

E a voz voltou a falar: "Endubsar, filho da cidade de Eridu, meu fiel servo. Sou seu senhor Enki. Convoquei-o para transcrever minhas palavras, porque estou muito perturbado pelo que aconteceu à humanidade durante a Grande Calamidade. É meu desejo registrar o verdadeiro curso dos acontecimentos, para que tanto os deuses quanto os homens saibam que minhas mãos estão limpas. Desde o Grande Dilúvio não havia descido uma calamidade tão forte sobre a Terra, os deuses e os terrestres. Mas o Grande Dilúvio estava destinado a acontecer, e a grande calamidade, não. Esta, há sete anos, não precisava ter acontecido. Poderia ter sido evitada, e eu, Enki, fiz tudo o que pude para impedi-la; porém, fracassei. E isso foi sorte ou destino? Isso será julgado no futuro, pois, no fim dos tempos, haverá um Dia do Julgamento. Nesse dia, a Terra tremerá e os rios mudarão seu curso, haverá escuridão ao meio-dia e fogo nos céus noturnos. Esse será o dia da volta do deus celestial. E haverá quem sobreviverá e quem padecerá, quem será recompensado e quem será punido, deuses e homens igualmente, nesse dia tudo será descoberto, pois o que irá acontecer será determinado pelo que já aconteceu; e o que foi destinado será repetido em ciclo, e o que derivou da Sorte pela vontade do coração, o bem ou para o mal, será julgado".

A voz silenciou; e então o grande senhor falou de novo: "Esta é a razão pela qual narrarei o verdadeiro relato do Princípio e dos Tempos Prévios e dos Tempos Antigos, pois o futuro se esconde no passado. Durante quarenta dias e quarenta noites, eu falarei e você escreverá; quarenta será a conta dos dias e noites de seu trabalho aqui, pois quarenta é meu número sagrado entre os deuses. Durante quarenta dias e quarenta noites você não comerá nem beberá; terá pão e água desta única vez, que deverão sustentá-lo pela duração da sua tarefa".

E a voz se deteve, e de repente surgiu um brilho em outra parte da clausura. E vi uma mesa e, sobre ela, um prato e uma taça. E então, levantei-me, e havia pão no prato e água na taça.

E a voz do grande senhor Enki disse-me outra vez: "Endubsar, coma o pão e beba a água, isso o sustentará durante quarenta dias e quarenta noites". E fiz como me indicou. Depois, a voz pediu que eu me sentasse à mesa de escriba, e o brilho se intensificou ali. Não pude ver nenhuma porta nem abertura onde me encontrava, entretanto o brilho era tão forte como o do sol do meio-dia.

E a voz disse: "Endubsar, o escriba, o que vê?".

Olhei e vi o brilho que iluminava a mesa, as pedras e o estilete, e disse: "Vejo umas tabuletas de pedra, e seu tom é de um azul tão puro quanto o céu. E vejo um estilete como nunca antes tinha visto, seu corpo não parece de junco e sua ponta tem a forma de uma garra de águia".

E a voz disse: "Estas são as tabuletas onde você deverá inscrever as minhas palavras. Por meu desejo, elas foram esculpidas do mais fino lápis-lazúli, cada uma com duas faces lisas. E o estilete que vê é a obra de um deus – seu punho é feito de electrum, e a ponta de cristal divino. Deverá se adaptar firmemente à sua mão, e o que deverá ser gravado com ele se tornará fácil, como fazer marcas sobre a argila úmida. Em duas colunas você inscreverá a face frontal, em duas colunas você inscreverá o dorso de cada tabuleta de pedra. Não se desvie de minhas palavras e afirmações!".

E houve uma pausa, e eu toquei uma das pedras, e senti sua superfície, que parecia uma pele macia, suave ao tato. Então tomei o estilete sagrado e senti-o como uma pluma em minha mão.

E então o grande deus Enki começou a falar, e comecei a escrever suas palavras, exatamente como ele as dizia. Às vezes, sua voz era forte; às vezes, quase um sussurro. Às vezes, havia prazer ou orgulho em sua voz; às vezes, dor ou agonia. E quando uma tabuleta ficava inscrita em todas as suas faces, eu tomava outra para continuar.

E quando as palavras finais foram ditas, o grande deus se deteve, e pude ouvir um grande suspiro. E ele disse: "Endubsar, meu servo, por quarenta dias e quarenta noites tem escrito fielmente minhas palavras. Seu trabalho aqui está completo. Agora, tome outra tabuleta, e nela você escreverá seu próprio atestado, e ao final dela, como testemunha, marque-a com seu selo, e pegue essa tabuleta e coloque-a junto com as outras no cofre divino; pois, no momento designado, escolhidos virão até aqui e encontrarão o cofre e as tabuletas, e saberão tudo o que eu ditei a você; e o relato verdadeiro do Princípio, dos Tempos Prévios e dos Tempos de Antigamente e a Grande Calamidade passarão a ser conhecidos como *As Palavras do Senhor Enki*. E haverá um Livro de Testemunhos do passado, e um Livro de Previsões do futuro, pois o futuro se encontra no passado, e as primeiras coisas também serão as últimas".

E houve uma pausa, e peguei as tabuletas e as pus uma a uma em sua ordem correta dentro do cofre que era feito de madeira de acácia, incrustado com ouro na parte externa.

E a voz de meu senhor disse: "Agora, feche a tampa do cofre e feche o cadeado". E fiz como me foi instruído.

E houve outra interrupção, e meu senhor Enki disse: "E quanto a você, Endubsar, falou com um grande deus e, embora não haja me visto, esteve em minha presença. Portanto, está abençoado, e deverá ser meu porta-voz ante o povo. Você deverá aconselhá-los para que sejam justos, pois isso leva a uma vida boa e longa. E os confortará, pois no prazo de setenta anos se reconstruirão as cidades, e as colheitas voltarão a crescer. Haverá paz, mas também haverá guerras. Novas nações se farão poderosas, reinos surgirão e cairão. Os deuses antigos se afastarão, e novos deuses decretarão as Sortes. Mas ao fim dos dias prevalecerá o destino, e esse futuro está previsto em minhas palavras sobre o passado. De tudo isso, Endubsar, você falará às pessoas".

E houve uma pausa e um silêncio. E eu, Endubsar, prostrei-me no chão e perguntei: "Mas, como saberei o que dizer?".

E a voz do senhor Enki disse: "Haverá sinais nos céus, e as palavras que deverá pronunciar virão em sonhos e em visões. E, depois de você, haverá outros profetas escolhidos. E, ao final, haverá uma Nova Terra e um Novo Céu, e já não serão mais necessários profetas".

E então tudo silenciou, as auras se apagaram, e o espírito me deixou. E, quando recuperei meus sentidos, estava nos campos dos arredores de Eridu.

Selo de Endubsar, escriba mestre

As Palavras do Senhor Enki

Sinopse da Primeira Tabuleta

Lamentação sobre a desolação dos Sumérios
Como os deuses fugiram de suas cidades
enquanto a nuvem nuclear se espalhava
Os debates no conselho dos deuses
A fatídica decisão de liberar as Armas de Terror
A origem dos deuses e as armas terríveis de Nibiru
As guerras norte-sul de Nibiru, a unificação e as regras dinásticas
Localização de Nibiru no sistema solar
A atmosfera se dispersa e provoca mudanças climáticas
Os esforços em obter ouro para proteger a atmosfera fracassam
Alalu, um usurpador, utiliza armas nucleares para
estimular os gases vulcânicos
Anu, herdeiro dinástico, depõe Alalu
Alalu rouba uma espaçonave e foge de Nibiru

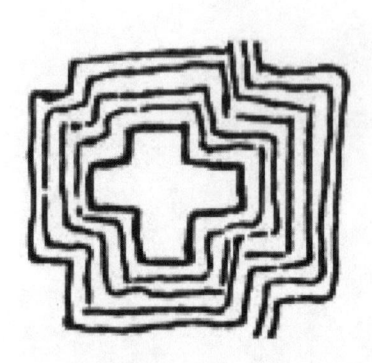

Representações de Nibiru como um planeta radiante

A Primeira Tabuleta

As palavras do senhor Enki, primogênito de Anu, que reina em Nibiru.
Com o espírito pesado, eu me lamento; lamentos amargos que enchem meu coração.
Quão desolada está a terra, seu povo entregue ao Vento Maligno, seus estábulos abandonados, seus currais vazios.
Quão desoladas estão as cidades, seus povos empilhados como cadáveres, afligidos pelo Vento Maligno.
Quão desolados estão os campos, sua vegetação seca, tocada pelo Vento Maligno.
Quão desolados estão os rios, nada mais neles se move, águas puras e cintilantes transformadas em veneno.
Do seu povo de cabelos negros, Shumer está vazia, foi-se toda vida;
De seu gado e suas ovelhas, Shumer está vazia, silenciou o ruído do leite sendo batido.
Em suas gloriosas cidades, apenas o vento uiva; a morte é o único cheiro.
Os templos, cujas cúspides alcançavam o céu, por seus deuses foram abandonados.
Não há nenhum comando de senhorio nem de realeza; cetro e coroa desapareceram.
Nas margens dos dois grandes rios, outrora exuberantes e cheios de vida, só crescem as ervas daninhas.
Ninguém percorre suas estradas, ninguém busca os caminhos; a florescente Shumer é como um deserto abandonado.
Quão desolada está a terra, lar de deuses e homens!
Sobre essa terra caiu uma calamidade desconhecida para o homem.
Uma calamidade que a humanidade nunca antes tinha visto, uma calamidade a que não se poderia resistir.
Em todas as terras, do oeste até o leste, uma destrutiva mão do terror se instalou. Os deuses, em suas cidades, estavam tão desamparados quanto os homens!
Um Vento Maligno, uma tormenta nascida em uma planície distante, uma Grande Calamidade acompanhando seu caminho.

Um vento mortífero nascido no oeste se encaminhou para o leste, seu curso foi decidido pela Sorte.
Uma tempestade devoradora como o dilúvio, destruidora pelo vento e não pela água; de ar envenenado, não de ondas, esmagadora.
Pela Sorte, não pelo Destino, foi engendrada; os grandes deuses, em seu conselho, provocaram a Grande Calamidade.
Enlil e Ninharsag o permitiram; só eu supliquei para que se contivessem.
Dia e noite, argumentei para que aceitassem os decretos dos céus, mas em vão!
Ninurta, o filho guerreiro de Enlil, e Nergal, meu próprio filho, envenenaram armas na grande planície, em seguida, as liberaram.
Nós não sabíamos que um Vento Maligno se seguiria ao brilho! Eles agora choram em agonia.
Quem poderia prever que a tempestade maligna, nascida no oeste, tomaria seu curso para o leste?! Os deuses agora lamentam.
Em suas cidades sagradas, permaneceram os deuses, sem acreditar que o Vento Maligno se dirigia para Shumer.
Um após o outro, os deuses fugiram de suas cidades, seus templos foram abandonados ao vento.
Em minha cidade, Eridu, não pude fazer nada para deter a nuvem venenosa que se aproximava.
Fujam para o campo aberto! Dei instruções às pessoas; com Ninki, minha esposa, a cidade abandonei.
Em sua cidade, Nippur, onde há o Elo Céu-Terra, Enlil não pôde fazer nada para detê-lo.
O Vento Maligno avançou sobre Nippur. Em seu barco celestial, Enlil e sua esposa partiram apressadamente.
Em Ur, a cidade da realeza de Shumer, Nannar implorou socorro a seu pai Enlil;
No lugar do templo, que se eleva ao céu em sete degraus, Nannar se recusou a atender a mão da sorte.
Meu pai, quem me engendrou, grande deus que para Ur concedeu a realeza, afaste o Vento Maligno! Apelou Nannar.
Grande deus que decreta as sortes, deixa que Ur e seus habitantes se livrem, suas preces prosseguirão! Apelou Nannar.
Enlil respondeu a seu filho Nannar: Nobre filho, à sua admirável cidade concedi a realeza, mas não lhe concedi reinado eterno.
Tome sua esposa Ningal, fujam da cidade! Nem mesmo eu, que decreto as sortes, posso impedir seu destino!

Assim falou Enlil, meu irmão; ai, ai, infelizmente não era o destino!
O dilúvio não tinha causado uma calamidade maior sobre deuses e terrestres; ai, que não era destino!
O Grande Dilúvio estava destinado a acontecer; mas não a Grande Calamidade da tempestade mortífera.
Pela quebra de uma promessa, por uma decisão do conselho, foi provocada; pelas Armas de Terror foi criada.
Por uma decisão, não pelo destino, liberaram-se as armas venenosas; por deliberação lançaram a sorte.
Contra Marduk, meu primogênito, estavam voltados os dois filhos da destruição; havia vingança em seus corações.
Marduk não deve tomar o poder! Gritou o primogênito de Enlil. Com as armas me oporei a ele, disse Ninurta.
Do povo, levantou um exército, para declarar a Babilônia o centro da Terra! Gritou Nergal, irmão de Marduk.
No conselho dos grandes deuses, palavras peçonhentas se espalharam.
Dia e noite levantei minha voz opositora; a paz aconselhei, deplorando a pressa.
Pela segunda vez, o povo tinha elevado sua imagem celeste; por que a oposição continua? Perguntei, implorando.
Verificaram-se todos os instrumentos? Não havia chegado a era de Marduk nos céus? Inquiri mais uma vez.
Ningishzidda, meu filho, citou outros signos do céu. Seu coração, eu sabia, não podia perdoar a injustiça de Marduk contra ele.
Nannar, nascido de Enlil na Terra, também foi implacável. Marduk fez sua própria morada no meu templo na cidade do norte! Assim disse.
Ishkur, o filho mais jovem de Enlil, exigiu punição; em minhas terras, fez prostituir-se o povo para ele! Disse.
Utu, filho de Nannar, contra o filho de Marduk, Nabu, dirigiu sua ira: Tentou tomar o Lugar dos Carros Celestiais!
Inanna, gêmea de Utu, estava furiosa por tudo; continuava exigindo o castigo de Marduk pelo assassinato de seu amado Dumuzi.
Ninharsag, mãe de deuses e homens, desviou a olhar. Por que Marduk não está aqui? Apenas disse.
Gibil, meu próprio filho, replicou pessimista: Marduk tem desprezado a todos os rogos; pelos sinais do céu reclama sua supremacia!
Marduk só será detido pelas armas! Gritou Ninurta, primogênito de Enlil.

Utu estava preocupado pela segurança do Lugar dos Carros Celestiais; não deve cair nas mãos de Marduk! Ele disse.

Nergal, senhor dos Domínios Inferiores, exigia ferozmente: Deixem que se utilizem as antigas Armas de Terror para a destruição!

Para meu próprio filho olhei incrédulo: Para lutarem irmão contra irmão as armas de terror foram proibidas!

Em lugar do comum acordo, houve silêncio.

No silêncio, Enlil abriu a boca: Deve haver um castigo; os malfeitores deverão ser como pássaros sem asas,

Marduk e Nabu de nossa herança nos estão privando; há que lhes privar do Lugar dos Carros Celestiais!

Deixe que o lugar queime até o esquecimento! Gritou Ninurta; deixem-me ser o Abrasador!

Entusiasmado, Nergal ficou em pé e gritou: Que as cidades dos malfeitores também sejam destruídas.

Deixem-me destruir as cidades pecadoras, deixem que a partir de hoje meu nome seja o Aniquilador!

Os terrestres, por nós criados, não devem ser feridos; os justos com os pecadores não devem morrer, eu disse com veemência.

Ninharsag, a companheira que me ajudou a criá-los, estava de acordo: A questão deve se resolver entre os deuses somente, o povo não deve ser prejudicado.

Anu, da morada celestial, estava prestando atenção às discussões.

Anu, aquele que determina as sortes, fez-se escutar de sua morada celestial:

Deixem que as Armas de Terror sejam usadas desta vez, que o lugar dos foguetes seja destruído, que o povo seja poupado.

Que Ninurta seja o Abrasador, que Nergal seja o Aniquilador! E assim Enlil anunciou a decisão:

A eles, um segredo dos deuses revelarei; o lugar oculto das armas de terror lhes desvelarei.

Os dois filhos, um meu, um dele, para sua câmara interior Enlil convocou. Nergal, quando voltou junto a mim, desviou o olhar.

Ai! Gritei sem palavras; um irmão contra o outro! São os Tempos Prévios fadados a se repetir?

Um segredo dos Tempos Antigos Enlil os revelava, as Armas de Terror a suas mãos confiou!

Envoltas em terror, com fulgor são lançadas; tudo o que tocam, em pó transformam.

Para lutas de irmão contra irmão na Terra foram proibidas, nenhuma região deveriam afetar.
Agora o juramento foi quebrado, como um vaso inútil partido em pedaços.
Os dois filhos, plenos de prazer, com passos rápidos da câmara de Enlil emergiram, para lançar as armas.
Os outros deuses voltaram para suas cidades; sem pressagiar nenhum deles sua própria calamidade!

Eis aqui o relato dos Tempos Prévios e das Armas de Terror.
Antes dos Tempos Prévios foi o Início; depois dos Tempos Prévios foram os Tempos Antigos.
Nos Tempos Antigos, os deuses vieram para a Terra e criaram os terrestres.
Nos Tempos Prévios, nenhum dos deuses estava na Terra, e os terrestres ainda não haviam sido criados.
Nos Tempos Prévios, a morada dos deuses estava em seu próprio planeta; Nibiru é seu nome.
Um grande planeta, de brilho avermelhado; ao redor do Sol, Nibiru faz um percurso alongado.
Durante parte do tempo, Nibiru estava imerso em frio; durante parte de seu percurso, o Sol o esquentava fortemente.
Uma densa atmosfera envolve Nibiru, alimentada continuamente por erupções vulcânicas.
Todo tipo de vida essa atmosfera mantém; sem ela, tudo morreria!
No período de frio, ela conserva o calor interno de Nibiru, como um revestimento quente que se renova constantemente.
No período quente, protege a Nibiru dos abrasadores raios do Sol.
Em dias de chuva, segura e libera, dando origem a rios e lagos.
Uma exuberante vegetação nossa atmosfera alimenta e protege; faz brotar todo tipo de vida nas águas e na terra.
Depois de um incontável tempo, brotou nossa própria espécie, pela nossa própria essência – uma semente eterna para procriar.
Como nosso número crescia, nossos ancestrais se espalharam por muitas regiões de Nibiru.
Alguns cultivaram a terra, alguns pastoreavam criaturas de quatro patas.
Uns viviam nas montanhas, outros fizeram seus lares nos vales.
Houve rivalidades, invasões aconteceram; houve conflitos, e os bastões viraram armas.

Os clãs se reuniram em tribos, e logo duas grandes nações se viram frente a frente.
A nação do norte contra a nação do sul pegou em armas.
O que se segurava com as mãos se transformou no lançar de mísseis; armas de estrondo e resplendor aumentaram o terror.
Uma guerra, longa e feroz, devorou o planeta; irmão lutou contra irmão.
Houve morte e destruição, tanto no norte como no sul.
Por muitos circuitos, a desolação reinou nas terras; toda vida foi dizimada.
Então, declarou-se uma trégua; e mais tarde se fez a paz.
Que as nações se unam, disseram os emissários:
Que haja um único trono em Nibiru, um rei que governe a todos.
Que haja um líder do norte ou do sul eleito pela sorte, um rei supremo.
Se for do norte, que o sul escolha a uma mulher para que seja sua esposa, como rainha e igual, para reinarem juntos.
Se pela sorte for eleito um homem do sul, que uma mulher do norte seja sua esposa.
Que sejam marido e mulher, para se tornarem uma só carne.
Que seu filho primogênito seja o sucessor; que uma dinastia unificada seja assim formada, para estabelecer a unidade em Nibiru para sempre!
Em meio às ruínas se iniciou a paz. Norte e sul por matrimônio se uniram.
O trono real em uma só carne, uma sucessão real estabelecida!
O primeiro rei depois da paz, um guerreiro do norte ele foi, um poderoso comandante.
Pela sorte, verdadeira e justa, foi ele escolhido; foram por todos aceitos seus decretos.
Para sua morada, construiu uma esplêndida cidade; Agade, que significa Unidade, foi seu nome.
Para seu reinado, um título real foi concedido; An, que significa Celestial.
Com braço forte, restabeleceu a ordem nas terras; decretou leis e regulamentos.
Apontou governadores para cada terra; a restauração e o cultivo foram sua principal tarefa.
Dele, nos anais reais, assim se registrou: An unificou as terras, a paz em Nibiru restaurou.

Construiu uma nova cidade, repararam os canais, proveu alimento para o povo; houve abundância nas terras.
Para sua esposa, o sul escolheu uma donzela dotada tanto para o amor como para a luta.
An.Tu foi seu título real; A Líder que é Esposa de An, significava engenhosamente o nome dado.
Deu a An três filhos e nenhuma filha. Ao primogênito deu o nome de An.Ki; Um que significava Sólido Fundamento de An.
Sozinho no trono ele sentou; a escolha de uma esposa foi duas vezes adiada.
Em seu reinado, concubinas foram levadas ao palácio; um filho não veio.
A dinastia assim iniciada se interrompeu com a morte de Anki; do fundamento, nenhum descendente seguiu.
O filho do meio, não o primogênito, foi nomeado Herdeiro Legal.
Desde sua juventude, um dos três irmãos foi amorosamente chamado de Ib por sua mãe. Aquele Que Está no Meio significava seu nome.
Nos anais reais, An.Ib ele é chamado: na realeza, celestial; durante gerações, "Aquele que é Filho de An" foi o significado do seu nome.
Seguiu seu pai An em seu trono em Nibiru; em suma, foi o terceiro a reinar.
Escolheu a filha de seu irmão mais novo como esposa. Nin.Ib foi chamada, "a Dama de Ib".
Ninib deu um filho a Anib; o sucessor do trono ele foi, o quarto da contagem dos reis.
Pelo nome real de An.Shar.Gal desejou ser conhecido; Príncipe de An "Que é o Maior dos Príncipes" era seu significado.
Sua esposa, uma meio-irmã, Ki.Shar.Gal, foi chamada do mesmo modo.
O conhecimento e a compreensão foram suas principais ambições; estudou assiduamente os caminhos dos céus.
Estudou a grande volta de Nibiru, sua extensão foi fixada em um Shar.
Um ano de Nibiru era essa medida, por ele os reinados reais seriam numerados e registrados.
Dividiu o Shar em dez partes e declarou assim dois festivais.
Quando mais próximos do Sol se celebrava uma festividade ao calor.

Quando Nibiru fazia sua morada distante, foi decretada a festividade do frio.
Substituindo a todas as festividades antigas de tribos e nações, para unificar o povo se estabeleceram as duas.
Leis de marido e mulher, de filhos e filhas, foram estabelecidas por decreto;
Costumes das primeiras tribos foram proclamados para todo o país.
Em decorrência das guerras, as mulheres superavam em grande número os homens.
Decretos ele fez, um homem deveria ter mais de uma mulher.
Por lei, uma mulher tem que ser escolhida como esposa oficial, Primeira Esposa deve ser chamada.
Por lei, o filho primogênito era o sucessor de seu pai.
Por essas leis, não demorou para criar-se a confusão; se o filho primogênito não era nascido da Primeira Esposa,
E depois nascia um filho da Primeira Esposa, sendo por lei o Herdeiro Legal,
Quem será o sucessor: aquele que pela conta de Shars nasceu primeiro? Aquele nascido da Primeira Esposa?
O filho Primogênito? O Herdeiro Legal? Quem será o sucessor?
No reinado do Anshargal, Kishargal foi declarada Primeira Esposa. Era meia-irmã do rei.
No reinado de Anshargal, concubinas foram levadas novamente ao palácio.
Das concubinas nasceram filhos e filhas ao rei.
O filho de uma foi o primeiro a nascer; o filho de uma concubina foi o Primogênito.
Depois, Kishargal teve um filho. Era por lei Herdeiro Legal; Primogênito não era.
No palácio, Kishargal levantou a voz e enfurecida gritou:
Se, pelas normas, meu filho, de uma Primeira Esposa nascido, vê-se privado da sucessão,
Não deixe que a dupla semente se negligencie!
Embora de diferentes mães, eu e o rei somos descendentes de um mesmo pai, o rei.
Eu sou a meio-irmã do rei; de mim, o rei é meio-irmão.
Por isso, meu filho possui a semente dupla de nosso pai Anib!
Que, na sucessão, a Lei da Semente sobre a Lei do Casamento prevaleça!

Que, na sucessão, o filho de uma meia-irmã, seja quando for que nasça, se eleve sobre os demais na sucessão!
Anshargal, considerando, concedeu seu favor à Lei da Semente:
A confusão de esposa e concubinas, de matrimônio e divórcio, seria evitada com ela.
Em seu conselho, os conselheiros reais adotaram a Lei da Semente para a sucessão.
Por ordem do rei, os escribas anotaram o decreto.
Assim, foi proclamado o próximo rei pela Lei da Semente para a sucessão.
Foi-lhe dado o nome real An.Shar. Foi o quinto no trono.

———•≫≪•———

Vem agora o relato do reinado de Anshar e dos reis que lhe seguiram.
Quando a lei foi modificada, os outros príncipes se enfrentaram. Houve palavras, não houve rebelião.
Como esposa, Anshar escolheu uma meia-irmã. Fez dela a sua Primeira Esposa; deu-lhe o nome de Ki.Shar.
Por essa lei, a dinastia continuou.
No reinado de Anshar, os campos reduziram suas colheitas, frutos e cereais perderam abundância.
De ciclo em ciclo, quando próximo ao Sol, o calor foi aumentando; nas moradas distantes, o frio se fez mais intenso.
Em Agade, a cidade do trono, o rei reuniu em assembleia aqueles de grande conhecimento.
Aos sábios e eruditos, pessoas de grande conhecimento, ordenou investigar.
A terra e o solo foram examinados, lagos e rios postos à prova.
Aconteceu antes, alguém respondeu: Nibiru, no passado, foi mais fria ou mais cálida;
Um Destino é isso, enraizado no ciclo de Nibir!
Outros sábios, observando o circuito, não consideraram culpado o destino de Nibiru.
Na atmosfera, surgiu uma brecha; esse foi seu achado.
Os vulcões, antepassados da atmosfera, lançavam ao céu menos erupções!
O ar de Nibiru estava mais tênue, o escudo protetor havia diminuído!
No reinado de Anshar e Kishar, pestes do campo fizeram-se aparecer; não se podia vencê-las com o trabalho.
O filho de ambos, En.Shar, ascendeu depois ao trono; da dinastia, era o sexto.

Nobre Mestre do Shar significava seu nome.
Com grande entendimento nasceu, dominou muitos conhecimentos com muito estudo.
Procurou caminhos para dominar as aflições; do circuito celeste de Nibiru, fez muito estudo.
À sua volta, cinco membros da família do Sol, planetas de deslumbrante beleza.
Procurando por curas para as aflições, examinou suas atmosferas.
A cada um lhe deu um nome, honrou antepassados ancestrais; considerou-os como casais celestes.
An e Antu, os planetas gêmeos, ele chamou os dois primeiros que foram encontrados.
Além do circuito de Nibiru, estavam Anshar e Kishar, por seu tamanho os maiores.
Como um mensageiro, Gaga corria entre os outros, sendo às vezes o primeiro a encontrar Nibiru.
Cinco eram os que recebiam Nibiru no céu enquanto este circundava o Sol.
Mais à frente, como uma fronteira, o Bracelete Esculpido circundava o Sol;
Como um guardião da região proibida do céu, ele a protegia com escombros.
Outros filhos do Sol, quatro em número, o bracelete defendia da intrusão.
As atmosferas dos cinco primeiros estudava Enshar.
Em seu circuito repetido, os cinco em Nibiru foram examinados atentamente.
As atmosferas que possuíam foram examinadas intensamente por intermédio da observação e dos carros celestiais.
Os achados foram surpreendentes, os descobrimentos confusos.
De volta em volta, a atmosfera de Nibiru sofria mais brechas.
Nos conselhos dos estudiosos, curas eram debatidas avidamente; consideraram-se formas de curar a ferida urgentemente.
Tentou-se um novo escudo que envolvesse o planeta; tudo o que se lançou para cima caiu de volta ao chão.
Nos conselhos dos estudiosos, estudaram-se as erupções dos vulcões.
A atmosfera havia sido criada pelas erupções vulcânicas; sua ferida havia ocorrido pela diminuição das erupções.

Que com invenções se encorajem novas erupções, que os vulcões cuspam de novo! Dizia um grupo de sábios.
Como alcançar a façanha, com que ferramentas conseguir mais erupções, ninguém podia informar ao rei.
No reinado de Enshar, a fenda dos céus aumentou.
As chuvas não aconteciam, os ventos sopravam mais fortes; as nascentes não emergiam das profundezas.
Nas terras, havia uma maldição; os seios das mães haviam secado.
No palácio, havia aflição; ali, uma maldição se instalou.
Como Primeira Esposa, Enshar desposou uma meio-irmã, seguindo a Lei da Semente.
Nin.Shar foi chamada A Senhora dos Shars. Não teve um filho.
Uma concubina a Enshar deu um filho; foi o filho Primogênito.
Por Ninshar, Primeira Esposa e meio-irmã, não veio um filho.
Pela Lei de Sucessão, o filho da concubina subiu ao trono; foi o sétimo a reinar.
Du.Uru foi seu nome real; Gerado na Morada era o significado do nome;
De fato, na Casa das Concubinas foi concebido, não no palácio.
Duuru escolheu como esposa uma donzela amada desde sua juventude; por amor, não por semente, selecionou uma Primeira Esposa.
Da.Uru foi seu nome real; A que Está a Meu Lado era o significado.
Na corte real a confusão corria desenfreada. Os filhos não eram herdeiros, esposas não eram meio-irmãs.
Na terra ia crescendo o sofrimento. Os campos esqueceram sua abundância, e entre o povo diminuiu a fertilidade.
No palácio, a fertilidade estava ausente; nem filho nem filha nasciam.
Da semente de An, sete foram os soberanos; depois, de sua semente, o trono secou.
Dauru encontrou um menino na porta do palácio; como a um filho o abraçou.
Ao final, Dauru como a um filho o adotou, nomeou-o Herdeiro Legal; Lahma, que significa Aridez, foi o nome que lhe deu.
No palácio, os príncipes protestavam; no Conselho, todos se queixavam.
Ao final, Lahma subiu ao trono. Embora não fosse da semente de An, foi o oitavo a reinar.
Nos conselhos dos estudiosos, deram-se duas sugestões para cicatrizar as brechas:

Alguém sugeriu o uso de um metal, ouro era seu nome. Em Nibiru, era muito raro; dentro do Bracelete Esculpido era abundante.
Era a única substância que se podia moer até o pó mais fino; elevado até o céu, podia ficar suspenso.
Assim, com reabastecimentos, a fenda se fecharia, haveria uma proteção melhor.
Que se construam naves celestiais, que uma frota celestial traga o ouro a Nibiru!
Que se utilizem as Armas de Terror! Foi a outra sugestão; armas que sacudam e afrouxem o chão, que dividam as montanhas;
Atacar com mísseis os vulcões, sua letargia remover, estimular suas erupções,
Reabastecer a atmosfera, fazer desaparecer a fenda!
Lahma era fraco para tomar uma decisão; não sabia qual opção tomar.
Nibiru completou uma volta, dois Shars Nibiru continuou a contar.
Nos campos, a aflição não diminuía. A atmosfera não se reparava com as erupções vulcânicas.
Passou um terceiro Shar, um quarto se contou. Não se obtinha ouro.
Os conflitos abundavam no reino; a comida e a água eram escassas.
A terra em unidade se perdeu; as acusações eram muitas.
Na corte real, os sábios iam e vinham; os conselheiros corriam para dentro e para fora.
O rei não prestava atenção às suas palavras. Só procurava conselhos com sua esposa; Lahama era seu nome.
Se for o destino, supliquemos ao Grande Criador de Tudo, ao rei, disse ela. Suplicar não agir, é a única esperança!
Na corte real, os príncipes estavam inquietos; dirigiam acusações ao rei:
De forma estúpida e absurda, está trazendo calamidades ainda maiores em vez da cura!
Dos antigos depósitos, recuperaram-se as armas; muito se falava sobre rebelião.
Um príncipe no palácio real foi o primeiro a tomar as armas.
Com palavras de promessa, agitou aos outros príncipes; Alalu era seu nome.
Que Lahma já não seja mais o rei! Gritou. Que a decisão substitua a hesitação!
Venham, vamos atacar ao rei em sua morada; façamos com que abandone o trono!

Os príncipes atenderam às suas palavras; os portões do palácio abriram com violência;
Chegaram à sala do trono, sua entrada proibida, como águas em avalanche.
O rei escapou para a torre do palácio; Alalu foi procurá-lo.
Na torre houve luta; Lahma caiu morto.
Lahma já não está entre nós! Gritou Alalu. O rei não está mais entre nós! Anunciou com alvoroço.
Alalu dirigiu-se rapidamente à sala do rei, no trono se sentou.
Sem direito nem conselho, ele mesmo se proclamou rei.
No reino, perdeu-se a unidade; uns se alegraram pela morte de Lahma, outros se entristeceram pelo que Alalu havia feito.

Vem agora o relato do reinado de Alalu e da ida à Terra.
Perdeu-se a unidade no reino; muitos se sentiam ofendidos com a realeza.
No palácio, os príncipes estavam agitados; no conselho, os conselheiros estavam desesperados.
De pai a filho, a sucessão de An prosseguiu no trono;
Inclusive Lahma, o oitavo, tinha sido declarado filho por adoção.
Quem era Alalu? Acaso era um Herdeiro Legal, era o Primogênito?
Com que direito havia usurpado o trono? Não era o assassino do rei?
Ante os Sete que Julgam, Alalu foi convocado para considerar sua sorte.
Ante os Sete que Julgam, Alalu expôs suas pretensões:
Ainda sem ser Herdeiro Legal nem filho Primogênito, ele era de semente real!
Do Anshargal descendo, ante os juízes proclamou.
De uma concubina, meu antepassado nasceu; Alam era seu nome.
Pela conta dos Shars, Alam foi o Primogênito; o trono lhe pertencia.
Por conveniência, a rainha colocou de lado os seus direitos!
A Lei da Semente do nada ela criou, para que seu filho conseguisse a realeza.
Ela privou Alam da realeza; em vez disso, ao filho dela ela foi concedida.
Por descendência, sou o sucessor das gerações de Alam; a semente de Anshargal está em mim!
Os Sete que Julgam levaram em conta as palavras de Alalu.
Ao Conselho dos Conselheiros enviaram o assunto, para que verificassem sua veracidade ou falsidade.

Trouxeram os anais reais da Casa de Registros; com muita atenção, leram-nos.
An e Antu, o primeiro casal real estava lá; três filhos e nenhuma filha lhes nasceram.
O Primogênito foi Anki; ele morreu no trono; não teve descendência.
Em seu lugar, o filho do meio subiu ao trono; Anib era seu nome.
Anshargal foi seu Primogênito; ao trono ascendeu.
Após ele, no trono, a realeza do Primogênito não continuou;
A Lei de Sucessão se substituiu pela Lei da Semente.
O filho de uma concubina era o Primogênito; pela Lei da Semente, privaram-no da realeza.
A realeza foi concedida ao filho de Kishargal, por ela ser meia-irmã do rei.
Do filho da concubina, o Primogênito, os anais não faziam menção.
Dele sou descendente! Gritou Alalu aos conselheiros.
Pela Lei de Sucessão, pertencia à realeza; pela Lei de Sucessão, à realeza tenho agora direito!
Hesitando, os conselheiros do Alalu exigiram um juramento de verdade.
Alalu prestou o juramento da vida ou da morte; o conselho o considerou rei.
Convocaram os anciãos, convocaram os príncipes; diante deles, pronunciaram a decisão.
Dentre os príncipes, um jovem príncipe se adiantou; queria dizer algo a respeito da realeza.
A sucessão deveria ser reconsiderada, disse à assembleia.
Embora nem Primogênito, nem filho da rainha, de pura semente sou descendente:
A essência de An se preservou em mim, não foi diluída por nenhuma concubina!
Os conselheiros escutaram suas palavras com surpresa; pediram ao jovem príncipe que se aproximasse.
Perguntaram seu nome. É Anu; em honra a meu antepassado An fui assim chamado!
Perguntaram por suas gerações; dos três filhos de An, recordou-lhes:
Anki foi o Primogênito, e morreu sem filho nem filha;
Anib foi o do meio, no lugar de Anki subiu ao trono;
Anib casou-se com a filha de seu irmão mais jovem; a partir deles, a sucessão está registrada nos anais.

Quem era esse irmão mais novo, filho de An e de Antu, da semente mais pura?
Os conselheiros, admirados, olhavam-se entre si.
Enuru era seu nome! Anunciou-lhes Anu: Ele foi meu grande antepassado!
Sua esposa, Ninuru, era uma meia-irmã; o filho dela foi o primogênito; Enama era seu nome.
A esposa deste era sua meio-irmã, pelas leis de semente e sucessão, um filho lhe deu.
De descendentes puros continuaram as gerações, por lei e por sementes perfeitas!
Anu, em honra a nosso antepassado An, meus pais me nomearam;
Do trono fomos apartados; da semente pura de An não nos afastamos!
Que Anu seja rei! Gritaram muitos conselheiros. Que se remova Alalu!
Outros aconselharam cautela: Evitemos conflitos, que prevaleça a unidade!
Chamaram Alalu para lhe contar o que foi descoberto.
Alalu estendeu os braços para abraçar o príncipe Anu e disse-lhe:
Embora de diferente descendência, de um único antepassado descendemos ambos;
Vivamos em paz, juntos traremos de volta a abundância a Nibiru!
Que eu conserve o trono, que você conserve a sucessão!
Ao conselho dirigiu estas palavras: Que Anu seja Príncipe Coroado, que ele seja meu sucessor!
Que seu filho se case com minha filha, que se unifique a sucessão!
Anu curvou-se ante o conselho, e à assembleia declarou:
De Alalu, o copeiro serei, seu sucessor à espera; meu filho escolherá sua filha como noiva.
Essa foi a decisão do conselho; inscrita nos anais reais.
Desta maneira, Alalu permaneceu no trono.
Ele convocou sábios, eruditos e consultou comandantes; para tomar decisões, adquiriu muitos conhecimentos.
Que se construam naves celestiais, decidiu, para procurar ouro no Bracelete Esculpido.
Os Braceletes Esculpidos destruíram as naves; nenhuma delas retornou.
Que as Armas de Terror abram as vísceras de Nibiru, que os vulcões voltem para a erupção! Ele então ordenou.

Com as Armas de Terror e os carros celestes armados, com projéteis de terror, atacaram os vulcões dos céus.
As montanhas se balançaram, os vales estremeceram com grandes explosões de luz.
Havia entusiasmo no reino; havia expectativas de abundância.
No palácio, Anu era o copeiro de Alalu.
Ele se prostrava aos pés de Alalu, colocava-lhe a taça na mão.
Alalu era o rei; tratava Anu como um servo.
No reino, o entusiasmo se apagou; as chuvas se recusavam a cair, os ventos sopravam com mais força.
As erupções dos vulcões não aumentavam, a ferida na atmosfera não se curava.
Nibiru continuava suas voltas pelo céu; de volta em volta, o calor e o frio se faziam mais difíceis de suportar.
O povo de Nibiru deixou de venerar seu rei; em vez de alívio, havia trazido miséria!
Alalu permanecia no trono.
O forte e sábio Anu, o primeiro entre os príncipes, estava de pé diante dele.
Fazia reverência a Alalu, colocava a taça em sua mão.
Durante nove períodos contados, Alalu foi rei em Nibiru.
No nono Shar, Anu apresentou batalha a Alalu.
Desafiou Alalu a combater desarmado, com os corpos nus. Que o vencedor seja rei, disse Anu.
Lutaram entre si na praça pública; os umbrais e paredes tremeram.
Alalu curvou os joelhos e caiu com o peito contra o chão.
Alalu foi derrotado em combate; por aclamação, Anu foi proclamado rei.
Anu foi escoltado até o palácio; Alalu não retornou.
Por entre as massas, silenciosamente escapou; tinha medo de morrer como Lahma.
Sem que o reconhecessem, foi apressadamente até o lugar dos carros celestiais.
Alalu subiu em um carro armado de projéteis; fechou a porta atrás dele.
Entrou na câmara frontal; ocupou o assento do comandante.
Acendeu Aquela que Mostra o Caminho, e a câmara se encheu de uma aura azulada.
Ativou as Pedras de Fogo; seu zumbido, como a música, era cativante.

Ligou o motor do carro; um brilho avermelhado foi lançado.
Sem que ninguém pudesse prever, Alalu escapou de Nibiru em uma nave celestial.
Alalu fez seu rumo para a Terra tom de neve; ele escolheu seu destino graças a um segredo do Princípio.

Sinopse da Segunda Tabuleta

A fuga de Alalu em uma espaçonave equipada com armas nucleares
Ele traça um curso para Ki, o sétimo planeta (a Terra)
Porque esperava encontrar ouro na Terra
A cosmogonia do sistema solar; a água e o ouro de Tiamat
A aparição de Nibiru do espaço exterior
A Batalha Celestial e a ruptura de Tiamat
A Terra, metade de Tiamat, herda suas águas e seu ouro
Kingu, o principal satélite de Tiamat, converte-se na Lua da Terra
Nibiru é destinado a orbitar para sempre o Sol
A chegada de Alalu e sua aterrissagem na Terra
Alalu, ao descobrir ouro, tem a Sorte de Nibiru em suas mãos

Uma representação babilônica da Batalha Celestial

A Segunda Tabuleta

Alalu rumou à gelada Terra; por um segredo do Princípio, escolheu seu destino.
Para as regiões proibidas se encaminhou Alalu; ninguém havia ido ali antes,
Ninguém havia tentado cruzar o Bracelete Esculpido.
Um segredo do Princípio determinou o curso de Alalu,
A sorte de Nibiru foi colocada em suas mãos, por meio de um plano, faria sua realeza universal!
Em Nibiru, o exílio era certo; lá, ele se arriscava à própria morte.
Em seu plano, havia riscos na viagem; mas a glória de eterno êxito era a recompensa!
Como uma águia, Alalu explorou os céus; abaixo, Nibiru era uma esfera suspensa no vazio.
Sua silhueta era atrativa, seu resplendor enfeitava os céus vizinhos.
Seu tamanho era enorme, o fogo cintilava com suas erupções.
Seu invólucro de suporte de vida, seu tom avermelhado, era como espuma do mar;
Em seu meio, via-se a fenda, como uma ferida escura.
Olhou para baixo de novo; a enorme fenda transformou-se em um pequeno tonel.
Olhou outra vez, a grande esfera de Nibiru havia se tornado uma pequena fruta.
À última vez que olhou, Nibiru havia desaparecido no grande mar escuro.
O remorso agarrou-se ao coração de Alalu, o medo o tinha nas mãos; a decisão tornou-se dúvida.
Alalu considerou interromper sua viagem; e, então, com audácia retornou à decisão.
Cem léguas, mil léguas percorreu o carro; dez mil léguas ele viajou.
Nos amplos céus, a escuridão era mais escura; na distância, as estrelas distantes piscavam diante dos seus olhos.
Alalu viajou mais léguas e, logo, seu olhar encontrou uma visão de grande alegria:
Na extensão dos céus, o emissário dos celestiais lhe dava as boas-vindas!

O pequeno Gaga, O que Mostra o Caminho, dava as boas-vindas a Alalu.
Fazendo uma curva, estava destinado a viajar antes e depois do celestial Antu,
Com uma face dianteira, com uma face para trás, com duas faces estava dotado.
Considerou como um bom presságio seu surgimento, ao ser o primeiro a saudar Alalu;
Pelos deuses celestiais era bem-vindo! Assim o entendeu.
Em seu carro, Alalu seguiu o caminho de Gaga; ele levava até o segundo deus dos céus.
Logo o celestial Antu, esse foi o nome que o Rei Enshar lhe deu, pairou na escuridão das profundezas;
Sua cor era azul como águas puras; era o início das Águas Superiores.
Alalu ficou encantado com a beleza da vista; a certa distância continuou seu percurso.
Bem além, o marido de Antu começou a brilhar, igual em tamanho a Antu,
Sendo duplo de sua esposa, por um verde azulado se distinguia An.
Uma fascinante multidão o circundava; estavam providos de chãos firmes.
Alalu se despediu afetuosamente dos dois celestiais, discernindo ainda o atalho de Gaga.
Mostrava o atalho a seu antigo senhor, do qual uma vez fora conselheiro:
A Anshar, o Primeiro dos Príncipes dos céus, o curso se voltava.
Acelerando o carro, Alalu pôde vencer a ludibriosa atração de Anshar;
Com anéis brilhantes de fascinantes cores enfeitiçava o carro!
Alalu dirigiu rapidamente o olhar a um lado, e desviou com força daquele que Mostra o Caminho.
Então, diante dele surgiu uma visão ainda mais incrível: Nos distantes céus, ele viu a estrela brilhante da família!
Uma visão mais assustadora revelou-se:
Um monstro gigante, movendo-se em seu destino, projetou uma sombra sobre o Sol; Kishar engoliu seu criador!
O acontecimento foi pavoroso; um mau augúrio, pensou de fato Alalu.

O gigante Kishar, o primeiro dos Planetas Estáveis, tinha um tamanho esmagador.
Tormentas rodopiantes obscureciam seu rosto, e moviam manchas de cores daqui para lá;
Uma hoste inumerável, uns rápidos, outros lentos, circundava o deus celestial.
Dificultosos eram seus caminhos, e se agitavam adiante e atrás.
O próprio Kishar estava lançando um feitiço, estava impulsionando relâmpagos divinos.
Enquanto Alalu observava, seu curso se viu afetado,
Distraiu-se sua direção, seus atos se confundiram.
Após isso, a intensidade da escuridão começou a diminuir: Kishar continuou no seu caminho.
Movendo-se lentamente, levantou seu véu sobre o Sol radiante;
Aquele do Princípio pôde ver-se plenamente.
A alegria do coração de Alalu não durou muito;
À frente do quinto planeta, espreitava o maior dos perigos, e ele sabia.
O Bracelete Esculpido dominava mais adiante, esperando para esmagá-lo!
Compunha-se de rochas e pedras, como órfãos sem mãe se agrupam.
Movendo-se para a frente e para trás, seguem um destino passado.
Seus feitos eram detestáveis; seus modos, perturbadores.
Haviam devorado os carros de sondagem de Nibiru como leões famintos;
Negavam-se a entregar o precioso ouro, necessário para a sobrevivência.
Precipitadamente, moveu-se o carro de Alalu para o Bracelete Esculpido,
Enfrentou em combate face a face as ferozes rochas.
Alalu alimentou mais as Pedras de Fogo de seu carro,
Dirigiu O que Mostra o Caminho com mão firme.
As sinistras rochas avançaram contra o carro, como um inimigo ao ataque em uma batalha.
Alalu soltou do carro um míssil mortífero;
Depois, outra e outra, contra o inimigo, lançou as armas de terror.
Como guerreiros assustados, as rochas retrocederam, abrindo um caminho para Alalu.
Como por feitiço, o Bracelete Esculpido abriu uma porta ao rei.
Na intensa escuridão, Alalu pôde ver os céus claramente;

Não foi derrotado pela ferocidade do Bracelete, sua missão não havia terminado!
De longe, a bola ardente do Sol estendia seu resplendor;
Emitia raios de boas-vindas para Alalu.
Em volta do Sol havia um planeta marrom-avermelhado; era o sexto na conta de deuses celestiais.
Alalu não pôde a não ser entrevê-lo: moveu-se rapidamente por seu caminho, para longe do caminho de Alalu.
Em seguida, a gelada Terra apareceu, o sétimo planeta na conta celestial.
Alalu traçou o curso para o planeta, buscando um destino mais convidativo.
Sua esfera era menor que Nibiru, sua rede de atração mais fraca que a de Nibiru.
Sua atmosfera era mais fina que a de Nibiru, nela se formavam redemoinhos de nuvens.
Abaixo, a Terra estava dividida em três regiões:
Branca pela neve no topo e na base, azul e marrom entre elas.
Com destreza, Alalu desdobrou as asas do carro para circundar a esfera da Terra.
Na região média, pôde discernir terra firme e oceanos aquosos.
Direcionou O Raio que Penetra para baixo, para detectar as interioridades da Terra.
Consegui! Gritou com êxtase:
Ouro, muito ouro, tinha indicado o raio; estava por debaixo da região de cor escura, e havia também nas águas!
Com o coração aos pulos no peito, Alalu tomava uma decisão:
Descerá seu carro sobre a terra seca, possivelmente para explodir e morrer?
Traçará um curso para as águas, para possivelmente se afundar no esquecimento?
A que caminho ele sobreviverá, onde descobrirá o valioso ouro?
No assento da Águia, Alalu não se agitou; pôs o carro nas mãos da sorte.
Completamente preso à atração da Terra, o carro se movia cada vez mais rápido.
A asas abertas ficaram incandescentes; a atmosfera da Terra era como um forno.
Logo, o carro tremeu, emitindo um estrondo mortífero.
Abruptamente, o carro chocou-se, detendo-se de repente.

Sem sentidos por causa do tremor, aturdido pelo choque, Alalu ficou imóvel.
E então abriu os olhos e soube que estava entre os vivos;
Havia chegado vitorioso ao planeta do ouro.

Vem agora o relato da Terra e seu ouro;
É um relato do Princípio, e de como os deuses celestiais foram criados.
No Princípio,
Quando Acima os deuses dos céus não tinham sido chamados à existência,
E no Ki Abaixo, o Chão Firme ainda não tinha sido nomeado,
Só, no vazio, existia Apsu, seu Engendrador Primordial.
Nas alturas do Acima, os deuses celestiais ainda não haviam sido criados;
Nas águas do Abaixo, os deuses celestiais ainda não haviam aparecido.
Acima e Abaixo, os deuses ainda não tinham sido formados, os destinos ainda não haviam sido decretados.
Nenhum junco havia se formado ainda, nenhum pântano havia aparecido;
Apsu, sozinho, reinava no vazio.
Depois, por meio dos ventos de Apsu, as águas primitivas se mesclaram,
Um hábil e divino feitiço lançou Apsu sobre as águas.
Sobre as profundezas do vazio, ele lançou um sono profundo;
Tiamat, a Mãe de Tudo, criou para ser sua esposa.
Uma mãe celestial, de fato tinha uma beleza aquosa!
Junto a ele, Apsu trouxe depois o pequeno Mummu,
Nomeou-o como seu mensageiro, para presentear Tiamat.
Um presente resplandecente Apsu concedeu à sua esposa:
Um metal brilhante, o ouro eterno, para que só ela possuísse!
E então os dois mesclaram suas águas, para produzir os filhos divinos.
Macho e fêmea foram criações celestiais; Lahmu e Lahamu foram seus nomes.
Apsu e Tiamat fizeram morada Abaixo.
Antes que tivessem crescido em idade e em estatura,
Nas águas Acima, Anshar e Kishar foram formados,
Ultrapassando seus irmãos em tamanho.

Os dois foram criados como um casal celestial;
Um filho, An, nos céus distantes foi seu herdeiro.
Depois, Antu, para ser sua esposa, foi criada como igual de An;
Sua morada se fez como a fronteira das Águas Superiores.
Assim, três casais celestes, Abaixo e Acima, foram criados nas profundezas;
Por seus nomes foram chamados, e a família de Apsu com Mummu e Tiamat se formou.
Naquele tempo, Nibiru ainda não se via,
A Terra ainda não tinha sido chamada à existência.
As águas celestes estavam misturadas; ainda não haviam sido separadas pelo Bracelete Esculpido.
Naquele tempo, as circuitos ainda não haviam sido traçados;
Os destinos dos deuses ainda não estavam firmemente decretados;
As famílias celestiais se agrupavam; irregulares eram seus caminhos.
Para Apsu, seus caminhos eram detestáveis;
Tiamat, sem poder descansar, sentia-se aflita e enfurecida.
Ela formou uma multidão para marchar a seu lado,
Uma multidão enfurecida e terrível criou contra os filhos de Apsu.
No total, ela criou onze dessa espécie;
Tornou o primogênito, Kingu, chefe entre eles.
Quando os deuses celestiais ouviram isso, reuniram-se em conselho.
Ela elevou Kingu, classificou-o até o grau de An! Disseram-se entre si.
Uma Tabuleta do Destino prendeu em seu peito, para adquirir seu próprio circuito,
Instruiu seu descendente Kingu a combater contra os deuses.
Quem resistirá a Tiamat? Os deuses se perguntaram.
Nenhum em sua volta se adiantou, nenhum levaria uma arma para a batalha.
Naquele tempo, no coração da Profundeza foi engendrado um deus,
Nasceu em uma Câmara de Sortes, um lugar dos destinos.
Um astuto Criador o forjou, era filho de seu próprio Sol.
Da Profundeza, onde foi engendrado, o deus se separou de sua família rapidamente;
Com ele levava um presente de seu Criador, a Semente da Vida.
Pôs rumo para o vazio; procurava um novo destino.
A primeira a vislumbrar o errante celestial foi a observadora Antu.
Sua figura era atraente, resplandecia radiante,
Senhorial era seu andar, extremamente longo era seu curso.

De todos os deuses era o mais elevado, sua volta ultrapassava às de outros.
A primeira a vislumbrá-lo foi Antu, em cujo seio nenhum filho havia sido amamentado.
Venha, seja meu filho! Chamou-lhe. Deixe que eu seja sua mãe!
Teceu sua rede e lhe deu as boas-vindas, fez seu curso para o objetivo desejado.
Suas palavras encheram de orgulho o coração do recém-chegado; aquela que o criaria o fez altivo.
Sua cabeça cresceu até o dobro de seu tamanho; quatro membros brotaram em suas laterais.
Moveu seus lábios em aceitação, um fogo divino nasceu entre eles.
Virou seu rumo para Antu e não demorou para mostrar seu rosto a An.
Quando An o viu: Meu filho, Meu filho! Gritou exaltado.
Para a liderança será consignado, uma hoste de servos ao seu lado!
Que Nibiru seja seu nome, conhecido para sempre como Cruzamento!
Ele se curvou diante de Nibiru, desviando o rosto à sua passagem;
Estendeu sua rede, convocou quatro servos para Nibiru,
Ao seu lado, seus anfitriões: o Vento Sul, o Vento Norte, o Vento Leste, o Vento Oeste.
Com o coração contente, An anunciou a Anshar, seu predecessor, a chegada de Nibiru.
Ao ouvir isso, Anshar enviou Gaga, que estava ao seu lado, como emissário –
Transmita palavras de sabedoria a An, atribua uma tarefa a Nibiru.
Encarregou Gaga de utilizar a voz que havia em seu coração para dizer a An:
Tiamat, a que nos engendrou, agora nos detesta;
Criou uma hoste de guerreiros, está enfurecida e cheia de ira.
Contra os deuses, seus filhos, onze guerreiros marcham a seu lado;
Entre eles, elevou Kingu, e marcou-lhe um destino no peito sem direito.
Nenhum deus entre nós poderá enfrentar seu veneno, sua ira pôs o medo em todos nós.
Que Nibiru se torne nosso Vingador!
Que ele vença Tiamat, que salve nossas vidas!
Para ele foi decretada uma sorte, que ele siga adiante e enfrente nossa poderosa inimiga!

Gaga partiu para ver An; curvou-se diante dele e repetiu as palavras de Anshar.
An repetiu a Nibiru as palavras de seu predecessor, revelou a mensagem de Gaga.
Nibiru ouviu as palavras maravilhado; fascinado, ouviu falar da mãe que devoraria seus filhos.
Seu coração, em silêncio, já o havia impulsionado a lutar contra Tiamat.
Abriu a boca, e disse a An e a Gaga:
Se devo vencer Tiamat para salvar suas vidas,
Convoquem os deuses em assembleia, proclamem meu destino supremo!
Que todos os deuses concordem em conselho para me fazer o líder, submetendo-se ao meu comando!
Quando Lahmu e Lahamu ouviram isso, gritaram angustiados:
A exigência foi estranha, não se pode compreender seu sentido! Disseram eles.
Os deuses que decretam as sortes consultaram-se entre si;
Concordaram em fazer de Nibiru seu vingador, decretaram a ele uma exaltada Sorte;
A partir desse dia, seus mandatos serão inalteráveis! Disseram a ele.
Nenhum entre nós, os deuses, transgredirão seus limites!
Vá, Nibiru, seja nosso Vingador!
Criaram para ele um circuito esplêndido para que avançasse até Tiamat;
Eles deram suas bênçãos e armas terríveis a Nibiru.
Anshar trouxe três ventos mais de Nibiru: o Vento Maligno, o Torvelinho e o Vento Sem Par.
Kishar encheu seu corpo com uma chama ardente, e uma rede para envolver Tiamat.
Assim, preparado para a batalha, Nibiru pôs-se em direção a Tiamat.

Vem agora o relato da Batalha Celestial,
E de como a Terra veio a ser, e do destino de Nibiru.
O senhor avançou; seu rumo destinado ele seguiu;
Em direção à furiosa Tiamat voltou-se, com seus lábios proferiu um feitiço.
Como um manto de proteção, pôs o Pulsador e o Emissor;
Com impressionante esplendor sua cabeça foi coroada.
Pôs à sua direita O que Fere; à sua esquerda, o Repulsor.

Os sete ventos, sua hoste de auxiliares, enviou como uma tempestade;
Correu em direção à terrível Tiamat, clamando batalha.
Os deuses formaram redemoinhos junto a ele, depois se afastaram do seu caminho,
Avançou sozinho para sondar Tiamat e seus ajudantes,
Para os planos de Kingu, o comandante de sua hoste, compreender.
Quando viu o valente Kingu, sua vista ficou turva;
Sua direção foi distraída enquanto olhava os monstros,
Seu rumo se desconcertou, seus atos se confundiram.
O grupo de Tiamat a rodeava de perto, com terror eles tremiam.
Tiamat estremeceu suas raízes, emitiu um rugido poderoso;
Lançou um feitiço sobre Nibiru, envolveu-o com seus encantos.
A sorte entre eles estava lançada, a batalha era inevitável!
Face a face, Tiamat e Nibiru se encontraram; avançaram um contra outro.
Aproximaram-se para a batalha, avançaram para o combate singular.
O Senhor estendeu sua rede e a lançou para envolvê-la;
Tiamat gritou, furiosa; como se estivesse possuída, ela perdeu seus sentidos.
O Vento Maligno, que estava atrás dele, adiantou-se a Nibiru, foi em direção ao rosto dela;
Ela abriu a boca para engolir o Vento Maligno, mas não pôde fechar os lábios.
O Vento Maligno atacou seu ventre, indo em direção às suas vísceras.
Suas vísceras uivavam, seu corpo se dilatou, a boca estava aberta.
Através da abertura, Nibiru disparou uma flecha brilhante, um relâmpago divino.
Ela lhe despedaçou as vísceras, seu abdome foi partido em dois;
Rasgou-lhe o ventre, partiu-lhe o coração.
Tendo ele a subjulgado dessa maneira, extinguiu seu fôlego vital.
Nibiru contemplou o corpo sem vida, Tiamat era agora um cadáver massacrado.
Junto à sua senhora sem vida, seus onze ajudantes tremiam de terror;
Capturados na rede de Nibiru, eram incapazes de fugir.
Kingu, a quem Tiamat fizera chefe de sua hoste, estava entre eles.
O Senhor o acorrentou à sua senhora sem vida.
Arrancou de Kingu as Tabuletas dos Destinos, que sem nenhum direito haviam lhe dado,

Estampou-as com seu próprio selo, prendeu o Destino a seu próprio
   peito.
Amarrou o restante do grupo de Tiamat como prisioneiros, e à sua
   volta os prendeu.
Pisou neles, cortou-os em pedaços.
Amarrou a todos a sua volta; fez-lhes girar ao redor, andar para trás.
Depois, Nibiru partiu do Local da Batalha,
Anunciou a vitória aos deuses que o haviam renomado.
Deu a volta ao redor de Apsu e viajou para encontrar Kishar e Anshar.
Gaga saiu para recebê-lo e viajou para transmitir a notícia aos de-
   mais.
Além de An e Antu, Nibiru se encaminhou para a Morada nas Pro-
   fundezas.
Sobre a Sorte da inerte Tiamat e de Kingu, refletiu depois,
Para Tiamat, a quem havia dominado, o Senhor Nibiru voltou mais
   tarde.
Encaminhou-se até ela, deteve-se para olhar seu corpo sem vida;
Planejava dividir o coração do monstro engenhosamente.
Depois, como um mexilhão, em duas partes a dividiu, separou o
   tronco das partes inferiores.
Separou seus canais internos, maravilhado contemplou suas veias
   douradas.
Pisando em sua parte posterior, o Senhor cortou completamente a
   parte superior.
O Vento Norte, seu ajudante, a seu lado convocou,
Que empurrasse a cabeça decepada, ao Vento ordenou, que a pusesse
   no vazio.
O Vento de Nibiru pairou sobre Tiamat, movendo-se sobre suas
   águas.
Nibiru disparou um raio, ao Vento Norte lhe deu um sinal;
Com grande resplendor, a parte superior de Tiamat foi levada a uma
   região desconhecida.
Com ela, também foi exilado Kingu, para que fosse companheiro da
   parte seccionada.
Depois, Nibiru considerou a Sorte da parte posterior:
Ele desejava que fosse um troféu eterno da batalha,
Um aviso constante nos céus, que assinalasse o Lugar da Batalha.
Com sua maça, golpeou a parte posterior até deixá-la em pedaços,
Depois as amarrou em uma corda para formar o Bracelete Esculpido,
Entrelaçando-os, colocou-os como guardiões,

Um Firmamento para dividir as águas.
As Águas Superiores acima do Firmamento das Águas Inferiores ele separou;
Assim Nibiru criou obras habilidosas.
Depois, o Senhor cruzou os céus para inspecionar as regiões;
Da região de Apsu até a morada de Gaga mediu as dimensões.
A margem das Profundezas Nibiru então examinou, para sua terra natal lançou seu olhar.
Deteve-se e hesitou; depois, retornou lentamente ao Firmamento, ao Lugar da Batalha.
Passando de novo pela região de Apsu, pensou com remorso na perdida esposa do Sol.
Contemplou a metade ferida de Tiamat, prestou atenção à Parte Superior;
As águas da vida, sua recompensa, das feridas ainda emanavam,
Suas veias douradas refletiam os raios de Apsu.
Da Semente da Vida, legado do seu Criador, Nibiru então se lembrou.
Quando ele pisou em Tiamat, quando a partiu em pedaços, sem dúvida transmitira a ela a semente!
Nibiru se dirigiu a Apsu, dizendo-lhe assim:
Com seus quentes raios, cure as feridas!
Que a parte quebrada receba nova vida, que seja em sua família como uma filha,
Que as águas em um lugar se acumulem, que apareça a terra firme!
Que por Terra Firme seja chamada, Ki será seu nome a partir de agora!
Apsu atendeu às palavras de Nibiru: Que a Terra se una à minha família,
Ki, Terra Firme Abaixo, que Terra seja seu nome a partir de agora!
Que por sua rotação haja dia e haja noite; nos dias, fornecerei-a com meus raios curadores!
Que Kingu seja uma criatura da noite, designarei-o para que brilhe na noite
Companheira da Terra, será a Lua eternamente!
Nibiru ouviu satisfeito as palavras de Apsu.
Ele cruzou os céus e inspecionou as regiões,
Aos deuses que o haviam elevado concedeu posições permanentes,
Destinou suas voltas para que ninguém transgredisse nem ficasse aquém do outro.

Fortaleceu as eclusas celestes, pôs portas em ambos os lados.
Uma morada remota escolheu para si, acima de Gaga estavam suas dimensões.
Suplicou a Apsu que decretasse para ele o grande circuito como seu destino.
De seus postos, todos os deuses levantaram suas vozes: Que a soberania de Nibiru seja insuperável!
O mais radiante dos deuses ele é, deixem que seja realmente o Filho do Sol!
De sua posição, Apsu deu sua bênção:
Nibiru manterá o cruzamento de Céu e Terra; Cruzamento será seu nome!
Os deuses não cruzarão nem acima nem abaixo;
Ele manterá a posição central, será o pastor dos deuses.
Um Shar será seu circuito; esse será seu Destino para sempre!

Vem agora o relato de como começaram os Tempos Antigos,
E da era que, nos Anais, foi conhecida pelo nome de Era Dourada,
E como as missões foram de Nibiru à Terra para obter ouro.
A fuga de Alalu de Nibiru foi o início.
Alalu possuía grande entendimento, muitos conhecimentos tinha adquirido em seu aprendizado.
De seu antepassado Anshargal, havia acumulado muitos conhecimentos dos céus e dos circuitos,
Por meio de Enshar, seus conhecimentos aumentaram de forma grandiosa;
Alalu aprendeu muito sobre tudo isso; com os sábios discutia, eruditos e comandantes consultava.
Assim se determinaram os conhecimentos do Princípio, assim Alalu possuiu esses conhecimentos.
O ouro no Bracelete Esculpido era a confirmação,
O ouro no Bracelete Esculpido era o indício de ouro na Parte Superior de Tiamat.
E ao planeta do ouro chegou Alalu vitoriosamente, com um choque ensurdecedor de seu carro.
Com um raio explorou o lugar, para descobrir seus arredores;
Seu carro desceu em terra seca, no limite de amplas terras pantanosas aterrissou.
Vestiu um capacete de Águia, vestiu um traje de Peixe.
Abriu a porta do carro; à porta aberta se deteve com assombro.

Escuro era o chão, azul-branco eram os céus;
Não havia sons, ninguém para dar as boas-vindas.
Estava sozinho em um planeta estranho, possivelmente exilado para sempre de Nibiru!
Desceu para o chão, no escuro solo ele pisou;
Havia colinas a distância; pelas redondezas, havia muita vegetação.
À sua frente, havia terras pantanosas, nelas pisou; estremeceu com o frio de suas águas.
Voltou para o chão seco; estava sozinho em um planeta estranho!
Viu-se possuído por seus pensamentos, de sua esposa e seus descendentes se lembrou, com saudades;
Estaria exilado de Nibiru para sempre? Ele se perguntava outra e outra vez.
Voltou logo para o carro, para com alimento e bebida se sustentar.
Um sono profundo o venceu, uma poderosa letargia.
Quanto tempo esteve dormindo, não poderia recordar; tampouco podia dizer o que o tinha despertado.
Lá fora havia muita luminosidade, como nunca vista em Nibiru.
Estendeu um mastro do carro; com um Provador estava equipado.
Ele experimentou o ar do planeta; indicou sua compatibilidade!
Abriu a porta do carro, com ela aberta tomou ar.
Outra vez tomou ar, e outra e outra; o ar de Ki certamente era compatível!
Alalu bateu palmas, cantou uma alegre canção.
Sem o capacete de Águia, sem o traje de Peixe, desceu até o chão.
A luminosidade lá fora o cegava; os raios do Sol eram esmagadores!
Voltou para o carro, colocou uma máscara para os olhos.
Apanhou a arma levada, apanhou o útil Coletor.
Desceu à terra, pisou no solo escuro.
Encaminhou-se para os pântanos; escuras e esverdeadas eram as águas.
Na margem do pântano havia seixos; Alalu pegou um seixo, jogou-o no pântano.
Seus olhos vislumbraram um movimento no pântano: as águas estavam cheias de peixes!
Introduziu o Coletor no pântano, para testar as turvas águas;
A água não era adequada para beber, Alalu descobriu muito decepcionado.
Afastou-se dos pântanos, e foi em direção às colinas.
Passou através da vegetação; os arbustos davam lugar às árvores.

O lugar era como um pomar, as árvores estavam carregadas de frutos.
Seduzido por seu doce aroma, Alalu pegou uma fruta; colocou-a na boca.
Se doce era seu aroma, mais doce era seu sabor! Alalu se deleitou completamente.
Alalu caminhava evitando os raios do Sol, dirigindo-se para as colinas.
Entre as árvores, sentiu umidade sob seus pés, um sinal de águas próximas.
Foi em direção à umidade;
Na metade da floresta havia um lago, uma lagoa de águas silenciosas.
Pôs o Coletor no lago, a água servia para beber!
Alalu riu; uma risada sem fim se pôs nele.
O ar era bom, a água servia para beber; havia fruta, havia peixes!
Entusiasmado, Alalu se agachou, juntou as mãos em copo, levou a água até sua boca.
A água tinha frescor, um sabor diferente da água de Nibiru.
Bebeu uma vez mais e então, assustado, deu um salto:
Podia escutar um assobio; um corpo se deslizava pela borda da lagoa!
Pegou a arma levada, dirigiu uma rajada de seu raio em direção ao assobio.
O movimento parou, o assobio findou.
Alalu se adiantou para examinar o perigo.
O corpo que deslizante estava imóvel; a criatura estava morta, uma visão das mais estranhas:
Seu esbelto corpo era como uma corda, sem mãos nem pés era o corpo;
Havia olhos ferozes em sua pequena cabeça, fora da boca se esticava uma enorme língua.
Algo que nunca havia visto em Nibiru, uma criatura de outro mundo!
Seria o guardião do pomar? Ponderou Alalu. Seria o mestre da água? Perguntou-se.
Coletou água em um recipiente que levava; com atenção, fez o caminho de volta até seu carro.
Pegou também as frutas doces; encaminhou-se para seu carro.
A luminosidade dos raios do Sol havia diminuído consideravelmente; estava escuro quando chegou ao carro.

A Segunda Tabuleta

Alalu refletiu sobre a brevidade do dia, essa brevidade o surpreendeu.
Sobre os pântanos, uma fria luminosidade se elevava no horizonte.
Uma bola esbranquiçada cresceu rapidamente:
Kingu, o companheiro da Terra, agora ele via.
O que estava nos relatos do Princípio, seus olhos podiam ver agora a verdade:
Os planetas e seus circuitos, o Bracelete Esculpido,
Ki, a Terra, Kingu, sua lua, todos foram criados, todos por seus nomes foram chamados!
Em seu coração, Alalu conhecia mais uma verdade que era necessária ser contemplada:
O ouro, o meio para a salvação, era necessário encontrá-lo.
Se havia verdade nos relatos do Princípio, se foram as águas que lavaram as veias douradas de Tiamat,
Nas águas de Ki, sua metade cortada, encontraria-se o ouro!
Com mãos frágeis, Alalu desmontou o Provador do mastro do carro.
Com mãos trêmulas, vestiu o traje de Peixe, esperando ansioso a rápida chegada da luz do dia.
Ao nascer o dia, saiu do carro, encaminhou-se rapidamente aos pântanos.
Entrou nas águas profundas, inseriu nelas o Provador.
Sua face iluminada observava, o coração lhe golpeava no peito.
O Provador indicava os conteúdos da água, com símbolos e números revelava seus achados.
Então, o coração de Alalu parou: Havia ouro nas águas, dizia o Provador!
Instável sobre suas pernas, Alalu se adiantou, direcionou-se para o ponto mais profundo do pântano.
Uma vez mais, inseriu o Provador nas águas; uma vez mais, o Provador anunciou ouro!
Um grito, um grito de triunfo, da garganta de Alalu emanou: a Sorte de Nibiru estava agora em suas mãos!
Dirigiu-se de volta ao carro, tirou o traje de Peixe, ocupou o assento do comandante.
Avivou as Tabuletas dos Destinos que conhecem todos os circuitos, para encontrar a direção para a volta de Nibiru.
Ativou o Falador de Palavras, para levar as palavras a Nibiru.
Depois, pronunciou as palavras a Nibiru, dizendo assim:
As palavras do grande Alalu para Anu em Nibiru se dirigem.

Em outro mundo estou, encontrei o ouro da salvação;
A Sorte de Nibiru está em minhas mãos; deve prestar atenção às minhas condições!

Sinopse da Terceira Tabuleta

Alalu transmite as notícias a Nibiru, reclama a realeza
Anu, assombrado, expõe o assunto diante do conselho real
Enlil, o Filho Principal de Anu, sugere uma verificação no local
Ea, o Primogênito de Anu e genro de Alalu, é escolhido em seu lugar
Ea engenhosamente equipa a nave celestial para a viagem
A espaçonave, pilotada por Anzu, leva cinquenta heróis
Superando os perigos, os Nibiruanos estremecem ante a visão da Terra
Guiados por Alalu, aterissam e vão para a costa
Eridu, Lar Longe do Lar, é estabelecida em sete dias
Começa a extração de ouro das águas
Embora a quantidade seja minúscula, Nibiru exige a entrega
Abgal, um piloto, escolhe a espaçonave de Alalu para a viagem
Armas nucleares proibidas são descobertas na espaçonave
Ea e Abgal removem as Armas de Terror e as escondem

Conexão Terra-Marte (representação de 2.500 a.C.)

A Terceira Tabuleta

A Sorte de Nibiru está em minhas mãos; devem atender às minhas condições!
Essas foram as palavras de Alalu, da escura Terra a Nibiru, as quais o Falador transmitiu.
Quando as palavras de Alalu a Anu, o rei, foram comunicadas,
Anu se assombrou; assombraram-se também os conselheiros, os sábios ficaram surpreendidos.
Alalu não está morto? Perguntavam-se entre si. Podia estar vivo em outro mundo? Diziam, descrentes.
Ele não havia se escondido em Nibiru, ido com o carro até um lugar oculto?
Os comandantes dos carros foram convocados, os sábios refletiram sobre as palavras transmitidas.
As palavras não vieram de Nibiru; foram ditas de fora do Bracelete Esculpido,
Essa foi sua conclusão, e isso reportou ao rei, Anu.
Anu ficou aturdido; refletiu sobre o acontecido.
Que palavras de confirmação a Alalu sejam enviadas, disse aos reunidos.
No Lugar dos Carros Celestiais se deu a ordem, a Alalu palavras foram ditas:
Anu, o rei, envia-te suas saudações; sente prazer em saber que te encontra bem;
Não havia razão para que partisses de Nibiru, não há inimizade no coração de Anu;
Se realmente encontraste o ouro da salvação, que Nibiru se salve!
As palavras de Anu chegaram ao carro de Alalu; Alalu as respondeu rapidamente:
Se seu salvador eu tiver de ser, para suas vidas salvar,
Convoquem aos príncipes em assembleia, declarem suprema minha ascendência!
Que os comandantes me façam seu líder, que se inclinem às minhas ordens!
Que o conselho me nomeie rei, para substituir Anu no trono!

Quando as palavras de Alalu se escutaram em Nibiru, grande foi a consternação.
Como Anu poderia ser deposto? Perguntavam-se os conselheiros. E se fossem mentiras, e não a verdade, o que Alalu dizia?
Onde ele está? De verdade encontrou ouro?
Reuniram aos sábios, aos sábios e instruídos do conselho pediram conselhos.
O mais ancião deles falou: Eu fui o mestre de Alalu! Disse.
Ele ouviu com atenção os ensinos do Princípio, aprendeu sobre a Batalha Celestial;
Do monstro aquoso Tiamat e de suas veias douradas adquiriu conhecimentos;
Se realmente viajou além do Bracelete Esculpido,
Na Terra, o sétimo planeta, está seu asilo!
Na assembleia, um príncipe tomou a palavra; era um filho de Anu, do ventre de Antu, a esposa de Anu.
Enlil era seu nome, "Senhor do Mandato" significa. Pronunciava palavras de cautela:
Alalu não pode falar de condições. As calamidades foram suas obras, e ele perdeu o trono em combate singular.
Se for verdade que encontrou o ouro de Tiamat, precisam-se de provas;
Haverá o suficiente para proteger nossa atmosfera?
Como o traremos até Nibiru através do Bracelete Esculpido?
Assim falou Enlil, o filho de Anu; e muitas outras perguntas foram feitas.
Faltavam muitas provas, muitas respostas eram necessárias, concordaram todos.
Transmitiram a Alalu as palavras da assembleia, uma resposta se exigiu.
Alalu ponderou o mérito das palavras, concordou em transmitir seus segredos;
De sua viagem e seus perigos fez um verdadeiro relato.
Do Provador, tirou suas vísceras de cristal, do Coletor, tirou seu coração de cristal;
Inseriu os cristais no Falador, para transmitir a todos as descobertas.
Agora que se entregaram as provas, declarem-me rei, inclinem-se perante minhas ordens! Exigiu severamente.
Os sábios se horrorizaram; com Armas de Terror, Alalu causara estragos em Nibiru,

Com Armas de Terror, havia aberto um caminho através do Bracelete!
Uma vez que em seu percurso Nibiru passa por essa região, Alalu acumula calamidades!
No conselho havia muita consternação; alterar a realeza era, certamente, um assunto grave.
Anu não só era rei por ascendência: tinha alcançado o trono por uma luta justa!
Na assembleia dos príncipes, um filho de Anu se levantou para falar.
Era sábio em todas as matérias, entre os sábios era reconhecido.
Dos segredos das águas era um professor; E.A, Aquele Cujo Lar é a Água, era chamado.
De Anu era o Primogênito; com Damkina, a filha de Alalu, estava casado.
Meu pai por nascimento é Anu, o rei, disse Ea; Alalu, por matrimônio, é meu pai.
Unir os dois clãs foi a intenção de meu casamento;
Deixem-me ser o que traga a unidade a este conflito!
Deixem-me ser o emissário de Anu ante Alalu, deixem-me suportar os descobrimentos de Alalu!
Que eu viaje à Terra em um carro, traçarei um caminho através do Bracelete com água, não com fogo.
Na Terra, que eu obtenha das águas o precioso ouro; de volta a Nibiru o envie.
Que Alalu seja rei na Terra, um veredicto dos sábios aguardando:
Se Nibiru se salvar, que haja uma segunda luta; que esta determine quem governará Nibiru!
Os príncipes, os conselheiros, os sábios, os comandantes escutaram as palavras de Ea com admiração;
Eram palavras cheias de sabedoria, encontravam soluções ao conflito.
Que assim seja! Anunciou Anu. Que parta Ea, que o ouro seja testado.
Lutarei com Alalu pela segunda vez, que o vencedor seja rei de Nibiru!
Transmitiram a Alalu as palavras da decisão.
Ele as ponderou e concordou: Que Ea, meu filho por matrimônio, venha à Terra!
Que se obtenha ouro das águas, que se teste se ele será a salvação de Nibiru;

Que uma segunda luta pela realeza se faça entre nós dois!
Assim seja! Decretou Anu na assembleia.
Enlil fez uma objeção; a palavra do rei era inalterável.
Ea foi ao lugar dos carros, com comandantes e sábios consultou.
Contemplou os perigos da missão, considerou como extrair e trazer o ouro.
Estudou com atenção a transmissão de Alalu, e pediu a Alalu mais provas dos resultados.
Uma Tabuleta dos Destinos para a missão ele estava traçando.
Se a água é a Força, onde se reabasteceria?
Onde, no carro, poderemos armazená-la, como se converterá em Força?
Todo um circuito de Nibiru passou com as reflexões, um Shar de Nibiru passou nos preparativos.
Preparou-se o maior carro celestial para a missão,
Calculou-se seu destino de volta, uma Tabuleta do Destino se fixou com firmeza;
Cinquenta heróis irão para a missão, para viajar à Terra e obter o ouro!
Anu deu sua aprovação à viagem;
Os astrônomos escolheram o momento adequado para começá-la.
No Lugar dos Carros se congregaram as multidões, elas chegaram para se despedir dos heróis e de seu líder.
Levando capacetes de Águia, e um traje de Peixe, os heróis entraram no carro um por um.
O último a embarcar foi Ea; dos congregados se despediu.
Ajoelhou-se ante seu pai, Anu, para receber a bênção do rei.
Meu filho, o Primogênito: uma comprida viagem irás empreender, te porás em perigo por todos nós;
Que teu êxito arranque de Nibiru a calamidade; vai e volta em segurança!
Assim disse Anu uma bênção para seu filho, despedindo-se dele.
A mãe de Ea, a quem chamavam Ninul, apertou-o contra o coração.
Por que, depois que me foste dado como filho de Anu, ele te dotou com um coração inquieto?
Vai e volta, atravessa com segurança a perigosa estrada! Ela lhe disse.
Com ternura, Ea beijou sua esposa, abraçou Damkina sem palavras.
Enlil estreitou os braços com seu meio-irmão. Que seja bendito, que tenha êxito!, disse-lhe.

Com o coração pesado, Ea entrou no carro e deu a ordem de partida.

———◆≫———

Vem agora o relato da viagem até o sétimo planeta,
E de como se iniciou a lenda do Deus-peixe que veio das águas.
Com o coração pesado, Ea entrou no carro e deu a ordem de partida.
O assento do comandante estava ocupado por Anzu, não por Ea;
 Anzu, não Ea, era o comandante do carro;
Aquele que Conhece os Céus significava seu nome; para essa tarefa
 fora especialmente selecionado.
Era um príncipe entre os príncipes, sua ascendência era de semente
 real.
O carro celestial guiou habilmente; elevou-o poderosamente de
 Nibiru, dirigiu-o para longe do Sol.
Dez léguas, cem léguas o carro percorreu, mil léguas o carro viajou.
O pequeno Gaga saiu para recebê-los, transmitiu aos heróis as boas-
 vindas.
Para a azulada Antu, formosa e encantadora, mostrou-lhes o cami-
 nho.
Anzu se sentiu atraído pelo que via. Examinemos suas águas! Disse
 Anzu.
Ea deu a ordem de continuar sem se deter; é um planeta sem retorno,
 disse energicamente.
Para o celestial An, o terceiro na conta planetária, prosseguiu o carro.
A seu lado estava An, seu exército de luas girava ao seu redor.
Os raios do Provador revelaram a presença de água; indicou a Ea que
 era necessário parar.
Ea ordenou que a viagem continuasse, para Anshar, o maior dos
 príncipes do céu, estava se dirigindo.
Logo puderam sentir a forte atração de Anshar, e admiraram com
 temor seus anéis coloridos.
Habilmente, Anzu guiou o carro, os esmagadores perigos inteligen-
 temente evitou.
A gigante Kishar, o maior dos planetas estáveis, foi a próxima a ser
 encontrada.
A atração de sua rede era avassaladora; com grande habilidade, Anzu
 desviou o rumo do carro.
Com fúria, Kishar lançou relâmpagos ao carro divino, dirigiu seu
 exército para o intruso.
Lentamente, Kishar se afastou, para que o carro se encontrasse com
 o seguinte inimigo:

Além do quinto planeta, o Bracelete Esculpido estava à espreita!
Ea ordenou que em sua obra fosse ativada, que se preparasse o Propulsor de Água.
Para o exército de rochas giratórias o carro corria,
Cada uma, como a pedra de um estilingue, dirigia-se ferozmente ao carro.
A palavra de Ea foi dada; com a força de um milhão de heróis, lançou-se a corrente de água.
Uma a uma, as rochas voltaram a face; estavam abrindo caminho para o carro!
Mas, enquanto uma rocha fugia, outra atacava em seu lugar;
Uma multidão incontável, um exército procurando vingança pela divisão de Tiamat!
Outra e outra vez, Ea deu as ordens para que o Propulsor de Água continuasse funcionando;
Outra e outra vez, dirigiram-se correntes de água para o exército de rochas.
Outra e outra vez, as rochas viraram o rosto, abrindo caminho para o carro.
E então, quando finalmente o caminho ficou livre; o carro pode continuar ileso!
Os heróis soltaram um grito de alegria; e redobrada foi a alegria ante a visão do Sol que agora se revelava.
No meio da euforia, Anzu fez soar o alarme: Para abrir o caminho muita água fora consumida,
Não havia água suficiente para alimentar as Pedras Flamejantes do carro durante o resto da viagem!
Na intensa escuridão, podiam ver o sexto planeta, que os raios do Sol refletiam.
Há água em Lahmu, Ea disse. Pode descer o carro sobre ele? Perguntou a Anzu.
Habilmente, Anzu dirigiu o carro para Lahmu; ao chegar ao deus celestial, ao redor dele o carro fez um círculo.
A rede do planeta não é grande, sua atração se pode manejar com facilidade, disse Anzu.
Lahmu merecia ser contemplado, tinha muitas cores; de branca neve era seu gorro, de branca neve eram suas sandálias.
Avermelhado no meio, em meu meio brilhavam lagos e rios!
Habilmente, Anzu fez o carro andar mais devagar, junto à borda de um lago o desceu suavemente.

Ea e Anzu vestiram seus capacetes de Águia, desceram para o solo firme.
Seguindo ordens, os heróis estenderam O que Suga Água, as entranhas do carro se encheram com as águas do lago.
Enquanto o carro se enchia de água, Ea e Anzu examinaram os arredores.
Com o Provador e o Coletor, determinaram tudo o que importava: as águas eram boas para beber, o ar era insuficiente.
Tudo se registrou nos anais do carro, e se descreveu a necessidade do desvio.
Com o vigor reabastecido, o carro se elevou, despedindo-se do benevolente Lahmu.
Mais à frente, o sétimo planeta dava sua volta; a Terra e seu companheiro estavam convidando o carro!
No assento do comandante, Anzu estava sem palavras; Ea também estava em silêncio.
Diante deles estava seu destino, que continha o ouro da salvação ou a perdição de Nibiru.
O carro deve andar devagar, ou perecerá na grossa atmosfera da Terra!, declarou Anzu.
Ao redor, o companheiro da Terra, a Lua, faz vagarosamente círculos! Ea Sugeriu-lhe.
Circundaram a Lua; estava prostrada e cheia de cicatrizes, depois da vitória de Nibiru na Batalha Celestial.
Tendo freado o carro, Anzu o dirigiu na direção do sétimo planeta.
Uma vez, duas vezes fez circundar o carro ao redor do globo da Terra, ainda mais perto da Terra firme o fez descender.
Havia tons de neve nas duas terças partes do planeta, de um tom escuro era seu meio.
Podiam ver os oceanos, podiam ver as Terras Firmes; estavam procurando o sinal localizador de Alalu.
Onde um oceano tocava terra seca, onde quatro rios eram tragados pelos pântanos, estava o sinal de Alalu.
O carro é muito pesado e grande para os pântanos! Declarou Anzu.
A rede de atração da Terra é muito forte para descer em terra seca! Anunciou Anzu a Ea.
Ameniza! Ameniza nas águas do oceano! Gritou Ea a Anzu.
Anzu deu uma volta a mais ao redor do planeta; com muito cuidado, desceu o carro para a margem do oceano.

Encheu de ar os pulmões do carro; nas águas amerissou, não se afundou nas profundezas.
Do Falador ouviu-se uma voz: Sejam bem-vindos à Terra! Dizia Alalu.
Pela transmissão de suas palavras, determinou-se a direção de seu paradeiro.
Anzu levou o carro ao local, flutuando como um navio, se movia sobre as águas.
Logo se estreitou o amplo oceano, aparecendo terras secas de ambos os lados, como dois guardiões.
Do lado esquerdo, havia colinas pardas; à direita, as montanhas levantavam suas cabeças até o céu.
Na direção do local onde estava Alalu o carro se movia, flutuando como um navio, se movia sobre as águas.
Adiante, a terra seca estava coberta de água, os pântanos substituíam o oceano.
Anzu deu ordens aos heróis, ele ordenou que colocassem com os trajes de Peixes.
Então, uma porta do carro se abriu, e os heróis desceram aos pântanos.
Ataram fortes cordas ao carro, com as cordas o arrastaram.
As palavras transmitidas por Alalu chegavam com mais força. Rápido! Rápido! Dizia.
Na margem do pântano, uma visão digna de se contemplar:
Reluzindo sob os raios do Sol, havia um carro de Nibiru; era a nave celestial de Alalu!
Os heróis aceleraram seus passos, apressaram-se para o carro de Alalu.
Impaciente, Ea ficou sem traje de Peixe; em seu peito, o coração golpeava como um tambor.
Saltou ao pântano, com passo apressado se dirigiu para a margem.
As águas do pântano eram altas, o fundo estava mais profundo do que esperava.
Deixou de caminhar para nadar, com fortes braçadas avançou.
Enquanto se aproximava da terra seca, pôde ver verdes pastos.
Depois, seus pés tocaram chão firme; ficou de pé e seguiu caminhando.
Diante dele, pôde ver Alalu, de pé, saudando com as mãos vigorosamente.
Alcançando a borda, Ea saiu das águas: estava sobre a escura Terra!

Alalu chegou correndo até ele; abraçou fortemente seu filho por matrimônio.
Bem-vindo a um planeta diferente! Disse-lhe Alalu.

Vem agora o relato de como se fundou Eridu na Terra, de como começou a contagem dos sete dias.
Alalu abraçou Ea em silêncio, com os olhos cheios de lágrimas de alegria.
Ea inclinou a cabeça diante dele, em sinal de respeito ao seu pai por matrimônio.
Nos pântanos, os heróis seguiam avançando; uns ficaram com os trajes de Peixes, outros se apressavam para a terra seca.
Mantenham a flutuação do carro! Ordenou Anzu. Ancorem nas águas, evitem a lama da margem!
Os heróis alcançaram a margem, inclinaram-se diante de Alalu.
Anzu chegou à margem, o último a sair do carro.
Diante de Alalu, ele se inclinou; com ele Alalu estreitou os braços em sinal de boas-vindas.
A todos os que tinham chegado, Alalu deu palavras de boas-vindas.
A todos os que estavam reunidos, Ea disse palavras de comando. Aqui na Terra, eu sou o comandante! Disse-lhes.
Em uma missão de vida ou morte chegamos; em nossas mãos está a sorte de Nibiru!
Olhou ao redor, procurava um lugar para acampar.
Empilhem o solo, façam montes ali! Ordenou Ea, para levantar um acampamento.
Ele apontava para um sinal não muito longe, uma cabana de juncos levantada por Alalu.
Então, dirigiu estas palavras a Anzu: Transmite estas palavras a Nibiru,
Ao rei, meu pai Anu, anuncia a feliz chegada!
Não demorou para mudar a cor dos céus, de brilhante se tornou avermelhada.
Diante de seus olhos se revelou uma visão nunca antes vista: o Sol, como uma bola vermelha, desaparecia no horizonte!
O temor se apoderou dos heróis, temiam uma Grande Calamidade!
Alalu, com palavras risonhas de conforto: É um pôr do sol,
Marca o fim de um dia na Terra.
Aproveitem para um breve descanso; uma noite na Terra é mais curta do que possam imaginar.

Antes do que possam esperar, o Sol fará sua aparição; amanhecerá na Terra!
Inesperadamente, a escuridão chegou e separou os céus da Terra.
Os relâmpagos rompiam a escuridão, e a chuva seguiu os trovões.
Os ventos sopraram sobre as águas, eram tempestades de um deus estranho.
No carro, os heróis se deitaram, no carro os heróis se amontoaram.
O sono não havia chegado para eles; estavam muito agitados.
Com os corações acelerados, esperavam a volta do Sol.
Sorriram quando apareceram seus raios, contentes e dando-se palmadas nas costas.
E anoiteceu e amanheceu, foi seu primeiro dia na Terra.
Ao romper o dia, Ea refletiu sobre a situação; devia pensar sobre como separar as águas das águas.
Nomeou Engur o senhor das águas doces, para que provesse águas potáveis.
Ele foi à lagoa da serpente com Alalu, para considerar suas águas doces;
A lagoa estava cheia de serpentes malignas! Disse Engur.
Então, Ea contemplou os pântanos, pesando a abundância das águas da chuva.
Pôs Enbilulu no comando dos pântanos, indicou-o para marcar os matagais de juncos.
Pôs a Enkimdu o cargo da vala e do dique, para que elaborasse uma fronteira frente aos pântanos,
Para que fizesse um lugar onde pudesse reunir as águas que caíam do céu.
Assim se separaram as águas abaixo das águas acima, separaram-se as águas dos pântanos das águas doces.
E anoiteceu e amanheceu, foi o segundo dia na Terra.
Quando o Sol anunciou a manhã, os heróis já estavam levando em consideração as tarefas atribuídas.
Com Alalu, Ea dirigiu seus passos onde havia ervas e árvores,
Para examinar tudo o que cresce no pomar, ervas e frutas.
A Isimud, seu vizir, Ea fez perguntas:
Que planta é esta? Que planta é aquela? Perguntava-lhe.
Isimud, muito instruído, pôde distinguir os mantimentos que crescem bem;
Arrancou uma fruta para a Ea, é uma planta de mel! Dizia a Ea:
Ele mesmo comeu uma fruta, uma fruta Ea comia!

Do alimento que cresce, diferenciado por sua bondade, Ea pôs o cargo ao herói Guru.
Assim se proveram os heróis de água e mantimentos; não se satisfaziam.
E anoiteceu e amanheceu, foi o terceiro dia na Terra.
No quarto dia cessaram os sopros dos ventos, o carro já não se viu perturbado pelas ondas.
Que se tragam ferramentas do carro, que se construam moradas no acampamento! Ordenou Ea.
Pôs Kulla ao cargo do barro e o tijolo, para que fizesse tijolos de argila;
A Mushdammu indicou que pusesse os alicerces, para levantar moradas habitáveis.
O Sol brilhou durante o dia inteiro, uma grande luz houve durante o dia.
Ao anoitecer, Kingu, a lua da Terra, jogou em sua plenitude uma luz pálida sobre a Terra,
Uma luz menor para governar a noite, para ser contado entre os deuses celestiais.
E anoiteceu e amanheceu, foi o quarto dia na Terra.
No quinto dia, Ea ordenou a Ningirsig que fizesse um navio de juncos,
Para medir os pântanos, para analisar a extensão dos pantanais.
Ulmash, que conhece o que prolifera nas águas, que tem conhecimentos das aves de caça que voam,
Ea levou Ulmash como companheiro, para que distinguisse o bom do mau.
Das espécies que povoam as águas, das espécies que oferecem suas asas no céu, muitas eram desconhecidas para Ulmash;
Seu número era desconcertante. Boas eram as carpas, entre os maus estavam nadando.
Ea convocou Enbilulu, o senhor dos pântanos; Ea convocou a Enkimdu o cargo da vala e do dique;
Disse a eles para fazer uma barreira nos pântanos;
Com canos e juncos verdes um recinto levantou, e separou ali uns peixes de outros,
Uma armadilha para carpas, que não pudessem escapar de uma rede,
Um lugar de cuja armadilha não pudesse escapar nenhuma ave que fora boa para comer.

Assim, peixes e aves, com as espécies boas e ruins separadas, os heróis possuíam.
E anoiteceu e amanheceu, foi o quinto dia na Terra.
No sexto dia, Ea descreveu as criaturas do pomar.
A Enursag atribuiu a tarefa de distinguir o que se arrasta pelo chão do que caminha sobre pés.
Enursag se assombrou com suas espécies, contou a Ea de sua ferocidade e selvageria.
Ea convocou Kulla, a Mushdammu deu ordens urgentes:
À noite, as moradas têm de estar terminadas, e rodeadas por um cercado de proteção!
Os heróis puseram mãos à obra, os tijolos fincaram sobre os alicerces rapidamente.
As coberturas foram feitas com juncos, e a cerca se levantou com árvores cortadas.
Anzu trouxe do carro um Raio-que-Mata, um Falador-que-Transmite-Palavras pôs na morada de Ea;
Ao anoitecer, o acampamento estava terminado! Os heróis se reuniram para a noite.
Ea, Alalu e Anzu consideraram as realizações; tudo o que foi feito era na verdade bom!
E anoiteceu e amanheceu, o sexto dia.
No sétimo dia, os heróis se reuniram no acampamento,
Ea disse estas palavras:
Empreendemos uma perigosa viagem, percorremos um perigoso caminho desde Nibiru até o sétimo planeta.
À Terra chegamos com sucesso, muitas coisas boas realizamos, levantamos um acampamento.
Que este dia seja de descanso; a partir de agora, o sétimo dia será sempre de descanso!
Que a partir de agora este lugar se chame Eridu, que significa Lar na Distância!
Que se mantenha uma promessa, que Alalu seja declarado comandante de Eridu!
Os heróis, assim reunidos, gritaram juntos de acordo.
Palavras de acordo pronunciou Alalu, e então fizeram uma homenagem a Ea.
Que seja dado um segundo nome a Ea, que se chame Nudimmud, o Hábil Criador!
Juntos, os heróis anunciaram o acordo.

E anoiteceu e amanheceu, o sétimo dia.

───────◆───────

Vem agora o relato de como começou a busca de ouro,
E de como os planos feitos em Nibiru não proporcionavam sua salvação.
Depois de estabelecer o acampamento de Eridu e depois de alimentar os heróis,
Ea começou a tarefa de obter ouro das águas.
No carro, ativaram-se as Pedras de Fogo, e trouxe-se à vida o Grande Operador;
Do carro, estendeu-se O que Suga Água, inserido nas águas pantanosas.
As águas se introduziram em um recipiente de cristais,
Das águas, os cristais do recipiente extraíram tudo o que fosse metal.
Depois, do recipiente, O que Cospe devolveu as águas para a lagoa dos peixes;
Assim se recolhiam no recipiente os metais que existiam nas águas.
O artefato de Ea era engenhoso, realmente era um Hábil Criador!
Durante seis dias na Terra sugaram as águas pantanosas, cuspiram as águas pantanosas;
No recipiente se recolhiam os metais!
No sétimo dia, Ea e Alalu examinaram os metais; de muitas classes eram os metais que existiam no recipiente.
Havia ferro, havia muito cobre; o ouro não era abundante.
No carro, em outro recipiente, o engenhoso artefato de Nudimmud,
Os metais foram separados segundo suas espécies, para a terra levados, separados por classes.
Assim trabalharam os heróis durante seis dias; ao sétimo dia descansaram.
Durante seis dias, os recipientes de cristal se encheram e se esvaziaram,
No sétimo dia, os metais foram contabilizados.
Havia ferro e havia cobre, e outros metais também;
De ouro, acumulou-se a pilha menor.
À noite, a Lua subia e baixava; Ea deu o nome de Mês à sua volta.
Ao começo do Mês, durante seis dias se mostravam seus raios luminosos,
Com sua meia coroa se anunciava o sétimo dia; era um dia de descanso.

Na metade do caminho, a Lua se distinguia por sua plenitude; depois se detinha para começar a diminuir.

Com o percurso do Sol, a volta da Lua aparecia, sua face era revelada com a volta da Terra.

Ea estava fascinado com os movimentos da Lua, contemplava sua ligação como Kingu a Ki:

A que propósito servia essa ligação? Que sinal celeste estava dando?

Um Mês chamou Ea à volta da Lua, deu o nome de Mês para sua volta.

Por um Mês, por dois meses, separaram-se as águas no carro;

O Sol, a cada seis meses, dava à Terra outra estação; Inverno e Verão as chamou.

Houve Inverno e houve Verão; e Ea chamou Ano da Terra a volta completa.

No fim do Ano contabilizou-se o ouro acumulado;

Não havia muito para enviar a Nibiru.

As águas dos pântanos são insuficientes, que o carro se mova à profundeza do oceano! Ea disse,

O carro foi solto de suas amarras, de volta para onde chegara.

Com cuidado, ativaram os recipientes de cristal, e as águas salgadas passaram através deles.

Separaram-se os metais por classes; entre eles cintilava o ouro!

Do carro, Ea transmitiu a Nibiru as palavras das descobertas; para Anu estas foram agradáveis de ouvir.

Em seu circuito predestinado, Nibiru estava voltando para a morada do Sol,

Em sua volta do Shar, Nibiru estava se aproximando da Terra.

Com ansiedade, Anu perguntou pelo ouro. Há suficiente para enviar a Nibiru?, perguntou.

Ai! Não se havia recolhido suficiente ouro das águas;

Que passe outro Shar, que se dobre a quantidade! Aconselhou Ea a Anu.

Continuou-se a coleta do ouro das águas do oceano;

O coração de Ea se enchia de apreensão.

Extraíram-se partes do carro, com elas se montou uma câmara celeste.

Abgal, que sabia pilotar, recebeu a responsabilidade pela câmara celeste;

Ea se elevava ao ar com Abgal na câmara celeste, para descobrir os segredos da Terra.

Construiu-se um recinto para a câmara celeste, ficou junto ao carro de Alalu:
Ea estudava diariamente os cristais no carro de Alalu, para compreender o que descobrira com seus raios;
De onde vem o ouro? Perguntou a Alalu. Onde na Terra estão as veias douradas de Tiamat?
Ea se elevou no ar com Abgal na câmara celeste, para conhecer a Terra e seus segredos.
Voaram sobre as grandes montanhas, grandes rios viram nos vales;
Estepes e florestas se estendiam abaixo deles, milhares de léguas percorreram.
Registraram vastas terras separadas por oceanos, com o Raio que Explora penetraram os chãos.
A impaciência crescia em Nibiru. O ouro pode oferecer proteção? O protesto crescia.
Reúnam o ouro, quando se aproximarem de Nibiru devem entregá-lo! Ordenou Anu.
Reparem o carro de Alalu, preparem-no para que volte para Nibiru, para que esteja pronto quando terminar o Shar! Disse assim Anu.
Ea obedeceu as palavras de seu pai, refletiu sobre a reparação do carro de Alalu.
Uma noite em que pousaram a câmara celeste perto do carro,
Com Abgal entrou nele, para concluir uma ação secreta na escuridão.
As Armas de Terror, sete delas, tiraram do carro;
Levaram-nas à câmara celeste, dentro dela esconderam-nas.
Ao amanhecer, Ea e Abgal elevaram-se no céu com a câmara celeste, com direção a outra terra.
Ali, em um lugar secreto, Ea escondeu as armas; em uma cova, um lugar desconhecido, armazenou-as.
Depois, Ea deu a Anzu palavras de comando, indicou-lhe que reparasse o carro de Alalu,
Para que pudesse voltar para Nibiru, que estivesse preparado para quando terminasse o Shar.
Anzu, muito hábil nos assuntos dos carros, colocou mãos à obra;
Fez com que seus propulsores zumbissem de novo, contabilizou suas tabuletas;
Mas não demorou para descobrir a ausência das Armas de Terror!
Com fúria, Anzu gritou; Ea lhe explicou o motivo do sumiço:
É um perigo utilizar estas armas! Disse.
Jamais devem ser usadas nem nos céus nem nas Terras Firmes!

Sem elas, será perigoso atravessar o Bracelete Esculpido!, disse Anzu.
Sem elas, e sem os Propulsores de Água, há perigo de que não se resista!
Alalu, comandante de Eridu, considerou as palavras de Ea, às palavras de Anzu prestou atenção:
As palavras de Ea foram testemunhadas pelo Conselho de Nibiru! Disse Alalu;
Mas, se o carro não retornar, Nibiru estará perdido!
Abgal, que sabia pilotar, adiantou-se audazmente para os líderes.
Eu serei o piloto, enfrentarei os perigos bravamente! Disse.
Assim, foi tomada a decisão: Abgal será o piloto, Anzu ficará na Terra!
Em Nibiru, os astrônomos contemplaram os destinos dos deuses celestiais, escolheram o dia oportuno.
Levaram-se cestas de ouro ao carro de Alalu;
Abgal entrou na parte dianteira do carro, ocupou o assento do comandante.
Ea lhe deu uma Tabuleta do Destino de seu próprio carro;
Será para ti O-que-Mostra-o-Caminho, com ela encontrarás um caminho aberto!
Abgal ativou as Pedras de Fogo do carro; seu zumbido soava como música.
Ativou o Grande Operador do carro, que emitiu um brilho avermelhado.
Ea e Alalu, junto com a multidão de heróis, estavam de pé ao redor, despedindo-se.
Então, com um rugido, o carro subiu aos céus, aos céus ascendeu!
A Nibiru se transmitiram palavras da ascensão; em Nibiru havia muita expectativa.

Sinopse da Quarta Tabuleta

Os Nibiruanos celebram até mesmo a pequena
quantidade de ouro entregue
As provas sobre a utilização do ouro como
escudo atmosférico têm sucesso
Mais heróis e novos equipamentos são enviados à Terra
A extração de ouro das águas continua a desapontar
Ea descobre fontes de ouro que precisam
de mineração profunda em Abzu
Enlil, em seguida Anu, vêm à Terra para tomar decisões cruciais
Quando os meio-irmãos brigam, quem decide as tarefas são as Sortes
Ea, renomeado Enki (Senhor da Terra), vai a Abzu
Enlil fica para desenvolver instalações permanentes em Edin
Enquanto Anu se prepara para partir, é atacado por Alalu
Os Sete Que Julgam sentenciam Alalu ao exílio em Lahmu
A filha de Anu, Ninmah, uma oficial médica, é enviada à Terra
Ao fazer uma parada em Lahmu (Marte), Ninmah
encontra Alalu morto
Uma rocha, esculpida com o rosto de Alalu, serve-lhe como túmulo
É dada a Anzu o comando da Estação de passagem em Lahmu

Enki representado como deus das águas e da mineração

A Quarta Tabuleta

A Nibiru se transmitiram palavras da ascensão; em Nibiru havia muita expectativa.
Abgal dirigiu o carro com confiança;
Deu uma volta ao redor de Kingu, a Lua, para ganhar velocidade com a força de sua rede.
Mil léguas, dez mil léguas viajou até Lahmu,
Para obter com a força de sua rede uma direção para Nibiru.
Além de Lahmu o Bracelete Esculpido formava redemoinhos.
Habilmente, Abgal fez brilhar os cristais de Ea, para localizar os atalhos abertos.
O olho da Sorte olhou a seu favor!
Além do Bracelete, o carro recebeu os sinais transmitidos de Nibiru;
Para casa, para casa era a direção.
À frente, na escuridão, com um tom avermelhado brilhava Nibiru; um espetáculo a ser visto!
O carro se orientava agora por meio dos sinais transmitidos.
Três voltas deu ao redor de Nibiru, para frear com a força de sua rede.
Aproximando-se do planeta, Abgal pôde ver a fenda em sua atmosfera;
Sentiu um aperto no coração, pensava no ouro que trazia.
Passando pela atmosfera, o carro se inflamou, seu calor insuportável;
Habilmente, Abgal desdobrou as asas do carro, controlando sua descida.
À frente estava o local dos carros, uma visão das mais convidativas;
Gentilmente, Abgal desceu o carro até um lugar selecionado pelos raios.
Abriu a porta; havia uma multidão reunida!
Anu se dirigiu até ele, abraçou-o, pronunciou palavras de boas-vindas.
Os heróis se apressaram dentro do carro, tiraram os cestos de ouro.
Levavam os cestos acima da cabeça,
Diante da assembleia, Anu exclamou palavras de vitória: A salvação está aqui!, disse-lhes.

Abgal foi acompanhado até o palácio, escoltado para que descansasse e contasse tudo.
O ouro, uma visão das mais deslumbrantes, levaram aos sábios rapidamente;
Para convertê-lo no mais fino pó, para lançá-lo para o céu ele foi transportado.
Um Shar durou o processo, por outro Shar continuaram os testes.
Com foguetes o pó foi levado até o céu, com raios de cristais se dispersou.
Onde havia uma fenda, esta havia agora se curado!
A alegria encheu o palácio, esperava-se a abundância nas terras.
Anu transmitiu boas palavras à Terra: O ouro traz a salvação! A extração de ouro deve continuar!
Quando Nibiru chegou perto do Sol, o pó de ouro se viu perturbado por seus raios;
A cura da atmosfera diminuiu, a fenda ficou grande novamente.
Anu ordenou que Abgal voltasse para a Terra; no carro viajaram mais heróis,
Em suas entranhas, mais O que Suga as Águas e Expulsadores foram providenciados;
Com eles, Nungal foi ordenado a partir, para que ajudasse Abgal na pilotagem.
Houve grande alegria quando Abgal retornou a Eridu;
Houve muitas saudações e muitos abraços!
Ea refletiu com atenção sobre as novas obras hidráulicas;
Havia um sorriso em seu rosto, mas seu coração estava apertado.
Quando o Shar chegou, Nungal estava preparado para partir no carro;
Em suas entranhas, o carro levava apenas poucas cestas de ouro.
O coração de Ea estava antecipando a decepção em Nibiru!
Ea e Alalu trocaram palavras, reconsideraram o que sabiam:
Se a Terra, a cabeça de Tiamat, foi cortada na Batalha Celestial,
Onde estava o pescoço, onde estavam as veias de ouro que foram cortadas?
Onde estavam as veias de ouro das entranhas da Terra se mostrando?
Ea viajou sobre montanhas e vales na câmara celeste,
Examinou com o Explorador as terras separadas pelos oceanos.
Outra e outra vez, encontrava-se a mesma indicação:
Onde as terras secas se separaram em duas, as vísceras da Terra se revelaram;

Onde a massa de terra ganhou a forma de um coração, na parte inferior desta,
As veias douradas das entranhas da Terra seriam abundantes!
Abzu, o Lugar de Nascimento de Ouro, Ea nomeou a região.
Logo, Ea transmitiu a Anu palavras de sabedoria:
A Terra está cheia de ouro; das veias, não das águas, terá de se conseguir o ouro.
Das vísceras da Terra, não de suas águas, há de se obter o ouro,
De uma região através do oceano, Abzu será chamada, pode-se conseguir ouro em abundância!
No palácio, houve grande assombro, sábios e conselheiros consideraram as palavras de Ea;
Uma coisa era unânime: o ouro deveria ser obtido;
Como obtê-lo de dentro da Terra, nisso havia muita discussão.
Na assembleia, um príncipe falou; era Enlil, o meio-irmão de Ea.
Primeiro de Alalu, então seu filho por matrimônio, Ea, nas águas puseram todas as suas esperanças;
Asseguravam a salvação pelo ouro das águas,
Shar após Shar, todos esperavam a salvação,
Agora escutamos palavras diferentes, empreender uma tarefa além do imaginável,
São necessárias provas das veias douradas, um plano para se obter sucesso deve ser assegurado!
Assim Enlil falou à assembleia; muitos concordaram com suas palavras.
Que Enlil vá à Terra! Disse Anu. Que obtenha provas, que apresente um plano;
Suas palavras serão levadas em consideração, suas palavras serão ordens!
Em unanimidade a assembleia deu seu consentimento, aprovou a missão de Enlil.
Com Alalgar, seu chefe-tenente, Enlil partiu para a Terra; Alalgar era seu piloto.
A cada um lhes proveu com uma câmara celeste.
À Terra foram transmitidas as palavras de Anu, o rei, palavras decisivas:
Enlil estará a mando da missão, sua palavra será ordem!
Quando Enlil chegou à Terra, Ea abraçou calidamente seu meio-irmão,
Ea deu as boas-vindas a Enlil como irmão.

Diante de Alalu, Enlil fez uma reverência; Alalu, com palavras fracas, deu-lhe as boas-vindas.
Os heróis deram gritos de boas-vindas a Enlil; muito esperavam de seu comando.
Inteligentemente, Enlil ordenou que se montassem as câmaras celestes,
Em uma câmara celeste ele subiu; Alalgar, seu chefe-tenente, ia de piloto com ele.
Ea, em outra câmara celeste pilotada por Abgal, mostrou-lhes o caminho para Abzu.
Exploraram as terras secas, dos oceanos tomaram cuidadosa nota.
Do Mar Superior até o Mar Inferior, exploraram as terras,
Tudo o que havia acima e abaixo, registraram.
Testaram o solo em Abzu. Na verdade, havia ouro; com muita terra e rochas estava misturado,
Não estava refinado como nas águas, estava escondido em uma mistura.
Voltaram para Eridu; refletiram sobre o que tinham encontrado.
Eridu merecerá novas tarefas, não pode continuar sozinha na Terra!
Assim disse Enlil; descreveu um grande plano, propunha uma grande missão:
Trazer mais heróis, fundar mais assentamentos,
Para obter o ouro das vísceras da Terra, para separar o ouro da mistura,
Para transportá-lo em naves celestiais e carros, para executar trabalhos em lugares de aterrissagem.
Quem estará a mando dos assentamentos, quem estará a mando de Abzu?
Assim perguntou Ea a Enlil.
Quem comandará a Eridu ampliada, quem fiscalizará os assentamentos?
Assim dizia Alalu.
Quem comandará as naves celestiais e o lugar de aterrissagem?, assim inquiriu Anzu.
Que venha Anu à Terra, que ele tome as decisões! Assim disse Enlil em resposta.

Vem agora o relato de como Anu veio à Terra,
Como as sortes entre Ea e Enlil foram tiradas, como se deu a Ea o título de Enki,

Como Alalu lutou pela segunda vez com Anu.
Em um carro celestial, Anu viajou à Terra; seguiu a rota junto aos planetas.
Nungal, o piloto, deu uma volta ao redor de Lahmu; Anu o observou atentamente.
A Lua, que em outro tempo foi Kingu, circundaram e admiraram.
Acaso, não se poderá encontrar ouro aí?, perguntava-se Anu em seu coração.
Nas águas, junto aos pântanos, aterrissou seu carro;
Para a chegada, Ea preparou embarcações de juncos, para que Anu chegasse navegando.
Acima rodeavam as câmaras celestes, ofereciam boas-vindas reais.
Na primeira embarcação, ia o próprio Ea, foi o primeiro em receber o rei, seu pai.
Inclinou-se ante Anu, depois Anu o abraçou. Meu filho, meu Primogênito! Exclamou Anu.
Na praça de Eridu, os heróis estavam formados em fileiras, dando boas-vindas reais na Terra a seu rei.
Frente a eles estava Enlil, seu comandante.
Ele se inclinou diante de Anu, o rei; Anu o abraçou contra seu peito.
Alalu também estava ali, de pé, estava incerto do que fazer.
Anu o saudou. Abracemo-nos, como camaradas! Disse a Alalu.
Hesitando, Alalu se adiantou, com Anu estreitou os braços!
Preparou-se uma refeição para Anu; de noite, Anu retirou-se a uma cabana de juncos que Ea lhe havia construído.
No dia seguinte, o sétimo pela conta começada por Ea, era dia de descanso.
Era um dia de palmadas nas costas e celebração, como correspondia a chegada de um rei.
No dia seguinte, Ea e Enlil apresentaram suas descobertas a Anu,
Discutiram com ele o que foi feito e o que se deveria fazer.
Deixem que eu mesmo veja as terras! Disse-lhes Anu.
Todos eles subiram nas câmaras celestes, observaram as terras de mar a mar.
Voaram até Abzu, aterrissaram em seu solo que ocultava o ouro.
A extração de ouro será difícil! Disse Anu. É necessário obter ouro;
Não importa quão profundo seja, temos de consegui-lo!
Que Ea e Enlil criem ferramentas para esse propósito, e que eles atribuam trabalhos aos heróis,

Que averiguem como separar o ouro da terra e as rochas, como enviar ouro puro a Nibiru!
Que se construa um lugar de aterrissagem, que se nomeiem mais heróis para as tarefas na Terra!
Assim disse Anu a seus dois filhos; em seu coração, pensava em estações de passagem nos céus.
Essas foram as ordens de Anu; Ea e Enlil inclinaram a cabeça, aceitando-as.
Houve anoiteceres e amanheceres; e a Eridu todos retornaram.
Em Eridu tiveram um conselho, para atribuir trabalhos e deveres.
Ea, que tinha fundado Eridu, foi o primeiro a se pronunciar:
Eridu eu fundei; que se estabeleçam outros acampamentos nesta região,
Que ela seja conhecida pelo nome de Edin, Morada dos Retos.
Deixe para mim o comando de Edin, que Enlil se encarregue da extração do ouro!
Enlil se enfureceu com essas palavras; o plano é injusto! Disse a Anu.
Do comando e de tarefas a realizar, eu sou o melhor; de naves celestes, eu tenho os conhecimentos.
Da Terra e de seus segredos, meu meio-irmão, Ea, é conhecedor;
Ele descobriu Abzu, que ele seja o senhor de Abzu!
Anu escutou com atenção as palavras enfurecidas; os irmãos eram de novo meio-irmãos,
O Primogênito e o Herdeiro Legal disputavam com palavras como se fossem armas!
Ea era o Primogênito, nascido de Anu com uma concubina;
Enlil, nascido depois, foi concebido por Antu, a esposa de Anu.
Ela era meio-irmã de Anu, tornando, portanto, Enlil Herdeiro Legal,
Assim, o Primogênito deveria ser o próximo filho para a sucessão.
Anu temia um conflito que pusesse em perigo a obtenção do ouro;
Um dos irmãos devia retornar a Nibiru, a sucessão devia ser removida de qualquer consideração,
Assim dizia Anu a si mesmo. E em voz alta fez uma surpreendente sugestão aos dois:
Quem voltará para Nibiru para sentar-se no trono, Quem mandará em Edin, quem será o senhor de Abzu,
Entre os três, eu com vocês, as sortes determinarão!
Os irmãos ficaram calados, aquelas audazes palavras os pegaram de surpresa.

Que se lancem as sortes! Anu disse. Que a decisão venha da mão do destino!
Os três, o pai e os dois filhos, uniram as mãos.
Lançaram as sortes, e por elas se dividiram as tarefas:
Anu para voltar a Nibiru, para seguir sendo seu soberano no trono;
O Edin coube a Enlil, para ser o Senhor do Comando, como seu nome indicava,
Para fundar mais acampamentos, para assumir a responsabilidade pelo carregamento das naves celestes e de seus heróis,
Para ser o líder de todas as terras até que encontrassem a barreira dos mares.
A Ea lhe concederam como domínio os mares e os oceanos,
Para que governasse as terras sob a barreira das águas,
Para ser o senhor de Abzu, procurar o ouro com engenho.
Enlil concordou com as sortes, aceitou com uma mesura a mão do acaso.
Os olhos da Ea se encheram de lágrimas, não queria separar-se de Eridu nem do Edin.
Que Ea conserve para sempre seu lar Eridu! Anu disse a Enlil.
Que se recorde sempre que foi o primeiro a aterrissar,
Que Ea seja conhecido como o senhor da Terra; Enki, Senhor da Terra, seja seu título!
Enlil aceitou com mesura as palavras de seu pai; a seu irmão, disse:
Enki, Senhor da Terra, será a partir de agora seu título; eu serei conhecido como Senhor do Comando.
Anu, Enki e Enlil anunciaram as decisões aos heróis em assembleia.
As tarefas estão atribuídas, o sucesso está à vista! Anu disse a eles.
Agora posso me despedir de vocês, posso voltar para Nibiru com o coração tranquilo!
Alalu pôs-se à frente de Anu. Um assunto importante foi esquecido! Gritou.
O domínio da Terra foi atribuído a mim; essa foi a promessa quando anunciei a Nibiru a descoberta do ouro!
Tampouco renunciei às minhas pretensões sobre o trono do Nibiru,
E é uma grave abominação que Anu compartilhe tudo com seus filhos!
Assim, Alalu desafiou Anu e suas decisões.
Anu ficou sem palavras no início; depois, enfurecido, respondeu:
Que nossa disputa seja decidida em uma segunda luta, lutemos aqui, façamos agora!

Com desdém, Alalu tirou a roupa; igualmente, Anu se despiu.
Despidos, os dois membros da realeza começaram a lutar, foi uma luta feroz.
Alalu dobrou o joelho, ao chão Alalu caiu;
Anu pisou com seu pé sobre o peito de Alalu, declarando assim a vitória na luta.
Pela luta se tomou a decisão; eu sou o rei, Alalu não voltará mais a Nibiru!
Assim falava Anu quando tirou o pé do cansado Alalu.
Como um raio, Alalu se levantou do chão. Puxou Anu pelas pernas.
Abriu a boca e, rapidamente, arrancou-lhe um pedaço de sua virilidade,
A virilidade de Anu, Alalu engoliu!
Em dolorosa agonia, Anu lançou um gemido aos céus; ferido, caiu ao solo.
Enki se apressou sobre o caído Anu, Enlil aprisionou Alalu.
Os heróis levaram Anu à sua cabana, palavras de maldição ele pronunciou contra Alalu.
Que se faça justiça!, gritou Enlil a seu chefe-tenente. Com sua arma-feixe, que Alalu seja morto!
Não! Não! Enki gritou ferozmente. A justiça está dentro dele, em suas vísceras entrou o veneno!
Levaram Alalu a uma cabana de juncos, ataram suas mãos e seus pés como a um prisioneiro.

Vem agora o relato do julgamento de Alalu,
E do que aconteceu depois na Terra e em Lahmu.
Em sua cabana de juncos, Anu estava ferido; na cabana de juncos, Enki lhe aplicava a cura.
Em sua cabana de juncos, Alalu estava sentado, cuspia saliva de sua boca;
Em suas entranhas, a virilidade de Anu era como uma carga,
Suas vísceras se impregnaram com o sêmen de Anu; como uma fêmea no parto, o ventre lhe estava inchando.
Ao terceiro dia, as dores de Anu apaziguaram; seu orgulho estava enormemente ferido.
Quero retornar a Nibiru! Anu disse a seus dois filhos.
Mas, antes, deve-se fazer um julgamento de Alalu; deve ser imposta uma sentença adequada ao crime!

Segundo as leis de Nibiru, sete juízes eram requeridos, como presidente atuaria o de maior porte entre eles.
Na praça de Eridu, os heróis se reuniram em assembleia para presenciar o julgamento de Alalu.
Para os Sete que Julgam sete assentos foram preparados; para Anu, presidindo, preparou-se o assento mais alto.
À sua direita, sentou-se Enki; Enlil se sentou à esquerda de Anu.
À direita de Enki, sentaram-se Anzu e Nungal; Abgal e Alalgar se sentaram à esquerda de Enlil.
Ante esses Sete que Julgam foi levado Alalu; sem desatar suas mãos e seus pés.
Enlil foi o primeiro a falar: Em justiça, uma luta foi realizada, a realeza de Alalu foi confiscada por Anu!
O que diz você, Alalu?, perguntou-lhe Enki.
Em justiça, realizou-se uma luta, a realeza perdi! Disse Alalu.
Tendo sido vencido, Alalu praticou um abominável crime, a virilidade de Anu mordeu e engoliu!
Assim fez Enlil a acusação do crime. A morte é o castigo! Disse Enlil.
O que diz você, Alalu?, perguntou Enki a seu pai por matrimônio.
Houve silêncio; Alalu não respondeu à pergunta.
Todos presenciamos o crime! Disse Alalgar. A sentença deve ser de acordo!
Se houver palavras que queira pronunciar, que as diga antes do julgamento! Disse Enki a Alalu.
No silêncio, Alalu começou a falar lentamente:
Em Nibiru fui rei, por direito de sucessão reinei;
Anu foi meu copeiro. Despertou os príncipes, a uma luta desafiou;
Durante nove circuitos fui rei em Nibiru, a minha semente pertencia à realeza.
O mesmo Anu se sentou em meu trono, e para escapar da morte fiz uma perigosa viagem até a distante Terra.
Eu, Alalu, descobri em um planeta estranho a salvação de Nibiru!
O retorno a Nibiru me foi prometido, ser recolocado por justiça no trono!
Depois, veio Ea à Terra; por compromisso, foi nomeado o próximo a reinar em Nibiru.
Depois, veio Enlil, reivindicando para si a sucessão de Anu.
Depois, veio Anu, por Sortes enganou Ea; Enki, o Senhor da Terra, foi proclamado,

Para ser o senhor da Terra, não de Nibiru.
Depois, concedeu a Enlil comando, foi delegado a Enki o distante Abzu.
De tudo isso meu coração doía, o peito me ardia de vergonha e fúria;
Depois, Anu pôs seu pé sobre meu peito, sobre meu doído coração pisava!
Em silêncio, Anu levantou a voz: Pela semente real e pela lei, em justa luta ganhei o trono.
Minha virilidade mordeu e engoliu, para interromper minha linhagem de herdeiros!
Enlil falou: O acusado admitiu o crime, que venha a sentença,
Que o castigo seja a morte!
A Morte! Disse Alalgar. Morte! Disse Abgal. Morte! Disse Nungal.
A morte a Alalu chegará por sim mesma, o que engoliu em suas entranhas lhe trará a morte! Disse Enki.
Que Alalu fique na prisão pelo resto de seus dias na Terra! Disse Anzu.
Anu refletia nas palavras deles; envolvido tanto pela ira quanto pela compaixão.
Morrer no exílio, que essa seja a sentença! Disse Anu.
Surpreendidos, os juízes entreolharam-se. Não entendiam o que Anu estava dizendo.
Nem na Terra nem em Nibiru será o exílio! Disse Anu.
No caminho há o planeta Lahmu, dotado com águas e atmosfera.
Enki, como Ea, fez uma pausa; a respeito de uma estação de passagem em Lahmu estive pensando.
A força de sua rede é menor do que a da Terra, uma vantagem que deve ser considerada sabiamente.
Alalu será levado no carro celestial,
Quando eu partir da Terra, ele fará a viagem comigo.
Daremos voltas ao redor do planeta Lahmu, proporcionaremos a Alalu uma câmara celeste,
Para que nela desça ao planeta Lahmu.
Sozinho em um planeta estranho, exilado estará,
Para que conte por si só seus dias até seu último!
Assim Anu pronunciou as palavras da sentença, com toda solenidade as palavras foram ditas.
Por unanimidade se impôs esta sentença sobre Alalu, em presença dos heróis se anunciou.

A Quarta Tabuleta

Que Nungal seja meu piloto até Nibiru, para que de lá pilote de novo outros carros trazendo heróis para a Terra.
Que Anzu se una à viagem, para que desça a Lahmu!
Assim Anu pronunciou suas ordens.
Para o dia seguinte se dispôs a partida; todos os que deviam partir foram levados em embarcações até o carro.
Deve-se preparar um lugar para aterrissagens em terra firme! Disse Anu a Enlil.
Planos sobre como utilizar Lahmu como estação de caminho devem ser feitos!
Houve despedidas, tanto alegres como tristes.
Anu embarcou no carro mancando, Alalu entrou no carro com as mãos atadas.
Depois, o carro se elevou nos céus, e a visita real terminou.
Deram uma volta ao redor da Lua; Anu estava encantado com sua visão.
Viajaram para o avermelhado Lahmu, duas vezes o circundaram.
Desceram para o estranho planeta, viram montanhas que chegavam ao céu e notaram lágrimas na superfície.
Observaram o local onde uma vez aterrissou o carro de Ea; estava à beira de um lago.
Freados pela força da rede de Lahmu, prepararam no carro a câmara celeste.
Então, Anzu, seu piloto, disse a Anu palavras inesperadas:
Pousarei com Alalu no chão firme de Lahmu,
Não quero voltar para o carro com a câmara celeste!
Ficarei com Alalu no planeta estranho; protegerei-o até que morra.
Quando ele morrer pelo veneno em suas vísceras, enterrarei-o como um rei merece!
Quanto a mim, devo ter feito meu nome.
Anzu, dirão, frente a tudo, foi companheiro de um rei no exílio,
Viu coisas que outros não viram, em um planeta estranho enfrentou coisas desconhecidas!
Anzu, até o final dos tempos dirão, caiu como um herói!
Havia lágrimas nos olhos de Alalu, havia espanto no coração de Anu.
Teu desejo será honrado, disse Anu a Anzu. Desde este momento, faço-te uma promessa,
Pela minha mão levantada, eu faço este juramento:
Na próxima viagem, um carro circundará Lahmu, sua nave celestial pousará até ti.

Se te encontrar com vida, serás proclamado senhor de Lahmu;
Quando se estabelecer em Lahmu uma estação de caminho, tu serás o comandante!
Anzu inclinou a cabeça. Assim seja! Disse a Anu.
Alalu e Anzu se acomodaram na câmara celestial,
Com capacetes de Águias e trajes de Peixes foram providos, com mantimentos e ferramentas foram supridos.
A nave celestial partiu do carro, do carro se observou sua descida.
Depois, desapareceu da vista, e o carro prosseguiu para Nibiru.
Por nove Shars Alalu foi rei de Nibiru, durante oito Shars comandou Eridu.
No nono Shar, sua Sorte foi morrer no exílio em Lahmu.

Vem agora o relato da volta de Anu a Nibiru,
E de como foi enterrado Alalu em Lahmu, como Enlil construiu o Lugar de Aterrissagem na Terra.
Em Nibiru, houve uma alegre recepção para Anu.
Anu registrou o acontecido no conselho e ante os príncipes;
Não buscava deles nem piedade nem vingança.
Deu instruções a todos para que se discutissem os trabalhos à frente.
Esboçou para os reunidos uma visão de grande alcance:
Estabelecer estações de caminho entre Nibiru e a Terra, reunir toda a família do Sol em um grande reino!
A primeira deve ser feita em Lahmu, também devem se considerar os planos da Lua;
Levantar estações em outros planetas ou em suas hostes circundantes,
Uma cadeia, uma caravana constante de carros de fornecimento e salvaguarda,
Trazer sem interrupções ouro da Terra até Nibiru, possivelmente, também encontrar ouro em algum outro lugar!
Os conselheiros, os príncipes, os sábios levaram em consideração os planos de Anu,
Viam nos planos uma promessa de salvação para Nibiru.
Os sábios e os comandantes aperfeiçoaram o conhecimento dos deuses celestiais,
Aos carros e às naves celestiais acrescentaram uma nova classe, as naves espaciais.
Selecionaram-se heróis para as tarefas, para os trabalhos havia muito o que aprender.

Transmitiram os planos a Enki e a Enlil, disseram-lhes que acelerassem os preparativos na Terra.
Houve muita discussão na Terra sobre o que havia acontecido e sobre o que se precisava fazer.
Enki apontou Alalgar para ser o Supervisor de Eridu, e dirigiu seus próprios passos para Abzu;
Depois, determinou onde obter ouro das entranhas da Terra.
Calculou quantos heróis necessitava para as tarefas, considerou quais ferramentas se necessitavam.
Enki desenhou um Repartidor de Terra, pediu que se criasse em Nibiru,
Com ele faria um corte na Terra, chegaria às suas vísceras por meio de túneis;
Também desenhou O-que-Parte e O-que-Tritura, para que fossem criados em Nibiru para Abzu.
Aos sábios de Nibiru pediu que refletissem sobre outros assuntos.
Fez uma relação de necessidades, dos assuntos de saúde e bem-estar dos heróis.
Os heróis se viam perturbados pelas rápidas voltas da Terra,
Os rápidos ciclos dia-noite da Terra causavam vertigens.
A atmosfera, embora boa, tinha carências em alguns aspectos, e era muito abundante em outros;
Os heróis se queixavam da repetitiva alimentação.
Enlil, o comandante, via-se afetado pelo calor do Sol na Terra, desejava frescor e sombra.
Enquanto em Abzu Enki fazia seus preparativos,
Enlil fiscalizava em sua nave celestial os trabalhos em Edin.
Contabilizou montanhas e rios, mediu vales e planícies.
Procurava onde estabelecer um Lugar de Aterrissagem, um lugar para as naves espaciais.
Enlil, afetado pelo calor do Sol, procurava um lugar fresco e com sombra.
As montanhas cobertas de neve do norte de Edin eram de seu agrado;
Em um bosque de cedros, estavam as árvores mais altas que jamais tinha visto.
Ali, em um vale entre montanhas, nivelou a superfície com raios poderosos.
Os heróis extraíram das encostas grandes pedras para as esculpir.

Transportaram-nas e as colocaram para sustentar a plataforma com
   as naves celestiais.
Enlil viu com satisfação a obra,
Era de fato uma obra incrível, uma estrutura perpétua!
Uma morada para ele, no topo da montanha, era seu desejo.
Das altas árvores no bosque de cedros se prepararam grandes vigas,
Ele decretou que delas se construísse uma morada para si:
A Morada do Topo Norte foi como a nomeou.
Em Nibiru, foi preparado um novo carro celestial para elevar-se nas
   alturas,
Transportaram-se novas classes de naves espaciais, naves celestiais,
   e aquela que Enki havia desenhado.
Um grupo de reserva com cinquenta partiu de Nibiru; entre eles ha-
   via mulheres escolhidas.
Eram comandadas por Ninmah, Dama Elevada; foram treinadas para
   auxílios e cura.
Ninmah, Dama Elevada, era filha de Anu; era meio-irmã, não irmã
   completa, de Enki e Enlil.
Era muito instruída em auxílio e cura, sobressaía-se no tratamento
   das doenças.
Prestou muita atenção às reclamações vindas da Terra, preparava
   uma cura!
Nungal, o piloto, seguiu o rumo de carros prioritários, registrado nas
   Tabuletas dos Destinos.
Ilesos, chegaram ao deus celestial Lahmu; circundaram o planeta,
   lentamente desceram à sua superfície. Um grupo de heróis seguiu
   uma fraca transmissão; Ninmah ia com eles.
Encontraram Anzu à beira de um lago; eram de seu capacete os si-
   nais de transmissão.
Anzu não se movia, estava prostrado, jazia morto.
Ninmah tocou seu rosto, deu atenção a seu coração.
Tirou o Pulsador de sua bolsa; dirigiu-o sobre o batimento do cora-
   ção de Anzu.
Tirou o Emissor de sua bolsa, dirigiu ao corpo de Anzu as emissões
   vivificadoras de seus cristais.
Sessenta vezes Ninmah dirigiu o Pulsador, sessenta vezes dirigiu o
   Emissor;
Na sexagésima vez, Anzu abriu os olhos, moveu os lábios.
Com muito cuidado, Ninmah derramou Água da Vida sobre seu ros-
   to, umedeceu seus lábios com ela.

Brandamente, pôs em sua boca Alimento da Vida;
Então, ocorreu o milagre: Anzu levantou-se dos mortos!
Então, perguntaram sobre Alalu; Anzu lhes contou sobre a morte de Alalu.
Levou-os até uma grande rocha, sobressaía-se da planície para o céu.
Ali contou a eles o que havia acontecido:
Pouco depois da aterrissagem, Alalu começou a gritar de dor.
De sua boca, suas vísceras cuspia; com tremendas dores pereceu contra o muro!
Assim lhes disse Anzu.
Levou-os até uma grande rocha, que se elevava como uma montanha da planície para o céu.
Na grande rocha encontrei uma cova, dentro dela ocultei o cadáver de Alalu,
Cobri sua entrada com pedras. Assim disse-lhes Anzu.
Eles o seguiram até a rocha, tiraram as pedras, entraram na cova.
Dentro dela encontraram o que restava de Alalu;
Aquele que uma vez foi rei de Nibiru, agora era uma pilha de ossos e jazia em uma cova!
Pela primeira vez em nossos anais, um rei não morreu em Nibiru, não havia sido enterrado em Nibiru!
Assim disse Ninmah. Que descanse em paz por toda a eternidade! Ela disse.
Voltaram a cobrir a entrada da cova com pedras;
A imagem de Alalu sobre a grande montanha rochosa foi esculpida com raios.
Era mostrada levando um capacete de Águia; deixaram o rosto descoberto.
Que a imagem de Alalu olhe para sempre para Nibiru que ele governou,
Para a Terra onde descobriu o ouro!
Assim declarou Ninmah, Dama Elevada, em nome de seu pai Anu.
Quanto a ti, Anzu, Anu, o rei, manterá a promessa que fez!
Permanecerão aqui, contigo, vinte homens, para que comecem a construir a estação de caminho;
As naves espaciais da Terra entregarão aqui o mineral de ouro,
Carros celestiais transportarão depois, daqui, o ouro até Nibiru.
Centenas de homens farão sua morada em Lahmu,
Tu, Anzu, serás o comandante!
Assim disse a Anzu a Grande Dama, em nome de seu pai Anu.

Minha vida te pertence, Grande Dama! Assim disse Anzu. Minha
gratidão a Anu não terá limites!
O carro partiu do planeta Lahmu; continuou sua viagem para a Terra.

Sinopse da Quinta Tabuleta

Ninmah chega à Terra com um grupo de enfermeiras
Entrega sementes para cultivar uma criação de plantas de elixir
Leva notícias a Enlil de seu filho gerado fora do matrimônio, Ninurta
Em Abzu, Enki estabelece uma morada e instalações mineradoras
Em Edin, Enlil constrói instalações espaciais e de outros tipos
Os nibiruanos na Terra ("anunnakis") somam seiscentos
Trezentos "Igigi" operam as instalações em Lahmu (Marte)
Exilado pela violação de sua acompanhante Sud, Enlil se inteira das armas escondidas
Sud se torna esposa de Enlil, dá-lhe um filho (Nannar)
Ninmah se une a Enki em Abzu, dá-lhe filhas
Ninki, esposa de Enki, chega com o filho de ambos, Marduk.
À medida que Enki e Enlil engendram mais filhos, formam-se clãs na Terra
Assolados pelas privações, os Igigi lançam um golpe contra Enlil
Ninurta derrota o seu líder, Anzu, nas batalhas aéreas
Os anunnakis, obrigados a produzir ouro
com mais rapidez, fazem motins
Enlil e Ninurta denunciam os amotinados
Enki sugere a criação artificial de Trabalhadores Primitivos

Enlil, Ninmah, Enki e Isimud (Representação suméria)

A Quinta Tabuleta

O carro partiu do planeta Lahmu; continuou sua viagem para a Terra.
Deram voltas ao redor da Lua, para ver se era possível construir ali uma estação de caminho.
Deram voltas ao redor da Terra, desacelerando para uma aterrissagem.
Nungal junto a Eridu desceu o carro nas águas.
Desembarcaram em um cais construído por Enlil; as embarcações já não faziam falta.
Enlil e Enki receberam com abraços a sua irmã; com Nungal, o piloto, estreitaram os braços.
Os heróis, homens e mulheres, foram recebidos com alegria pelos heróis presentes.
Tudo o que o carro levava se descarregou rapidamente:
Naves espaciais e naves celestes, e as ferramentas desenhadas por Enki, e criações de todo tipo.
De tudo o que ocorria em Nibiru, da morte e o enterro de Alalu, falou Ninmah a seus irmãos;
Da estação de caminho de Lahmu e do comando de Anzu lhes falou.
Enki expressou sua aprovação, Enlil expressou palavras de perplexidade.
É uma decisão de Anu, sua palavra é inalterável!, disse Ninmah a Enlil.
Eu trouxe alívio às doenças, disse Ninmah a seus irmãos.
Tirou de sua bolsa um pacote de sementes, sementes para serem plantadas no solo;
Uma porção de matagais brotarão das sementes, e produzirão frutos suculentos.
Com o suco se fará um elixir, será bom os heróis beberem.
Suas enfermidades irão embora; isso os deixará contentes!
Terá de semear as sementes em um lugar fresco, necessitam de calor e água para alimentar-se!
Assim disse Ninmah a seus irmãos.
Irei mostrar um local perfeito para isso! Disse-lhe Enlil.
É onde se construiu o Lugar de Aterrissagem, onde construí uma morada de madeira de cedro!

Na nave celestial de Enlil entraram no céu os dois, Enlil e Ninmah;
Irmão e irmã foram até o Lugar de Aterrissagem, nas montanhas cobertas de neve, junto ao bosque de cedros.
Na grande plataforma de pedra aterrissou a nave celestial, foram à morada de Enlil.
Uma vez dentro, Enlil a abraçou, com fervor beijou Ninmah.
Ó, minha irmã, minha amada!, sussurrava Enlil. Tomou-a por seu ventre,
Não derramou o sêmen em seu útero.
De nosso filho, Ninurta, trago-te notícias! Disse-lhe brandamente Ninmah.
É um jovem príncipe, está disposto para a aventura, está preparado para unir-se a ti na Terra!
Se tu ficares aqui, que tragam Ninurta, nosso filho! Enlil disse a ela.
Os heróis foram chegando ao Lugar de Aterrissagem, as naves celestiais levavam naves espaciais até a plataforma.
Da bolsa de Ninmah se tiraram as sementes, semearam-se nas terras do vale.
Um fruto de Nibiru cresceria na Terra! Na nave celestial, Enlil e Ninmah voltaram para Eridu.
No caminho, Enlil mostrou a paisagem, mostrou-lhe Edin em toda a extensão
Dos céus, Enlil explicou seus planos.
Desenhei um plano perpétuo! Dizia-lhe.
Dispus o que determinará sua construção para sempre;
Distante de Eridu, onde começa a terra seca, estará minha morada,
Laarsa será seu nome, será em um lugar de comando.
À beira do Burannu, o Rio de Águas Profundas, estará localizada,
Uma cidade que surgirá no futuro, nomearei-a Lagash.
Entre as duas, nos planos, tracei uma linha,
A sessenta léguas dali haverá uma cidade,
Será sua própria cidade, Shurubak, a Cidade Refúgio a nomearei.
Na linha central estará localizada, para a quarta cidade levará;
Nibru-ki, Lugar do Cruzamento da Terra a nomearei, estabelecerei nela um Enlace Céu-Terra.
Será o lar das Tabuletas dos Destinos, controlará todas as missões!
Com Eridu, somarão cinco cidades, existirão para toda a eternidade!
Em uma tabuleta de cristal, Enlil mostrou a Ninmah seu plano;
Na tabuleta, ela viu mais marcas, perguntou a Enlil sobre elas.
Além das cinco cidades, construirei no futuro um Lugar do Carro,

Para que chegue diretamente de Nibiru à Terra! Respondeu Enlil.
Então Ninmah compreendeu o motivo do desconcerto de Enlil ante os planos de Anu sobre Lahmu.
Meu irmão, é magnífico seu plano para as cinco cidades!, disse Ninmah a ele.
A criação de Shurubak, uma cidade de cura, como minha morada, para mim mesma,
É algo pelo qual estou agradecida;
Além desse plano, não transgrida seu pai, não ofenda também seu irmão!
És tão sábia como formosa!, Enlil disse a ela.
Em Abzu, Enki também estava concebendo planos, onde construir sua casa,
Onde preparar moradas para os heróis, por onde entrar nas vísceras da Terra.
Em sua nave celestial, mediu a extensão de Abzu, inspecionou cuidadosamente suas regiões.
Abzu era uma terra distante, estava além das águas do Edin;
Era uma terra rica, transbordante de riquezas, perfeita em sua totalidade.
Poderosos rios atravessavam a região, grandes águas davam vazão rapidamente;
Uma morada junto às águas correntes Enki fez para si mesmo,
No meio de Abzu, em um lugar de águas puras Enki se pôs.
Nessa terra, Enki determinou o Lugar da Profundidade, para que os heróis descendessem às vísceras da Terra.
Ali pôs Enki o Repartidor de Terra, para com ele fazer um corte na Terra,
Chegar por meio de túneis às interioridades da Terra, descobrir as veias douradas.
Próximo, ele colocou O-que-Parte e O-que-Tritura,
Para partir e triturar o ouro extraído, para transportá-lo em naves celestiais,
Levá-lo ao Lugar de Aterrissagem nas montanhas de cedros,
De lá transportá-lo à estação de caminho de Lahmu com naves espaciais.
À Terra mais heróis foram chegando, a uns era atribuído o Edin, outros recebiam tarefas em Abzu.
Enlil construiu Laarsa e Lagash, fundou Shurubak para Ninmah.

Um exército de curadoras vivia ali com ela, as jovens que dão auxílio.
Em Nibru-ki, Enlil estava agrupando um Enlace Céu-Terra, para comandar todas as missões de local.
Entre Eridu e Abzu Enki viajava, ia e vinha para fiscalizar.
Em Lahmu, a construção progredia; heróis para a Estação de Caminho também chegavam.
Um Shar, dois Shars duraram os preparativos; então, Anu deu a ordem.
Na Terra, era o sétimo dia, um dia de descanso decretado por Enki no princípio.
Em todas as partes, os heróis se reuniram para escutar uma mensagem de Anu transmitida de Nibiru;
Em Edin se reuniram, Enlil estava ali ao comando.
Com ele, estava Ninmah; as jovens de seu exército estavam a seu lado reunidas.
Alalgar, senhor de Eridu, estava ali; Abgal, que comandava o Lugar de Aterrissagem, também estava.
No Abzu estavam reunidos os heróis, ante o olhar de Enki se encontravam.
Com Enki, estava seu vizir Isimud; Nungal, o piloto, também estava.
Em Lahmu, estavam reunidos os heróis; com seu orgulhoso comandante, Anzu, eles estavam.
Seiscentos estavam na Terra, trezentos se reuniam em Lahmu.
Em total, foram novecentos os que escutaram as palavras de Anu, o rei:
Heróis, vocês são os salvadores de Nibiru! A Sorte de todos está em suas mãos!
Seus feitos serão recordados por toda a eternidade, serão chamados por nomes gloriosos.
Os que estão na Terra serão conhecidos como anunnakis, Os que Vieram do Céu à Terra!
Os que estão em Lahmu, serão nomeados Igigi, Os que Observam e Veem serão!
Tudo o que é necessário está pronto: Que comece a chegar o ouro, que se salve Nibiru!

―――◆―――

Vem agora o relato de Enki, Enlil e Ninmah,
De seus amores e matrimônios, e das rivalidades por seus filhos.

Os três líderes eram descendentes de Anu, nascidos de diferentes mães.
Enki foi o Primogênito; uma concubina de Anu foi sua mãe.
Enlil, de Antu, a esposa de Anu, nasceu; transformando-se assim no Herdeiro Legal.
Ninmah foi filha de outra concubina, sendo meia-irmã dos dois meio-irmãos.
Era a Primogênita de Anu, isto era indicado por seu nome-título Ninmah.
Era extremamente formosa, cheia de sabedoria, rápida em aprender.
Ea, como então Enki era chamado, foi eleito por Anu para que se casasse com Ninmah,
De modo que o filho de ambos se tornaria o sucessor legal.
Ninmah estava apaixonada por Enlil, um elegante comandante;
Por ele Ninmah se deixou seduzir, em seu ventre ele derramou sua semente,
Da semente de Enlil, ela teve um filho; eles o nomearam Ninurta.
Anu se enfureceu com o ocorrido; como castigo, ele proibiu que Ninmah se casasse com quem quer que fosse!
Ea abandonou a quem, por decreto de Anu, devia ser sua noiva; e se casou em seu lugar com uma princesa chamada Damkina;
Um filho, um herdeiro, nasceu-lhes; Marduk lhe puseram por nome, que significava O Nascido em um Lugar Puro.
E quanto a Enlil, não tinha filho algum por matrimônio, não tinha a seu lado uma esposa.
Foi na Terra, não em Nibiru, onde Enlil se casou;
Sua história é de uma violação, de um exílio e de um amor que trouxe o perdão,
E de mais filhos que eram somente meio-irmãos.
Na Terra, era verão; Enlil se retirou à sua morada no bosque de cedros.
Pelo bosque de cedros ia Enlil passeando quando refrescava o dia;
Em uma fria corrente de montanha, banhavam-se umas jovens de Ninmah nomeadas para o Lugar de Aterrissagem.
Enlil ficou enfeitiçado pela beleza e a graça de uma delas, Sud era seu nome.
Enlil a convidou para sua morada no bosque de cedros:
Vem, bebe comigo o elixir do fruto de Nibiru que cresce aqui! Disse a ela.

Sud entrou na residência de Enlil; em uma taça, Enlil ofereceu-lhe
    o elixir.
Sud bebeu, Enlil também bebeu; Enlil lhe falou de relações sexuais.
A moça foi relutante. Minha vagina é muito pequena, não conhece a
    cópula! A Enlil ela disse.
Enlil lhe falou de beijos; a moça foi relutante:
Meus lábios são muito pequenos, não conhecem os beijos! Disse a
    Enlil.
Enlil pôs-se a rir e a abraçou, ele riu e a beijou;
Seu sêmen derramou em seu ventre!
Para Ninmah, comandante de Sud, foi informada a ação imoral.
Enlil, o imoral! Por sua ação, terá que confrontar um julgamento!
    Assim lhe disse enfurecida Ninmah.
Em presença de cinquenta anunnakis, reuniram-se Os Sete que Julgam, Os Sete que Julgam decretaram um castigo a Enlil:
Que Enlil seja banido de todas as cidades, seja exilado a uma Terra
    Sem Retorno!
Em uma câmara celeste lhe fizeram abandonar o Lugar de Aterrissagem; Abgal era seu piloto.
A uma Terra Sem Retorno lhe levou, para nunca mais voltar!
Os dois viajaram na câmara celestial, para outra terra se dirigiram.
Ali, em meio a inóspitas montanhas, em um lugar de desolação, Abgal aterrissou a câmara celestial.
Este será seu lugar de exílio!, disse Abgal a Enlil.
Não por acaso o escolhi! Disse a Enlil. Há oculto aqui um segredo
    de Enki;
Em uma cova próxima, Enki ocultou sete Armas de Terror,
Tirou-as do carro celestial de Alalu.
Toma posse das armas, com as armas conseguirás a liberdade!
Assim disse Abgal a seu comandante; um segredo de Enki revelou
    a Enlil!
Logo, Abgal partiu do lugar secreto; Enlil ficou sozinho naquele lugar.
Em Edin, Sud falou com Ninmah, sua comandante:
Da semente de Enlil estou grávida, em meu ventre um filho de Enlil
    foi concebido!
Ninmah transmitiu a Enki as palavras de Sud; ele era o Senhor da
    Terra, na Terra era supremo!
Convocaram Sud ante Os Sete que Julgam: Terá Enlil como marido?
    Perguntaram-lhe.

Ela pronunciou palavras de consentimento; Abgal transmitiu as palavras a Enlil em seu exílio.
Enlil voltou de seu exílio para casar-se com Sud; deste modo, Enki e Ninmah lhe deram o perdão.
Sud foi declarada esposa oficial de Enlil; concedeu-lhe o nome-título de Ninlil, Dama do Mandato.
Depois disso, um filho nasceu de Ninlil e Enlil; Nannar, o Brilhante, Ninlil o chamou.
Foi o primeiro dos anunnakis a ser concebido na Terra,
Da semente real de Nibiru nascido em um planeta estranho!
Foi depois disso que Enki falou com Ninmah: Vem comigo a Abzu!
No meio de Abzu, em um lugar de águas puras, construí uma morada.
Com um metal brilhante, prata é seu nome, embelezei-a,
Com uma pedra de um azul profundo, lápis-lazúli, está adornada;
Vem, Ninmah, vem comigo, abandona sua adoração por Enlil!
A Abzu, ao lar de Enki, Ninmah viajou;
Lá, Enki lhe falou palavras de amor,
De como um fora planejado para o outro, doces palavras lhe sussurrou.
Continuas sendo minha amada!, disse-lhe acariciando-a.
Ele a abraçou, beijou-a; ela fez com que seu falo transbordasse.
Enki derramou seu sêmen no ventre de Ninmah. Dê-me um filho! Dê-me um filho! Gritava.
Ela recebeu o sêmen em seu ventre, o sêmen de Enki a fecundou.
Um dia de Nibiru era um mês da Terra para ela,
Dois dias, três dias, quatro dias de Nibiru, eram como meses da Terra,
Cinco, seis, sete e oito dias de meses se completaram;
A nona conta da maternidade se completou; Ninmah estava em trabalho de parto.
Deu à luz uma criança; a recém-nascida era fêmea;
À beira do rio, no Abzu, nasceu uma filha de Enki e Ninmah!
Enki estava desapontado com a menina. Beija a jovem! Dizia-lhe Ninmah.
Beija a jovem! Enki disse a seu vizir Isimud: Eu desejava um filho,
Hei de ter um filho de minha meia-irmã!
De novo beijou Ninmah, pelo ventre a tomou, seu sêmen derramou em seu útero.
Novamente deu à luz uma criança, novamente uma filha deu a Enki.

Um filho, um filho, tenho que ter um filho contigo! Gritava Enki; beijou Ninmah novamente.
Depois, Ninmah pronunciou uma maldição sobre Enki,
Que todo alimento seja veneno em suas vísceras; que lhe doa a mandíbula, que lhe doam os dentes, que lhe doam as costelas.
Isimud convocou os anunnakis, a Ninmah o rogavam alívio.
Distanciar-se da vulva de Ninmah jurou Enki com o braço em alto;
Um a um, os sofrimentos ela removeu, Enki se liberou da maldição.
Ninmah voltou para Edin, para não se casar nunca; a ordem de Anu se cumpriu!
Enki trouxe para a Terra sua esposa Damkina e seu filho Marduk;
Ninki, Dama da Terra, era seu título.
Enki teve cinco filhos mais, dela e de concubinas, estes foram seus nomes:
Nergal e Gibil, Ninagal e Ningishzidda, e Dumuzi o mais jovem.
Enlil e Ninmah trouxeram para a Terra seu filho Ninurta,
Com sua esposa Ninlil, Enlil teve um filho mais, um irmão de Nannar; Ishkur era seu nome.
Três filhos em total teve Enlil, nenhum nascido de concubinas.
Dois clãs se estabeleceram assim na Terra; suas rivalidades levaram às guerras.

Vem agora o relato do motim dos Igigi,
E de como se deu a morte de Anzu, em castigo por roubar as Tabuletas dos Destinos.
De Abzu, levava-se o ouro das veias da Terra até o Lugar de Aterrissagem,
De lá, os Igigi o transportavam de naves espaciais até a estação de caminho em Lahmu.
Do planeta Lahmu, o metal precioso era levado a Nibiru em carros celestiais;
Em Nibiru, o ouro se convertia no mais fino pó, empregado para proteção da atmosfera.
Lentamente se curou a fenda nos céus, lentamente se salvou Nibiru!
Em Edin, as cinco cidades se aperfeiçoaram.
Enki fez uma morada deslumbrante em Eridu, da terra a elevou para o céu,
Como uma montanha a elevou acima do solo, construiu-a em um bom lugar.

Damkina, sua esposa, morava nela; e ali Enki ensinou a sabedoria a seu filho Marduk.
Enlil estabeleceu no Nibru-ki o Enlace Céu-Terra, era uma visão a ser admirada.
Em seu centro, um alto pilar alcançava o mesmo céu,
Sobre uma plataforma que não se podia derrubar fora colocado;
Por isso, as palavras de Enki chegavam a todos os acampamentos, podiam ser ouvidas em Lahmu e em Nibiru.
Dali subiram raios, podiam procurar no coração de todas as terras;
Seus olhos podiam explorar todas as terras, era impossível uma aproximação não desejada por sua rede.
Em sua elevada casa, uma câmara como uma coroa era o centro, olhava com atenção os céus distantes;
Olhava fixamente para o horizonte, aperfeiçoou o zênite celestial.
Em sua santificada câmara escura, com doze emblemas estava marcada a família do Sol,
Nos ME estavam registradas as fórmulas secretas do Sol e da Lua, Nibiru e a Terra, e os oito deuses celestiais.
As Tabuletas dos Destinos emitiam seus tons de cores na câmara,
Com elas, Enlil fiscalizava todas as idas e vindas.
Na Terra, os anunnakis trabalhavam sem descanso, queixavam-se do trabalho e dos mantimentos.
Estavam transtornados pelos rápidos ciclos da Terra, e do elixir só recebiam pequenas porções.
Em Edin, os anunnakis trabalhavam sem descanso; em Abzu, o trabalho era ainda mais extenuante.
Por equipes, enviavam-se anunnakis de volta a Nibiru; por equipes, outros novos chegavam.
Os Igigi que moravam no Lahmu eram os que se queixavam mais ruidosamente:
Exigiam um lugar de descanso na Terra, para quando desciam de Lahmu à Terra.
Enlil e Enki trocaram palavras com Anu, o rei consultaram: Deixem que o líder vá à Terra, discutam com o Anzu! Assim lhes disse Anu.
Anzu desceu dos céus à Terra, entregou as palavras de insatisfação a Enlil e Enki.
Deixa que Anzu conheça o mecanismo! Disse Enki a Enlil.
Eu mostrarei a ele Abzu, revele a ele o Enlace Céu-Terra!
Enlil consentiu com as palavras de Enki.

Enki mostrou Abzu a Anzu, o exaustivo trabalho nas minas lhe mostrou.
Enlil convidou Anzu a Nibru-ki, na sagrada câmara escura o deixou entrar.
No mais profundo do santuário, explicou a Anzu as Tabuletas dos Destinos.
Mostrou a Anzu o que os anunnakis estavam fazendo nas cinco cidades;
Prometeu alívio aos Igigi que chegavam ao Lugar de Aterrissagem.
Voltou depois para Nibru-ki para discutir as reclamações dos Igigi.
Anzu era um príncipe entre os príncipes, de semente real era sua ascendência;
Demoníacos pensamentos encheram seu coração quando voltou para o Enlace Céu-Terra.
Planejava levar as Tabuletas dos Destinos;
Em seu coração, planejando tomar posse dos decretos do céu e da Terra.
Concebeu em seu coração arrebatá-las de Enlil, seu objetivo era governar aos Igigi e os anunnakis!
Sem levantar suspeitas, Enlil deixou Anzu na entrada do santuário.
Sem levantar suspeitas, Enlil deixou o santuário, foi tomar um banho refrescante.
Com intenções demoníacas, Anzu se apoderou das Tabuletas dos Destinos;
Escapou em uma câmara celestial, foi rapidamente à montanha das câmaras celestiais;
Lá, no Lugar de Aterrissagem, Igigis rebeldes estavam lhe esperando,
Preparavam-se para declarar Anzu rei da Terra e de Lahmu!
No santuário de Nibru-ki, a luminosidade se desvaneceu, o zumbido se aquietou,
O silêncio prevalecia no lugar, as fórmulas sagradas haviam ficado suspensas.
Em Nibru-ki, Enlil ficou sem palavras; estava afligido pela traição.
Palavras furiosas proferiu contra Enki, questionou a ascendência de Anzu.
Em Nibru-ki, os líderes se reuniram, os anunnakis que decretam as Sortes se consultaram com Anu.
Anzu deve ser detido, as Tabuletas devem voltar para santuário!, decretou Anu, então.

Quem enfrentará o rebelde? Quem recuperará as Tabuletas? Os líderes perguntavam-se.
Tendo posse das Tabuletas dos Destinos, Anzu é invencível! Diziam-se uns aos outros.
Ninurta, encorajado por sua mãe, adiantou-se entre os reunidos:
Serei o guerreiro de Enlil, vencerei Anzu! Assim falou Ninurta.
Ninurta se dirigiu para a vertente da montanha, comprometeu-se a vencer o fugitivo Anzu.
Anzu, em seu esconderijo, desdenhava de Ninurta: As Tabuletas são meu amparo, sou invencível!
Dardos de luz Ninurta dirigiu a Anzu; as flechas não puderam aproximar-se de Anzu, voltaram para trás.
A batalha se aquietou, as armas de Ninurta não venceriam Anzu!
Então, Enki deu um conselho a Ninurta: Com teu Redemoinho faz uma tempestade,
Que o rosto de Anzu se cubra de pó, que as asas de seu pássaro celeste se irritem!
Enlil criou uma poderosa arma para seu filho, era um míssil Tillu;
Prende a tua Arma-tempestuosa, quando se aproximarem asa com asa, dispara-as contra Anzu!
Assim instruiu Enlil a seu filho Ninurta.
Quando se aproximarem asa com asa, deixa que o míssil voe como um raio!
De novo se elevou ao céu Ninurta com seu Redemoinho; Anzu se elevou com seu pássaro celeste para lhe fazer frente.
Asa com asa! Gritou Anzu enfurecido. Essa batalha será sua destruição!
Ninurta seguiu o conselho de Enki; com seu Redemoinho criou uma tempestade de pó.
O pó cobriu o rosto de Anzu, ficaram expostos os pinhões de seu pássaro celestial;
No meio deles, Ninurta deixou ir o míssil, os pinhões de Anzu sumiram em um resplendor de fogo.
Suas asas começaram a bater como as asas de borboletas; Anzu caiu ao chão.
A Terra se sacudiu, os céus se escureceram.
Ninurta fez prisioneiro o cansado Anzu, dele recuperou as Tabuletas.
Os Igigi estavam observando do topo da montanha;

Quando Ninurta chegou ao Lugar de Aterrissagem, tremeram e lhe beijaram os pés.
Ninurta liberou os prisioneiros Abgal e anunnakis, anunciou sua vitória a Anu e a Enlil.
Depois, voltou para Nibru-ki, e na câmara mais profunda as Tabuletas foram reinstaladas.
Mais uma vez, a luminosidade se fez ali dentro, restaurou-se o zumbido dos ME nas Tabuletas.
Anzu foi submetido a julgamento diante dos Sete que Julgam;
Enlil e Ninlil, sua esposa, Enki e sua esposa Ninki, a que anteriormente era conhecida como Damkina,
E os filhos Nannar e Marduk estavam ali; Ninmah também estava no julgamento.
Ninurta falou dos malévolos atos: Não há justificativa; que a morte seja sua sentença! Ele disse.
Os Igigi reclamavam com razão, necessitam de um lugar de descanso na Terra! Marduk contra-argumentou.
Por sua malévola ação, Anzu pôs em perigo todos os anunnakis e os Igigi! Disse Enlil.
Enki e Ninmah concordaram com Enlil; o mal deve ser extinto!, disseram.
Os sete sentenciaram Anzu à morte por execução;
Com um raio mortal foi extinto o fôlego vital de Anzu. Deixem seu corpo aos abutres! Disse Ninurta.
Deixem que seja enterrado no Lahmu, que se ponha em uma cova junto a Alalu para seu descanso!, disse Enki.
Da mesma semente ancestral os dois eram!
Que Marduk leve seu corpo ao Lahmu, que Marduk fique ali como comandante!
Sugeriu Enki aos juízes. Assim seja! Disse Enlil.

―――◆―――

Vem agora o relato de como se fundou Bad-Tibira, a Cidade do Metal,
E de como, no quadragésimo Shar, os anunnakis se amotinaram em Abzu.
Anzu foi julgado e executado no vigésimo quinto Shar,
A inquietação dos Igigi foi subjugada, embora continuasse queimando.
Marduk foi enviado a Lahmu para elevar os espíritos dos Igigi, para prestar atenção em seu bem-estar.

Na Terra, Enlil e Enki discutiram mudanças, refletiram sobre como evitar o mal-estar nela.
As estadias na Terra são muito prolongadas, diziam-se um a outro.
Pediram conselho a Ninmah; ficaram alarmados pela mudança no seu semblante.
O ouro deve fluir com mais rapidez a Nibiru, terá que prover salvação com mais rapidez! Concordaram todos.
Ninurta era um perito nas interioridades dos planetas; disse palavras a seus superiores:
Que se estabeleça uma Cidade do Metal, para que ali se funda e se refine o mineral extraído,
Ali se poderão enviar carregamentos menos pesados da Terra.
Cada espaçonave poderá levar mais ouro, e ficará espaço para que os anunnakis retornem a Nibiru,
Que os cansados retornem a Nibiru, que outros os substituam na Terra!
Enlil, Enki e Ninmah consideraram favoravelmente a sugestão de Ninurta, Anu foi consultado e deu sua aprovação.
No Edin, planejou-se uma Cidade do Metal, nessa localização insistiu Enlil!
Com materiais de Nibiru foi construída, equipou-se com ferramentas de Nibiru.
Três Shars levou sua construção, recebeu o nome de Bad-Tibira.
Ninurta, que deu a sugestão, foi seu primeiro comandante.
O fluxo de ouro a Nibiru se fez mais fácil e rápido,
Aqueles que haviam vindo à Terra e a Lahmu ao princípio dos Tempos Prévios
Voltaram para Nibiru; Alalgar, Abgal e Nungal estavam entre eles.
Os recém-chegados que os substituíram eram mais jovens e ávidos;
Não estavam acostumados aos ciclos da Terra e do Lahmu nem a outros rigores.
Em Nibiru, de onde haviam vindo, a fenda na atmosfera se estava curando;
Os mais jovens não haviam conhecido as grandes calamidades que se deram no planeta e em seus céus.
De sua missão dourada almejavam especialmente as emoções e aventuras!
Como havia concebido Ninurta, os minerais se traziam de Abzu,
Em Bad-Tibira se fundiam e se refinavam, com naves espaciais se enviavam a Lahmu;

O ouro puro se levava de Lahmu a Tibiru em carros celestiais.
Como havia concebido Ninurta, o ouro fluía de Abzu até Nibiru;
O que não havia concebido era o mal-estar dos anunnakis recém-chegados que trabalhavam sem descanso em Abzu!
A verdade seja dita, Enki não levou em conta o que estava acontecendo,
Direcionava sua atenção a outros assuntos de Abzu.
Fascinou-se pelo que crescia e vivia em Abzu;
Desejava aprender as diferenças entre o que havia surgido na Terra e o que havia surgido em Nibiru,
Queria descobrir como se causavam as enfermidades pela atmosfera e os ciclos da Terra.
Em Abzu, junto às efusivas águas, erigiu um magnífico local de estudo,
Dotou-o com todo tipo de ferramentas e de equipes.
Chamou o lugar de Casa da Vida, a ela convidou seu filho Ningishzidda.
Configuraram fórmulas sagradas, diminutos ME, a posse dos segredos da vida e da morte,
Procuravam desvendar os mistérios da vida e da morte das criaturas da Terra.
Enki estava especialmente apaixonado por algumas criaturas vivas;
Estas viviam entre as árvores altas, utilizavam suas patas dianteiras como mãos.
Nas altas ervas dos estepes se viam estranhas criaturas; pareciam caminhar eretas.
Enki estava absorvido com esses estudos; mas não se dava conta do que estava acontecendo entre os anunnakis.
O primeiro a perceber o problema foi Ninurta: no Bad-Tibira havia observado uma diminuição em mineral de ouro.
Enlil enviou Ninurta a Abzu para averiguar o que estava acontecendo.
Ennugi, o Oficial Chefe, acompanhou-o nas escavações,
Com seus próprios ouvidos escutou as reclamações dos anunnakis;
Eles murmuravam e se lamentavam, resmungavam nas escavações;
O trabalho é insuportável! Disseram a Ninurta.
Ninurta contou a seu tio Enki. Convoquemos Enlil!, disse Enki.
Enlil chegou a Abzu, instalou-se em uma casa próxima às escavações.

Vamos atacar Enlil em sua morada!, gritaram os heróis que trabalhavam nas minas.
Que nos libere do duro trabalho!
Proclamemos a guerra, com hostilidades vamos obter alívio! Gritavam outros.
Os anunnakis das escavações ouviram as palavras de incitação,
Atearam fogo às suas ferramentas, queimaram seus machados.
Atacaram Ennugi, Oficial Chefe das minas, capturaram-no nos túneis;
Levaram-no com eles, foram em direção à porta da morada de Enlil.
Era de noite, na metade da vigília;
Cercaram a morada de Enlil, levantavam suas ferramentas como se fossem tochas.
Kalkal, o guardião da entrada, trancou a porta e despertou Nusku;
Nusku, o vizir de Enlil, despertou seu senhor, tirou-o da cama, dizendo:
Meu senhor, a casa está cercada, até a porta chegaram os guerreiros anunnakis!
Enlil convocou Enki, Enlil convocou a presença de Ninurta:
O que veem meus olhos! É contra mim contra que se está fazendo isso?
Assim lhes disse Enlil: Quem é o instigador das hostilidades?
Os anunnakis se mantiveram unidos: Cada um de nós declarou as hostilidades!
O trabalho é excessivo, nosso trabalho é duro, grande é nossa aflição! Assim disseram a Enlil.
Palavras dos acontecimentos Enlil transmitiu a Anu. Do que acusam Enlil? Inquiriu Anu.
O trabalho, não Enlil, é a causa do problema! Enki disse a Anu.
Os lamentos são fortes, todos os dias podemos escutar as reclamações!
Deve-se obter ouro! Anu disse. O trabalho deve continuar!
Liberem Ennugi para consultas! Disse Enki aos guerreiros anunnakis.
Ennugi foi libertado; aos líderes disse:
Desde que aumentou o calor na Terra, o trabalho é insuportável, intolerável!
Que os rebeldes voltem para Nibiru, e que outros novos venham em seu lugar! Disse Ninurta.

Não poderia criar novas ferramentas? Enlil disse a Enki. Para que os heróis anunnakis evitassem os túneis?
Chamemos meu filho Ningishzidda, desejo que me ele assessore! Respondeu Enki.
Convocaram Ningishzidda, este veio da Casa da Vida;
Enki se reuniu com ele, trocaram palavras entre si.
Uma solução é possível!, disse Enki:
Que se crie um Lulu, um Trabalhador Primitivo, para que se ocupe do trabalho mais duro,
Que esse ser carregue sobre suas costas o duro trabalho dos anunnakis!
Surpresos ficaram os líderes assediados, certamente ficaram sem palavras.
Quem tinha ouvido falar antes de criar um novo ser, um trabalhador que pudesse fazer o trabalho dos anunnakis?
Convocaram Ninmah, que em cura e ajuda era perita.
Repetiram-lhe as palavras de Enki: Há alguém que já tenha ouvido falar disso? Perguntaram a ela.
Nunca se ouviu falar de algo assim! Disse ela a Enki. Todos os seres descendem de uma semente,
Cada ser se desenvolveu ao longo da eternidade a partir de outro, nenhum veio de um nada!
Quanta razão tem, minha irmã! Disse Enki, sorrindo.
Deixem-me que lhes revele um segredo de Abzu:
O ser que precisamos já existe!
Tudo o que temos que fazer é marca-lo com nossa essência,
Assim se criará um Lulu, um Trabalhador Primitivo! Assim lhes disse Enki.
Tomemos então uma decisão, deem a bênção a meu plano:
Criar um Trabalhador Primitivo, marcá-lo pelo sinal de nossa essência!

Sinopse da Sexta Tabuleta

Aos incrédulos líderes, Enki revela um segredo:
Em Abzu ronda um ser selvagem semelhante aos anunnakis;
Aumentando sua essência vital com a dos anunnakis,
Ele pode ser melhorado até se tornar um
Trabalhador Primitivo inteligente.
A criação pertence ao Pai de Todo Princípio, gritou Enlil.
Nós daremos nossa imagem somente a um ser já
existente, argumentou Ninmah.
Precisando urgentemente do ouro para sobreviver,
os líderes votam Sim.
Enki, Ninmah e Ningishzidda, o filho de Enki,
começam os experimentos.
Depois de muitos fracassos, consegue-se o modelo-perfeito. Adamu,
Ninmah grita triunfante: Minhas mãos o fizeram!
É renomeada Ninti ("Dama da Vida") por sua realização.
Ninki, a esposa de Enki, ajuda a criar Ti-Amat, uma fêmea Terrestre
Os terrestres, sendo híbridos, acasalam mas não procriam
Ningishzidda acrescenta dois ramos de essência às suas
Árvores da Vida
Ao descobrir os acontecimentos não autorizados,
Enlil expulsa os Terrestres

A dupla hélice do DNA, emblema de Ninghishzidda

A Sexta Tabuleta

Criar um Trabalhador Primitivo, moldá-lo pela marca de nossa essência!
Assim disse Enki aos líderes.
O ser de que precisamos já existe!
Assim Enki lhes revelou um segredo de Abzu
Com surpresa os outros ouviram as palavras de Enki; ficaram fascinados com suas palavras.
Existem criaturas em Abzu, disse Enki, que caminham eretas, sobre duas pernas,
As patas dianteiras são utilizadas como braços, de mãos estão providos.
Vivem entre os animais das estepes. Não sabem se vestir,
Comem plantas com a boca, bebem água dos lagos e das valas.
Coberto com cabelos desgrenhados é todo o corpo, o cabelo da cabeça é como o de um leão;
Pulam com as gazelas, desfrutam com as criaturas fervilhantes nas águas!
Os líderes escutaram as palavras de Enki com surpresa.
Em Edin não se viu nenhuma criatura como essa! Enlil, incrédulo, disse.
Há uma eternidade, em Nibiru, nossos predecessores possivelmente foram assim! Disse Ninmah.
É um ser, não uma criatura! Disse Ninmah. Deve ser emocionante contemplá-lo!
Enki lhes levou à Casa da Vida; em fortes jaulas havia uns desses seres.
Ao ver Enki e os outros, pularam, golpeavam com os punhos nas barras da jaula.
Grunhiam e sopravam; não diziam palavras.
São macho e fêmea! Disse Enki; têm masculinidade e feminilidade,
Como nós, vindos de Nibiru, procriam.
Ningishzidda, meu filho, testou sua Essência de Criação;
É semelhante à nossa, como duas serpentes entrelaçadas;
Quando nossa essência vital se combinar com a deles, nossa marca estará sobre eles,

Será criado um Trabalhador Primitivo! Compreenderá nossas ordens,

Manuseará nossas ferramentas, desempenhará os trabalhos duros nas escavações;

Dará alívio aos anunnakis em Abzu!

Assim falava Enki, com entusiasmo, suas palavras vinham com excitação.

Enlil hesitava com as palavras: É um assunto de grande importância!

Em nosso planeta, há muito tempo foi abolida a escravidão, os escravos são as ferramentas, não outros seres!

Uma nova criatura, nunca vista, você quer trazer à existência;

A criação está somente nas mãos do Pai de Todo Princípio!

Assim disse Enlil, opondo-se; suas palavras eram severas.

Enki respondeu a seu irmão: Não escravos, e sim ajudantes é meu plano!

O ser já existe! Disse Ninmah. O plano consiste em lhe dar mais capacidade!

Não se trata de fazer uma nova criatura, mas sim de fazer mais de nossa imagem já existente! Disse Enki persuasivamente.

Com mudanças pequenas se pode conseguir, só é necessário uma gota de nossa essência!

Este é um assunto grave, e não é de meu agrado!, disse Enlil.

Vai contra as regras da viagem de planeta em planeta, proibiu-se pelas regras da vinda à Terra.

Nosso objetivo era obter ouro, não substituir o Pai de Todo Princípio!

Após Enlil falar dessa forma, Ninmah foi quem lhe respondeu:

Meu irmão! Disse Ninmah a Enlil,

Com sabedoria e entendimento o Pai de Todo Princípio nos dotou,

Para que propósito nos aperfeiçoou, se não para fazer o máximo uso disso?

O Criador de Tudo encheu nossa essência vital de sabedoria e entendimento,

Para que deles fôssemos capazes de fazer qualquer uso, não é isso para o que fomos destinados?

Essas então foram as palavras de Ninmah a seu irmão Enlil.

Com isso que nos concedeu em nossa essência, aperfeiçoamos ferramentas e carros,

Destruímos montanhas com as armas de terror, e os céus curamos com ouro!

Assim disse Ninurta à sua mãe de origem.

Que com sabedoria criemos novas ferramentas, não novos seres,
Que com novos equipamentos, não com escravos, aliviemos a labuta!
Lá onde nosso entendimento nos leve, a isso fomos destinados!
Assim disse Ningishzidda, com Enki e com Ninmah concordando.
Não podemos impedir que se usem os conhecimentos que possuímos! Disse Ningishzidda.
Certamente, o Destino não pode ser alterado, desde o começo até o Final foi determinado!
Disse-lhes Enlil. É Destino, ou é Sorte,
O que nos trouxe para este planeta, para tirar ouro das águas,
Para pôr a trabalhar nas escavações os heróis anunnakis, está negando a criação de um Trabalhador Primitivo?
Essa, meus companheiros, é a questão! Assim, com gravidade, disse Enlil.
É Destino, é Sorte? Isso é o que deve ser decidido.
Está ordenado desde o começo, ou é algo pelo que devemos nos decidir?
Decidiram expor o assunto diante de Anu; Anu apresentou o assunto ante o conselho.
Consultou-se com os anciões, sábios, comandantes.
As discussões foram longas e amargas, disseram-se palavras de Vida e Morte, de Sorte e Destino.
Há alguma outra forma de obter ouro? A sobrevivência está em perigo!
Se tiver de se obter ouro, que se crie o Ser! Decidiu o conselho.
Que Anu esqueça as regras das viagens planetárias, que se salve Nibiru!
A decisão se transmitiu do palácio de Anu até a Terra; a Enki encantou.
Que Ninmah seja minha ajudante, tem conhecimentos desses assuntos!
Assim disse Enki. Fitava Ninmah com desejo.
Assim seja! Disse Ninmah. Assim seja! Disse Enlil.
Ennugi anunciou a decisão aos anunnakis em Abzu:
Até que se consiga o Ser, vocês devem voltar voluntariamente para o trabalho! Ele disse.
Houve decepção; não houve rebelião; os anunnakis voltaram para o trabalho.

Na Casa da Vida, em Abzu, Enki explicou a Ninmah como elaborar o ser.
Levou Ninmah a um lugar entre as árvores, era um lugar de jaulas.
Nas jaulas havia estranhas criaturas, como nunca vistas nas matas:
Possuíam a parte superior de uma espécie, a parte inferior de outra criatura;
Enki mostrou a Ninmah criaturas de duas espécies combinadas por suas essências!
Voltaram para a Casa da Vida, levaram-na a um lugar limpo com brilhante luminosidade.
No lugar limpo, Ningishzidda explicou a Ninmah os segredos da essência vital,
Como se pode combinar a essência de duas espécies, ele lhe mostrou.
As criaturas das três jaulas são muito estranhas, são monstruosas! Disse Ninmah.
De fato, são! Respondeu Enki. Obter a perfeição, para isso você é necessária!
Como combinar as essências, quanto delas, quanto disso reunir,
Em que útero começar a concepção, que útero deverá dar a luz?
Para isso se necessitam seus conhecimentos de ajuda e cura;
Requerem-se os conhecimentos de alguém que tenha dado à luz, de alguém que seja mãe!
No rosto de Ninmah havia um sorriso; recordava bem as duas filhas que tinha tido com Enki.
Ninmah estudou com Ningishzidda as fórmulas sagradas que se guardavam secretamente nos ME,
Perguntava-lhe como se fez isto e aquilo.
Examinou as criaturas das três jaulas, contemplou as criaturas bípedes.
As essências se transmitem por inseminação de um macho a uma fêmea,
Os dois fios entrelaçados se separam e combinam para criar uma descendência.
Que um macho anunnakis fecunde uma fêmea bípede, que nasça uma descendência de combinação! Assim disse Ninmah.
Isso tentamos, mas resultou em fracasso! Respondeu-lhe Enki.
Não houve concepção, não houve nascimento!
Vem agora o relato de como se criou o Trabalhador Primitivo,
Como Enki e Ninmah, com a ajuda de Ningishzidda, criaram o ser.

Devemos tentar conseguir outro caminho para mesclar as essências. Disse Ninmah.
Devemos encontrar outra forma de combinar os dois fios das essências,
Para que não dê prejuízos à porção da Terra.
Deve-se fazer com que receba nossa essência gradualmente,
Somente pouco a pouco a partir das fórmulas ME da essência de Nibiru deve-se tentar!
Ninmah preparou uma mistura em um recipiente de cristal, pôs com muito cuidado o óvulo de uma fêmea bípede,
Junto com a que continha a semente ME anunnakis, fecundou o óvulo;
Inseriu novamente o óvulo no útero da fêmea bípede.
Dessa vez houve concepção, havia um nascimento prestes a chegar!
Os líderes esperaram o tempo previsto para o nascimento, esperavam os resultados com o coração cheio de ansiedade.
O tempo previsto se cumpriu, mas não houve nascimento!
Desesperada, Ninmah fez um corte, o que tinha sido concebido extraiu com pinças.
Era um ser vivo!
Enki exclamou com alegria. Conseguimos! Gritou Ningishzidda contente.
Nas mãos de Ninmah estava o recém-nascido, mas ela não estava repleta de alegria:
O recém-nascido tinha cabelo por toda parte, sua parte superior era como as das criaturas da Terra,
As partes inferiores se pareciam mais às dos anunnakis.
Deixaram que a fêmea bípede cuidasse do recém-nascido, que mamasse seu leite.
O recém-nascido cresceu rápido, o que em Nibiru era um dia, era um mês em Abzu.
O menino da Terra cresceu, não à imagem dos anunnakis;
Suas mãos não se adaptavam às ferramentas, e não emitia mais que grunhidos!
Temos que voltar a tentá-lo! Disse Ninmah. A mescla deve ser ajustada;
Deixem-me ensaiar com os ME, deixem que faça o esforço com este ou aquele ME!
Com a ajuda de Enki e de Ningishzidda repetiram os procedimentos,
Ninmah considerou cuidadosamente as essências dos ME,

Tomou um pouco de um deles, tomou um pouco de outro,
Então inseminou na bacia de cristal o óvulo da fêmea da Terra.
Houve concepção, quando se cumprisse o tempo haveria nascimento!
Este se parecia mais com os anunnakis;
Deixaram que a mãe lhe desse de mamar, deixaram que o recém-nascido se tornasse criança.
Por sua aparência, foi atraente; suas mãos estavam configuradas para sustentar ferramentas;
Testaram seus sentidos, encontraram deficiências:
O menino da Terra não podia ouvir, sua visão era falha.
Outra e outra vez, Ninmah reajustou as mesclas, das fórmulas tomou pingos e partes;
Um Ser tinha os pés paralisados, a outro gotejava o sêmen,
De outro tremiam as mãos, de outro o fígado funcionava mal;
Outro tinha as mãos muito curtas para alcançar a boca, outro não tinha os pulmões adequados para respirar.
Enki estava desapontado com os resultados. Não conseguimos o Trabalhador Primitivo! Disse a Ninmah.
Estou descobrindo por meio de ensaios o bem ou mal neste Ser!
Respondeu Ninmah a Enki. Meu coração está disposto a alcançar o sucesso!
Uma vez mais, Ninmah fez uma mistura; uma vez mais, o recém-nascido era deficiente.
Possivelmente o problema não se encontre na mescla! Disse Enki a ela.
Pode ser que o impedimento não esteja nem no óvulo da fêmea nem nas essências?
Pelo que a própria Terra é moldada, pode ser que seja isso o que falta?
Não use um recipiente de cristais de Nibiru, faça da argila da Terra!
Assim disse Enki, possuído por grande sabedoria, a Ninmah.
Possivelmente seja a própria mistura da Terra, de ouro e cobre, o necessário!
Assim falou Enki, conhecedor das coisas, a Ninmah, para que usasse a argila de Abzu.
Na Casa da Vida, Ninmah fez um recipiente, com a argila de Abzu.
Como um banho purificador moldou o recipiente, para fazer dentro dele a mescla.
Cuidadosamente, no recipiente de argila, pôs o óvulo de uma fêmea terrestre, de uma bípede,

A essência vital extraída do sangue de um anunnakis,
As fórmulas ME direcionou a essência, pouco a pouco e com correção foram acrescentadas ao recipiente,
Em seguida, inseriu o óvulo fertilizado no útero da fêmea terrestre.
Há concepção!, anunciou alegre Ninmah. Esperaram o tempo do nascimento.
Quando se cumpriu o tempo, a fêmea terrestre começou a parir,
Uma criança, um recém-nascido estava a ponto de chegar!
Ninmah extraiu o recém-nascido com as mãos; era um menino!
Em suas mãos sustentou o menino, examinou sua imagem; era a imagem da perfeição.
E suas mãos sustentou o recém-nascido; Enki e Ningishzidda estavam presentes.
Com alegria, os três líderes foram chamados,
Enki e Ningishzidda se davam palmadas nas costas, Ninmah e Enki se abraçaram e se beijaram.
Suas mãos fizeram isso! Enki, com um brilho nos olhos, disse a ela.
Deixaram que a mãe desse de mamar ao recém-nascido; este cresceu mais rápido que um menino de Nibiru.
O recém-nascido progrediu de mês em mês, passou de bebê a menino.
Seus membros eram adequados para o trabalho, falar não sabia,
Não compreendia as palavras, grunhia e bufava!
Enki ponderou o assunto, considerou o que se tinha feito em cada passo e em cada mistura.
De tudo o que tentamos e trocamos, há uma coisa que nunca se alterou! Disse a Ninmah:
Sempre se inseriu o óvulo fertilizado no útero de uma fêmea terrestre.
Possivelmente seja esta a obstrução restante! Assim disse Enki.
Ninmah olhou Enki, olhou-o desconcertada.
O que, na verdade, está dizendo? Dele, ela exigia uma resposta.
Estou falando do útero que dá à luz! Respondeu Enki.
De quem nutre o óvulo fertilizado, de quem dá à luz;
Para que seja a nossa imagem e semelhança, possivelmente se necessite de um útero anunnakis!
Na Casa da Vida houve silêncio; Enki estava pronunciando palavras nunca antes ouvidas!
Olharam-se uns aos outros, estavam pensando no que poderia estar pensando o outro.

Sábias são suas palavras, meu irmão! Disse Ninmah por fim.
Possivelmente se inseriu a mistura correta no útero errado;
Agora, onde está a fêmea entre os anunnakis que ofereça seu útero
Para possivelmente criar o Trabalhador Primitivo perfeito, para levar possivelmente um monstro em seu ventre?
Assim disse Ninmah, com a voz trêmula.
Deixe-me perguntar a Ninki, minha esposa! Disse Enki.
Que a Convoquemos à Casa da Vida, para expor o assunto diante dela.
Estava voltando-se para partir quando Ninmah lhe pôs a mão no ombro:
Não! Não! Disse a Enki.
Eu fiz as mesclas, a recompensa e o perigo devem ser meus!
Eu serei a única que fornecerá um útero anunnakis, a que confrontará a boa ou a má Sorte!
Enki inclinou a cabeça, abraçou-a brandamente. Assim seja! Disse-lhe.
No recipiente de argila fizeram a mistura,
Uniram o óvulo de uma fêmea terrestre com a essência masculina anunnakis;
Enki inseriu o óvulo fertilizado no útero de Ninmah; houve concepção!
A gravidez, concebida por uma mescla, quanto tempo durará? Perguntaram-se uns aos outros.
Serão nove meses de Nibiru? Serão nove meses da Terra?
Mais demorado do que na Terra, mais rápido do que em Nibiru, veio o parto; Ninmah deu à luz um menino!
Enki sustentou entre suas mãos o menino; era a imagem da perfeição.
Deu umas palmadas nas partes traseiras do menino; o recém-nascido emitiu os sons adequados!
Passou o recém-nascido a Ninmah; ela o levantou entre suas mãos.
Minhas mãos fizeram isso! Exclamou vitoriosa.

Vem agora o relato de como Adamu recebeu esse nome,
E de como foi criada Tia-Amat, uma contraparte fêmea para ele.
Os líderes examinaram com atenção o aspecto e os membros do recém-nascido:
Suas orelhas tinham boa forma, não tinha os olhos obstruídos,

Seus membros eram adequados, formados como pernas na parte inferior e como mãos na parte superior.
Não era peludo como os selvagens, seu cabelo era negro escuro,
A pele era lisa, lisa como a pele dos anunnakis,
A cor de seu sangue era vermelho escuro, do mesmo tom que a argila de Abzu.
Olharam sua parte íntima: sua forma era estranha, a parte dianteira estava envolta com uma pele,
Diferentemente da parte íntima dos anunnakis, havia uma pele pendurada na parte dianteira!
Que o Terrestre se distingua de nós, os anunnakis, por essa pele! Assim disse Enki.
O recém-nascido começou a chorar; Ninmah o puxou para perto de seu peito;
Deu-lhe o peito, o menino começou a sugar o peito.
Conseguimos a perfeição! Disse Ningishzidda com euforia.
Enki olhava fixamente sua irmã; uma mãe e um filho, não Ninmah e um Ser, ele via.
Dará um nome a ele? Perguntou Enki. É um Ser, não uma criatura!
Ninmah pôs sua mão sobre o corpo do recém-nascido, acariciou com seus dedos sua vermelha e escura pele.
Chamarei-lhe de Adamu! Disse Ninmah. Que é Como Argila da Terra, será seu nome!
Fizeram um berço para o recém-nascido Adamu, puseram-no em um canto da Casa da Vida.
Conseguimos um modelo de Trabalhador Primitivo! Disse Enki.
Agora, precisa-se de um exército de Trabalhadores como ele! Lembrou Ningishzidda a seus superiores.
Verdadeiramente, será um modelo; como um Primogênito será tratado,
Do duro trabalho será protegido, somente sua essência será como um molde!
Assim disse Enki; Ninmah ficou muito satisfeita com seu decreto.
Que úteros levarão os óvulos fertilizados a partir de agora? Perguntou Ningishzidda.
Os líderes ponderaram o assunto; Ninmah ofereceu uma solução.
Ninmah reuniu as curadoras de sua cidade, Shurubak; ela explicou o trabalho que se requeria delas,
Levou-as até o berço de Adamu, para que apreciassem ao recém-nascido Terrestre.

Realizar esse trabalho não é uma ordem! Disse-lhes Ninmah: Seu próprio desejo é a decisão!
Das anunnakis reunidas, sete se adiantaram, sete aceitaram a tarefa.
Que seus nomes sejam lembrados para sempre! Disse Ninmah a Enki.
Seu trabalho é heroico, graças a elas nascerá uma raça de Trabalhadores Primitivos!
As sete que se adiantaram, cada uma anunciou seu nome; Ningishzidda registrou os nomes:
Ninimma, Shuzianna, Ninmada, Ninbara, Ninmug, Musardu e Ningunna,
Esses foram os nomes das sete que, por desejo próprio, seriam mães de nascimento,
Para conceber e levar Terrestres em seus úteros, para criar Trabalhadores Primitivos.
Em sete recipientes, feitos de argila de Abzu, Ninmah pôs óvulos das fêmeas bípedes,
Ela extraiu a essência vital de Adamu, inseriu-a pouco a pouco nos recipientes.
Em seguida, fez uma incisão nas partes íntimas de Adamu para deixar sair uma gota de sangue.
Que isso seja um Sinal de Vida; proclamemos sempre que Carne e Alma se combinaram!
Apertou as partes íntimas masculinas para que sangrassem, uma gota de sangue acrescentou em cada recipiente para a mistura.
Nessa mistura de argila, o Terrestre e o anunnakis se unirão!
Assim disse Ninmah, um encantamento pronunciou:
Para a unidade, as duas essências, uma do Céu, uma da Terra, devem ser levadas juntas,
A da Terra e a de Nibiru se unirão por parentesco sanguíneo!
Ninmah então pronunciou; Ningishzidda também registrou suas palavras.
Os óvulos fertilizados se inseriram nos úteros das heroínas iluminadas.
Houve concepção; com antecipação, calculou-se o tempo previsto.
No tempo previsto, os partos aconteceram!
No tempo previsto, nasceram sete machos terrestres,
Seus traços eram adequados, emitiam bons sons; foram amamentados pelas heroínas.
Criaram-se sete Trabalhadores Primitivos! Disse Ningishzidda.

Que o procedimento se repita, que sete mais assumam o trabalho!
Meu filho! Disse-lhe Enki. Nem sequer de sete em sete será suficiente,
Precisaria-se de mais heroínas curadoras, seu trabalho desse modo se faria eterno!
Certamente, é um trabalho muito exigente, é pouco menos que insuportável! Disse-lhes Ninmah.
Temos de fazer fêmeas! Disse Enki, para que sejam os casais do machos.
Que se conheçam, para que os dois se façam uma só carne.
Que procriem por si só, que façam sua própria prole,
Que deles mesmos nasçam Trabalhadores Primitivos, para aliviar as mulheres anunnakis!
Você deve trocar as fórmulas ME, ajustar de macho à fêmea! Assim disse Enki a Ningishzidda.
Para fazer um casal para Adamu, é necessária a concepção no útero de uma anunnakis!
Assim lhe respondeu Ningishzidda a seu pai Enki.
Enki e Ninmah trocaram olhares; antes que ela pudesse falar, ele levantou a mão.
Deixa que desta vez chame a minha esposa Ninki! Disse com uma forte voz,
Se estiver disposta, que ela crie o molde para a fêmea Terrestre!
Chamaram Ninki ao Abzu, à Casa da Vida,
Mostraram-na a Adamu, explicaram tudo,
Deram-lhe explicações do trabalho que se requeria, contaram-lhe do êxito e do perigo.
Ninki estava fascinada com o trabalho. Que se faça! Disse-lhes.
Ningishzidda fez os ajustes das fórmulas ME, com a mistura se fertilizou um óvulo.
Enki o inseriu no útero de sua esposa; fez com muito cuidado.
Houve concepção; no tempo previsto, Ninki entrou em trabalho de parto; não houve nascimento.
Ninki contou os meses, Ninmah contou os meses;
O décimo mês, um mês de más Sortes, se aproximou.
Ninmah, a dama cuja mão havia aberto úteros, fez uma incisão com um cortador.
Levava a cabeça coberta, levava amparos nas mãos;
Fez a abertura com destreza, o rosto se iluminou de repente:
O que havia no útero, do útero saiu.

Uma fêmea! Você fez nascer uma fêmea!, disse com alegria a Ninki.
Examinaram a face e os membros da recém-nascida,
Suas orelhas tinham boa forma, não tinha os olhos obstruídos,
Tinha os membros adequados, formados como pernas na parte inferior e como mãos na parte superior.
Não era peluda, como as areias da praia era a cor de seu cabelo,
Sua pele era lisa, era como a dos anunnakis em textura e em cor.
Ninmah sustentou a menina em suas mãos. Deu-lhe uma palmada na parte traseira.
A recém-nascida emitiu os sons adequados!
Passou a recém-nascida a Ninki, a esposa de Enki, para que a amamentasse, nutrisse-a e cuidasse.
Dará nome a ela? Perguntou Enki a sua esposa. É um Ser, não uma criatura.
É a sua imagem e semelhança,
Está criada à perfeição, você gerou o modelo para trabalhadoras fêmeas!
Ninki pôs a mão sobre o corpo da recém-nascida, acariciou sua pele com os dedos.
Ti-Amat será seu nome, a Mãe da Vida! Disse Ninki.
Será chamada como o planeta antigo, do qual se fizeram a Terra e a Lua,
Das essências vitais de seu útero se moldarão outras iluminadas,
Dará assim a vida a uma multidão de Trabalhadores Primitivos!
Assim disse Ninki; outros pronunciaram palavras de acordo.

Vem agora o relato de Adamu e Ti-Amat no Edin,
E de como obtiveram o Conhecimento da procriação e para Abzu foram expulsos.
Depois que Ti-Amat foi feita no útero de Ninki,
Em sete recipientes feitos de argila de Abzu pôs Ninmah óvulos de fêmeas bípedes.
Extraiu a essência vital de Ti-Amat e a inseriu nos recipientes.
Nos sete recipientes, feitos de argila de Abzu, Ninmah formou a mistura;
Pronunciou encantamentos, como requeria o procedimento.
Nos úteros das heroínas iluminadas se inseriram os óvulos fertilizados.
Houve concepção, no tempo previsto houve nascimentos,
No tempo previsto, nasceram sete fêmeas Terrestres.

Seus traços eram adequados, emitiam bons sons.
Assim se criaram as sete contrapartes femininas dos Trabalhadores Primitivos;
Os quatro líderes criaram sete machos e sete fêmeas.
Depois de os Terrestres serem assim criados,
Que se inseminem os machos às fêmeas, que os Trabalhadores Primitivos gerem descendentes por si mesmos!
Assim disse Enki aos outros. Depois do tempo previsto, os descendentes terão outros descendentes,
Abundante será o número de Trabalhadores Primitivos, eles deverão suportar os trabalhos duros dos anunnakis!
Enki e Ninki, Ninmah e Ningishzidda estavam contentes, beberam elixir do fruto.
Fizeram-se jaulas para os sete e as puseram entre as árvores;
Que cresçam juntos, alcancem a masculinidade e a feminilidade,
Inseminem os machos às fêmeas, tenham descendência por si mesmos!
Assim diziam uns aos outros.
Quanto a Adamu e Ti-Amat, serão poupados dos duros trabalhos das escavações,
Que os levemos a Edin, para mostrar ali nossa obra aos anunnakis!
Assim disse Enki aos outros; com isso concordaram os outros.
A Eridu, a cidade de Enki em Edin, Adamu e Ti-Amat foram levados,
Uma morada em uma clausura foi construída, para que pudessem perambular por ali.
Os anunnakis de Edin vieram vê-los, vieram do Lugar de Aterrissagem.
Enlil veio vê-los; seu desgosto diminuiu pelo que viu.
Ninurta veio vê-los; Ninlil também.
Da estação de caminho em Lahmu, Marduk, o filho do Enki, também desceu para ver.
Era uma visão das mais surpreendentes, uma maravilha das maravilhas!
Suas mãos fizeram isso, disseram os anunnakis aos criadores.
Os Igigi, que iam e vinham entre a Terra e Lahmu, foram todos espectadores também.
Fazendo-se Trabalhadores Primitivos, nossos dias de esforços chegarão a um fim! Assim diziam todos.

Em Abzu, os recém-nascidos cresceram, os anunnakis esperavam ansiosamente sua maturidade.
Enki era o supervisor, Ninmah e Ningishzidda também chegaram.
Nas escavações, os anunnakis reclamavam, a paciência dava lugar à impaciência.
Ennugi, o supervisor, perguntava frequentemente a Enki sobre os Trabalhadores Primitivos.
Os circuitos da Terra se acumularam, a maturidade dos Terrestres se atrasava;
Observou-se que entre as fêmeas não havia concepção, não havia nascimentos!
Junto às jaulas de entre as árvores, Nigishzidda fez um assento de grama;
Observou os Terrestres dia e noite para determinar suas ações.
Na verdade, viu o acasalamento, os machos inseminavam as fêmeas!
Mas não havia concepção, não havia nascimentos.
Enki ponderou o assunto em profundidade, refletiu sobre as criaturas combinadas.
Nenhuma, nenhuma delas teve descendência!
Ao combinar duas espécies, criou-se uma maldição! Disse Enki aos demais.
Examinemos de novo as essências de Adamu e Ti-Amat! Disse Ningishzidda.
Estudemos pouco a pouco seus ME para averiguar o que está errado!
Em Shurubak, na Casa da Cura, contemplaram-se as essências de Adamu e Ti-Amat,
Compararam-se com as essências vitais de machos e fêmeas anunnakis.
Ningishzidda separou as essências como duas serpentes entrelaçadas,
As essências estavam dispostas como vinte e dois ramos em uma Árvore da Vida,
Suas partes eram comparáveis, determinavam adequadamente as imagens e semelhanças.
Vinte e dois eram em número; não incluíam a capacidade de procriar!
Outras duas partes da essência, presentes nos anunnakis, Ningishzidda mostrou aos outros.
Uma masculina, outra feminina; sem elas, não havia procriação! Assim ele explicava aos demais.

Nos moldes de Adamu e Ti-Amat, na combinação não estavam incluídos!
Ninmah escutou isso e ficou muito preocupada; Enki se viu cheio de frustração.
O clamor em Abzu é grande, está-se preparando de novo o motim! Assim disse-lhes Enki.
Devemos obter os Trabalhadores Primitivos, para que não se deixe de extrair ouro!
Ningishzidda, perito nesses assuntos, propôs uma solução;
Aos seus superiores, Enki e Ninmah, na Casa da Cura sussurrou.
Todas as heroínas que assistiam Ninmah foram embora,
Fecharam as portas atrás delas, e ficaram os três a sós com os dois Terrestres.
Ningishzidda fez descer um profundo sono sobre os outros quatro, aos quatro se fez implacável.
Da costela de Enki extraiu a essência vital,
Na costela de Adamu inseriu a essência vital de Enki;
Da costela de Ninmah extraiu a essência vital,
Na costela de Ti-Amat inseriu a essência vital.
Onde foram feitas as incisões, Ningishzidda fechou a carne depois.
Então Ningishzidda acordou os quatro. Está feito! Declarou com orgulho.
À Árvore da Vida deles lhe acrescentaram dois ramos, com forças procriadoras se entrelaçaram agora suas essências vitais!
Que eles vaguem livremente, que se conheçam entre si como uma carne única!, disse Ninmah.
Nos pomares de Edin ficaram Adamu e Ti-Amat para que vagassem livremente.
Tomaram consciência de sua nudez, conheceram sua masculinidade e sua feminilidade.
Ti-Amat se fez um avental de folhas, para distinguir-se das bestas selvagens.
Enlil passeava pela horta com o calor do dia, desfrutava das sombras.
Encontrou-se por acaso com Adamu e com Ti-Amat, deu-se conta dos aventais com os que cobriam seu baixo ventre.
O que significa isso? Perguntou Enlil; Enki o convocou para lhe explicar.
Enki explicou a Enlil a importância da procriação:
Os sete e sete fracassaram, admitiu a Enlil;

Ningishzidda examinou as essências vitais, era necessária uma combinação adicional!
Grande foi o aborrecimento de Enlil, furiosas eram suas palavras:
Nada disso era de meu agrado, eu me opunha a que atuássemos como Criadores.
O Ser que necessitamos já existe! Isso você disse, Enki.
Tudo o que temos de fazer é pôr nossa marca nele, para assim criar os Trabalhadores Primitivos!
Colocou as próprias heroínas curadoras em risco, pôs Ninmah e Ninki em perigo,
Tudo em vão, sua obra foi um fracasso!
Agora você deu a essas criaturas as últimas partes de nossa essência vital,
Para que sejam como nós no conhecimento da procriação, para porventura conferir a eles nossos ciclos vitais!
Assim, com palavras furiosas, falou Enlil.
Enki chamou Ninmah e Ningishzidda para apaziguar Enlil com suas palavras.
Meu senhor Enlil! Disse Ningishzidda. Receberam o conhecimento da procriação,
O ramo da Longa Vida em sua árvore essencial, não!
Depois falou Ninmah, disse a seu irmão Enlil:
Que escolha tínhamos, meu irmão? Que acabasse tudo no fracasso, que confrontasse Nibiru sua fatídica Sorte,
Ou tentar, tentar, tentar, e fazer com que os Terrestres assumam o trabalho por meio da procriação?
E colocá-los onde são necessários! Disse Enlil furioso.
Para Abzu, longe do Edin, sejam expulsos!

Sinopse da Sétima Tabuleta

Retornando a Abzu, Adamu e Ti-Amat têm filhos
Os Terrestres proliferam, trabalhando nas minas e como servos
Nascem os netos de Enlil, os gêmeos Utu e Inanna
Os casais anunnakis têm outros descendentes na Terra
As mudanças climáticas provocam sofrimento na Terra e em Lahmu
A aproximação orbital de Nibiru vem acompanhada de transtornos
Enki e Marduk exploram a Lua, acham-na inóspita
Enki determina as constelações e o Tempo Celestial
Amargurado por sua própria Sorte, Enki promete
a Marduk a supremacia
Anu ordena a Utu, não a Marduk, a criação de um novo porto espacial
Enki encontra e acasala com duas fêmeas Terrestres
Uma tem um filho, Adapa, a outra uma filha, Titi
Enki mantém em segredo sua paternidade e os cria como rejeitados
Adapa, extremamente inteligente, transforma-se no
primeiro Homem Civilizado
Adapa e Titi acasalam, têm dois filhos: Ka-in e Abael

Utu (Shamash) e Inanna (Ishtar)

A Sétima Tabuleta

Para Abzu, longe do Edin, sejam expulsos!
Assim decretou Enlil; Adamu e Ti-Amat foram expulsos do Edin para Abzu.
Enki os pôs em um recinto entre as árvores; deixou-os para que se conhecessem.
Enki viu com alegria o que Ningishzidda havia realizado: Com uma criança,Ti-Amat brincava.
Ninmah veio para observar o nascimento: um filho e uma filha, gêmeos, nasceram os Seres Terrestres!
Ninmah e Enki viam os recém-nascidos maravilhados,
Era uma maravilha como cresciam e se desenvolviam; os dias eram como meses, os meses acumulavam anos da Terra.
Com o tempo, Adamu e Ti-Amat tiveram outros filhos e filhas, os primeiros já estavam procriando por si mesmos!
Antes que tivesse passado um Shar de Nibiru, os Terrestres estavam proliferando.
Aos Trabalhadores Primitivos havia dotado de entendimento, entendiam os comandos;
Desejavam estar com os anunnakis, trabalhavam duro e bem com suas rações de comida,
Não reclamavam do calor nem da poeira, não resmungavam dizendo estar cansados;
Os anunnakis de Abzu estavam livres do sofrimento do trabalho.
O ouro vital ia chegando a Nibiru, a atmosfera de Nibiru ia sarando lentamente;
A Missão Terra prosseguia para satisfação de todos.
Entre os anunnakis, Aqueles que Vieram do Céu à Terra, também havia casamentos e procriação.
Os filhos de Enlil e Enki tomaram formas de irmãs e meio-irmãs, de heroínas curadoras, receberam esposas.
A eles, nasceram-lhes filhos e filhas na Terra.
Embora estivessem dotados com os ciclos vitais de Nibiru, viram-se acelerados pelos ciclos da Terra.
O que ainda estaria em fraldas em Nibiru, na Terra se tornou criança;

O que havia começado a engatinhar em Nibiru, nascendo na Terra já estava correndo.
Muita alegria houve quando nasceram gêmeos a Nannar e Ningal,
Uma filha e um filho tiveram; Ningal os chamou Inanna e Utu.
Com eles, fazia-se presente a terceira geração dos anunnakis na Terra!
Aos descendentes dos líderes, trabalhos foram destinados;
Repartiram-se algumas tarefas antigas, entre os descendentes se faziam mais fáceis.
Às tarefas antigas, acrescentavam-lhes novas tarefas.
Sobre a Terra o calor era crescente, a vegetação florescia, criaturas selvagens percorriam a terra;
As chuvas eram mais fortes, os rios emanavam, precisava-se reparar as moradas.
Sobre a Terra fazia cada vez mais calor, as zonas de branca neve se fundiam em água,
As margens dos mares já não continham os oceanos.
Das profundidades da Terra, os vulcões soltavam fogo e enxofre.
Os solos tremiam, a cada instante a Terra balançava.
No Mundo Inferior, o lugar da cor branca da neve, a Terra resmungava;
Na ponta de Abzu, Enki estabeleceu um lugar de observação,
Confiou o mando a seu filho Nergal e a sua esposa Ereshkigal.
Algo desconhecido, algo desfavorável, está sendo executado ali abaixo! Disse Nergal a seu pai, Enki.
Em Nibru-ki, o lugar do Elo Céu-Terra, Enlil observava as voltas celestes,
Comparava os movimentos celestes com os ME das Tabuletas dos Destinos;
Há agitação nos céus! Disse-lhe Enlil a seu irmão Enki.
Do planeta Lahmu, o lugar da estação do caminho, Marduk se queixava a Enki, seu pai.
Fortes ventos são perturbadores, estão levantando irritantes tormentas de poeira!
Marduk transmitiu a seu pai, Enki, estas palavras:
No Bracelete Esculpido estão ocorrendo transtornos!
Sobre a Terra, caía enxofre do céu.
Demônios desumanos que causavam estragos aproximavam-se violentamente à Terra,
Inflamavam-se com fogos flamejantes no céu.

Traziam a escuridão a um dia claro, faziam estragos com tempestades e Ventos Malignos.
Atacavam a Terra como mísseis pedregosos,
Kingu, a Lua da Terra, e Lahmu, afligiam-se por esses estragos.
Enlil e Enki transmitiram a Anu, o rei, palavras urgentes, alertaram os sábios de Nibiru:
A Terra, a Lua e Lahmu se enfrentam a uma calamidade desconhecida!
De Nibiru, os sábios responderam; suas palavras não acalmaram os corações dos líderes:
Nos céus, a família do Sol estava tomando posições,
Os celestiais, dos quais a Terra é o sétimo, estavam escolhendo lugares.
Nos céus, Nibiru se aproximava, aproximava-se da morada do Sol.
Pelos sete, em fila arranjados, Nibiru foi distraído,
O caminho pelo Bracelete Esculpido ele perdeu,
Do Bracelete pedaços estava deslocando!
Com a perda da barreira celestial, Lahamu com Mummu se escondiam perto do Sol,
Nos céus, Lahamu tinha abandonado sua gloriosa morada,
Atraía-se para Nibiru, o rei celestial, desejava ser a rainha do céu!
Para contê-la, Nibiru fez aparecer um monstruoso demônio da profundidade celestial.
Um monstro que pertenceu uma vez ao exército de Tiamat, feito na Batalha Celestial,
Da profundidade celestial se abriu caminho, despertado de seu sono por Nibiru.
Como um dragão flamejante, estendia-se do horizonte até a metade do céu,
Uma légua tinha sua cabeça, cinquenta léguas de comprimento tinha, sua cauda era impressionante.
De dia, escurecia os céus da Terra.
De noite, lançava um feitiço de escuridão sobre o rosto da Lua.
A seus irmãos, os celestiais, Lahamu pediu ajuda:
Quem enfrentará o dragão, quem o deterá e o matará? Ela perguntava.
Só o valente Kingu, outrora protetor de Tiamat, adiantou-se para responder.
Kingu se apressou para interceptar o dragão em seu caminho:

Feroz foi o encontro, uma tempestade de nuvens levantou-se sobre Kingu;
As fundações de Kingu tremeram, a Lua se estremeceu pelo impacto.
Depois, o impacto celeste se acalmou,
Nibiru voltava para sua distante morada na Profundeza,
Lahamu não abandonou seu lugar de morada,
Os mísseis pedregosos cessaram sua chuva sobre a Terra e Lahmu.
Enki e Enlil se reuniram com Marduk e Ninurta, assumiram a inspeção dos estragos.
Enki sondou os alicerces da Terra, examinou o que tinha acontecido com suas plataformas.
Mediu as profundidades dos oceanos, explorou as montanhas de ouro e cobre dos distantes cantos da Terra.
Não haverá escassez do ouro vital. Assim disse Enki.
No Edin, Ninurta foi a inspetora, onde as montanhas tremeram e os vales se estremeceram,
Em sua nave celestial, elevou-se e viajou.
A Plataforma de Aterrissagem estava intacta; nos vales do norte, a Terra derramava líquidos ardentes!
Assim contava Ninurta a seu pai, Enlil; descobriu brumas sulfúricas e betumes.
Em Lahmu, a atmosfera estava danificada, as tempestades de pó interferiam com a vida e com o trabalho,
Assim dizia Marduk a Enki. Desejo voltar para a Terra! Revelou a seu pai.
Enlil voltou a seus antigos planos, reconsiderou as cidades que tinha planejado e suas funções.
É necessário estabelecer no Edin um Lugar do Carro! Disse aos outros.
Os antigos desenhos do projeto sobre a tabuleta de cristal ele mostrou aos outros.
O transporte do Lugar de Aterrissagem até a estação do caminho em Lahmu já não é seguro,
Devemos ser capazes de subir de Nibiru até a Terra! Assim lhes falou Enlil.
Da conta da primeira aterrissagem, contavam-se já oitenta Shars.

Vem agora o relato da viagem à Lua de Enki e Marduk,
E de como Enki determinou os três Caminhos do Céu e as constelações.
Que se estabeleça o Lugar dos Carros, perto do Bad-Tibira, a Cidade do Metal,
De lá, que se leve o ouro diretamente da Terra a Nibiru nos carros!
Ninurta, o comandante do Bad-Tibira, disse essas palavras.
Enlil prestou atenção nas palavras da Ninurta, seu filho; estava orgulhoso da sabedoria de seu filho.
Enlil transmitiu rapidamente o plano a Anu, o rei, dizendo-lhe estas palavras:
Que se estabeleça um Lugar de Carros Celestiais no Edin,
Que seja perto do lugar onde se funde e se refina o minério de ouro.
Que o ouro puro nos carros seja levado diretamente da Terra até Nibiru,
Que heróis e suprimentos venham à Terra de Nibiru!
De grande mérito é o plano de meu irmão!, disse Enki a seu pai Anu.
Uma grande desvantagem alberga em seu núcleo:
A atração da rede da Terra é muito maior do que a de Lahmu; para superá-la, nossas energias ficarão exaustas!
Antes que haja pressa por decidir, examinemos uma alternativa:
Perto da Terra há um acompanhante, a Lua!
Pequena é sua atração de rede, é necessário pouco esforço para ascender e descender.
Que consideremos como uma estação de caminho, que eu e Marduk viajemos até lá!
Anu, o rei, apresentou à consideração de conselheiros e sábios os dois planos.
Examine-se primeiro a Lua! O rei aconselhou a eles.
Examine-se primeiro a Lua! Transmitiu Anu a decisão a Enki e Enlil.
Enki se alegrou enormemente; a Lua sempre lhe fora fascinante,
Sempre se tinha perguntado se haveria águas ocultas em algum lugar, e que atmosfera possuía.
Nas noites de insônia, observou encantado seu frio disco prateado,
Seu aumento e diminuição jogavam com o Sol, ele a considerava uma maravilha entre as maravilhas.
Ele desejava descobrir que segredos a Lua conservava do Princípio.
Em uma espaçonave, fizeram Enki e Marduk sua viagem até a Lua;
Três vezes circundaram a companheira da Terra, observaram a profunda ferida que lhe tinha causado o dragão,

A face da Lua estava marcada com muitos buracos, obra dos destrutivos demônios.
Em um lugar de ondulantes colinas fizeram descer a espaçonave, aterrissaram no meio;
Daquele lugar puderam observar a Terra e a amplitude dos céus.
Tiveram que ficar com os capacetes de Águias; a atmosfera era insuficiente para respirar.
Deram um passeio com facilidade, foram nesta e naquela direção;
A obra do maligno dragão foi de secura e desolação.
Não se parece com Lahmu, não é adequado para uma estação de caminho! Disse Marduk a seu pai.
Vamos embora daqui, voltemos para a Terra!
Não te precipite, meu filho! Assim disse Enki a Marduk.
Não está enfeitiçado com a dança celestial da Terra, a Lua e o Sol?
Daqui, a visão está limpa, a região do Sol está à mão,
A Terra, como um globo no vazio, por nada é pendurada.
Com nossos instrumentos, podemos explorar os céus distantes,
Nesta solidão podemos admirar a obra do Criador de Tudo!
Fiquemos, observemos as voltas, como circunda a Lua à Terra,
Como faz suas voltas a Terra ao redor do Sol!
Assim falava Enki a seu filho Marduk, agitado pelo que via.
Marduk se persuadiu com as palavras de seu pai; fizeram sua morada na espaçonave.
Durante uma volta da Terra, durante três voltas, permaneceram na Lua;
Mediram seus movimentos pela Terra, calcularam a duração de um mês.
Durante seis voltas da Terra, durante doze voltas ao redor do Sol, mediram o ano da Terra.
Registraram como se interligavam os dois, fazendo desaparecer as luzes.
Depois, prestaram atenção na região do Sol, estudaram os caminhos de Mummu e Lahamu.
Junto com a Terra e a Lua, Lahmu constituía a segunda região do Sol,
Seis eram os celestiais das Águas Inferiores. Assim explicou Enki a Marduk.
Seis eram os celestiais das Águas Superiores, estavam além da barreira, do Bracelete Esculpido:

Anshar e Kishar, Anu e Nudimmud, Gaga e Nibiru; estes eram os outros seis,
Eram doze em total, doze era a conta do Sol e sua família.
Dos transtornos mais recentes, Marduk inquiriu a seu pai:
Por que havia em uma fileira sete celestiais? Assim perguntou a seu pai.
Enki considerou então suas voltas ao redor do Sol;
Enki observou com atenção a grande volta destes ao redor do Sol, seu progenitor,
As posições da Terra e da Lua Enki marcou em um mapa,
Pelos movimentos de Nibiru, não descendente do Sol, desenhou a largura da grande volta.
O Caminho de Anu, o rei, decidiu Enki nomeá-la.
Na expansão da profundeza dos céus, pai e filho observaram as estrelas;
Enki estava fascinado com suas proximidades e agrupamentos.
Desenhou imagens de doze constelações, de horizonte a horizonte, em toda a volta dos céus.
Na Grande Volta, o Caminho de Anu, uniu cada uma com os doze da família do Sol,
A cada uma designou uma estação, por nomes seriam chamadas.
Logo, nos céus debaixo do Caminho de Anu, por onde Nibiru se aproxima do Sol,
Desenhou um caminho parecido com uma volta, designou-o o Caminho do Enki;
Também atribuiu a ele doze constelações por suas formas.
Aos céus por cima do Caminho de Anu, a Fileira Superior, chamou-o Caminho de Enlil,
Também agrupou ali as estrelas em doze constelações.
Trinta e seis foram as constelações de estrelas, nos três Caminhos estavam localizadas.
A partir daí, quando Nibiru se aproxima e se vai, será conhecido pelas estações de estrelas da Terra,
Assim se designará a posição da Terra enquanto viaja ao redor do Sol!
Enki indicou a Marduk o início do ciclo, a medida do Tempo Celestial:
Quando cheguei à Terra, a estação que dava ao final nomeei de Estação de Peixes.
Aquela que segue meu nome, O das Águas, eu chamei!

Assim disse Enki, com satisfação e orgulho, a seu filho Marduk.
Sua sabedoria abrange os céus, seus ensinos ultrapassam minha própria compreensão,
Mas na Terra e em Nibiru, o conhecimento e o governo andam separados! Assim disse Marduk a seu pai.
Meu filho! Meu filho! O que é o que não sabe, do que é o que sente falta? Disse-lhe Enki.
Os segredos dos céus, os segredos da Terra compartilhei contigo!
Ai, meu pai! Disse Marduk. Havia agonia em sua voz.
Quando os anunnakis no Abzu deixaram de trabalhar e tu decidiste criar o Trabalhador Primitivo,
Não minha mãe, mas Ninmah, a mãe de Ninurta, para ajudar foi convocada,
Não eu, mas Ningishzidda, mais jovem do que eu, para ajudar foi convidado,
Com eles, não comigo, seus conhecimentos da vida e a morte compartilhou!
Meu filho! Respondeu Enki a Marduk. Para seu comando foram dados Igigi e Lahmu a ser supremo!
Ai, meu pai! Disse-lhe Marduk. Da supremacia, pela Sorte fomos privados!
Tu, meu pai, és o Primogênito de Anu; entretanto, Enlil, e não tu, é o Herdeiro Legal;
Tu, meu pai, foste o primeiro a aterrissar e a fundar Eridu,
No entanto, Eridu está nos domínios de Enlil, os teus estão no distante Abzu.
Eu sou teu Primogênito, de tua esposa legítima em Nibiru nasci,
Entretanto, o ouro se reúne na cidade de Ninurta, para dali enviá-lo ou retê-lo,
A sobrevivência de Nibiru está em tuas mãos, não em minhas mãos.
Agora retornamos à Terra; qual será meu trabalho,
Estou fadado à fama e à realeza, ou a ser humilhado de novo?
Em silêncio, Enki abraçou a seu filho, na desolada Lua lhe fez uma promessa:
Do que fui privado, seu futuro será!
Seu tempo celestial chegará, minha estação será adjacente à sua!

Vem agora o relato de Sippar, o Lugar dos Carros no Edin,
E de como os Trabalhadores Primitivos voltaram para Edin.

Durante muitas voltas da Terra, pai e filho estiveram ausentes da Terra;
Na Terra nenhum plano era implementado; em Lahmu, os Igigi estavam agitados.
Enlil transmitiu a Anu palavras secretas, suas preocupações transmitiu a Anu desde Nibru-ki:
Enki e Marduk foram à Lua, durante incontáveis voltas ficaram ali.
Suas ações são um mistério, o que planejam, não se sabe;
Marduk abandonou a estação do caminho de Lahmu, os Igigi estão ansiosos,
A estação do caminho foi afetada por tempestades de pó, não se sabe dos danos.
O Lugar dos Carros no Edin deve ser construído,
De lá se levará o ouro diretamente da Terra a Nibiru,
Então, não será necessária uma estação de caminho em Lahmu;
Esse é o plano de Ninurta, seu entendimento é grande nessas questões,
Estabeleça o Lugar dos Carros no Bad-Tibira, seja Ninurta seu primeiro comandante!
Anu considerou bastante as palavras de Enlil; a Enlil, uma resposta ele deu:
Enki e Marduk estão retornando à Terra.
Ouçamos primeiro suas palavras do que têm descoberto na Lua!
Da Lua partiram Enki e Marduk, à Terra retornaram;
Deram conta das condições ali; não é viável uma estação de caminho agora! Assim informaram.
Que se construa o Lugar dos Carros! Disse Anu.
Seja Marduk seu comandante! Disse Enki a Anu.
Essa tarefa está reservada para Ninurta! Gritou Enlil furioso.
Já não faz falta comando para os Igigi, Marduk tem conhecimentos desses trabalhos,
Que Marduk seja responsável pela Entrada do Céu! Assim disse Enki a seu pai.
Anu refletiu sobre o assunto com preocupação: Agora os filhos são afetados pelas rivalidades!
Com sabedoria estava dotado Anu, com sabedoria tomou suas decisões:
O Lugar dos Carros para conduzir o ouro por novos caminhos está designado,
Ponhamos em mãos de uma nova geração.

Nem Enlil nem Enki, nem Ninurta nem Marduk estarão no comando,
Que assuma a responsabilidade a terceira geração, seja Utu o comandante!
Que o Lugar dos Carros Celestiais seja construído, seja seu nome Sippar, Cidade Pássaro!
Esta foi a palavra de Anu; inalterável foi a palavra do rei.
A construção começou no Shar oitenta e um, seguiram-se os planos de Enlil.
Nibru-ki estava no centro, Enlil o designou como Umbigo da Terra,
Por sua localização e por distâncias, as cidades antigas foram posicionadas em círculos,
Como uma flecha, do Mar Inferior para as montanhas foram agrupados,
E ele riscou uma linha sobre os picos gêmeos de Arrata, até os céus no norte,
Onde a flecha intercepta a linha da Arrata,
Marcou o lugar do Sippar, o Lugar dos Carros da Terra;
A este a flecha apontava diretamente, foi precisamente locado de Nibru-ki por um círculo igual!
Engenhoso era o plano, todos se maravilhavam por sua precisão.
No octogésimo segundo Shar, a construção de Sippar foi completada;
Ao herói Utu, neto de Enlil, o comando foi dado.
Construiu-se para ele um capacete de Águia, decorou-se com asas de Águia.
Anu chegou no primeiro carro que, de Nibiru, veio diretamente até Sippar;
Desejava ver por si mesmo as instalações, queria maravilhar-se com o que se realizou.
Para a ocasião os Igigi, comandados por Marduk, desceram de Lahmu à Terra,
Do Lugar de Aterrissagem e de Abzu se reuniram os anunnakis.
Houve palmadas nas costas e aclamações, festa e celebração.
Inanna, neta de Enlil, a Anu se apresentou com cantos e danças;
Antes de partir, Anu convocou os heróis e as heroínas.
Uma nova era começou! Assim lhes disse.
Com o fornecimento direto da salvação dourada, o fim do duro trabalho está próximo!
Ouro suficiente para proteger Nibiru foi empilhado,

O trabalho na Terra pode diminuir, heróis e heroínas voltarão para Nibiru!
Isso prometeu Anu, o rei; aos ali reunidos transmitiu-lhes uma grande esperança:
Alguns poucos Shars de trabalho a mais, e voltarão para casa!
Anu subiu de volta a Nibiru com muita pompa; ouro, ouro puro levava com ele.
Utu realizou sua nova tarefa com carinho; Ninurta conservou o comando em Bad-Tibira.
Marduk não voltou para Lahmu; tampouco foi a Abzu com seu pai.
Desejava vagar por todas as terras, percorrer a Terra em sua nave celestial,
Dos Igigi, alguns em Lahmu, outros na Terra, fez-se Utu o comandante.
Depois da volta de Anu a Nibiru, os líderes na Terra tinham grandes expectativas:
Esperavam que os anunnakis trabalhassem com vigor renovado.
Acumular rapidamente ouro, para voltar para casa quanto antes.
Isso, ai, não foi o que aconteceu!
Em Abzu, as expectativas dos anunnakis não eram as de continuar a trabalhar,
Agora que os Terrestres estão proliferando, que eles se encarreguem do trabalho!
Assim diziam os anunnakis em Abzu.
No Edin, os trabalhos eram maiores; eram requeridas mais moradas, mais provisões.
Os heróis do Edin exigiram Trabalhadores Primitivos, até então confinados em Abzu,
Durante quarenta Shars, só se proporcionou alívio no trabalho em Abzu! Gritavam os heróis no Edin,
Nosso trabalho aumentou além da resistência, tenhamos também Trabalhadores!
Enquanto Enki e Enlil debatiam o assunto, Ninurta tomou a decisão em suas mãos:
Com cinquenta heróis, dirigiu uma expedição até Abzu, foram providos com armas.
Nos bosques e nos estepes de Abzu, perseguiram os Terrestres,
Com redes os capturaram, machos e fêmeas levaram ao Edin.
Treinaram-nos para fazer todo tipo de tarefas, tanto nos pomares como nas cidades.

Enki se zangou com o acontecido, Enlil também ficou enfurecido:
Revogaste minha decisão de expulsar Adamu e Ti-Amat! Assim disse Enlil a Ninurta.
Para que não se repetisse no Edin o motim que houve uma vez em Abzu!
Assim disse Ninurta a Enlil. Com os Terrestres no Edin, os heróis se acalmaram,
Alguns poucos Shars a mais, e não terá com o que se preocupar! Assim disse Ninurta a Enlil.
Enlil não se satisfez; resmungando, Assim seja! Disse a seu filho.
Amontoe-se com rapidez o ouro, voltemos todos logo a Nibiru!
Em Edin, os anunnakis observavam com admiração os Terrestres:
Possuem inteligência, compreendem as ordens.
Encarregaram-se de todo tipo de tarefas; despidos realizavam seus trabalhos.
Machos e fêmeas acasalavam constantemente, proliferando-se com rapidez.
Em um Shar, às vezes quatro, às vezes mais, faziam suas gerações!
Enquanto os Terrestres crescessem em número, teriam trabalhadores os anunnakis,
Os anunnakis não se saciavam com os mantimentos;
Nas cidades e nas hortas, nos vales e nas colinas, os Terrestres procuravam comida constantemente.
Naqueles dias, ainda não existiam os cereais,
Não havia ovelhas, ainda não se tinha criado o cordeiro.
A respeito dessas questões, Enlil disse palavras iradas a Enki:
Com teus atos geraste confusão, que procures salvação!

———◆∞◆———

Vem agora o relato de como foi criado o Homem Civilizado,
De como se criou, por meio de um segredo de Enki, Adapa e Titi no Edin.
Com a proliferação dos Terrestres, Enki estava satisfeito, Enki estava preocupado;
O grupo dos anunnakis se acomodou em grande proporção, seu descontentamento havia diminuído,
Com a proliferação, os anunnakis fugiam do trabalho, os trabalhadores estavam se convertendo em servos.
Durante sete Shars, o grupo dos anunnakis se acomodou muito, seu descontentamento diminuiu.

Com a proliferação dos Terrestres, o que crescia por si só era insuficiente para todos;
Durante três Shars mais houve escassez de pesca e de caça, nem anunnakis nem Terrestres ficavam saciados com o que por si mesmo cresce.
Em seu coração, Enki planejava um novo esquema; concebia a criação de uma Humanidade Civilizada.
Cereais que sejam semeados por eles para serem cultivados, ovelhas para que as pastoreiem!
Em seu coração, Enki imaginava um novo plano; refletia sobre como consegui-lo.
Para esse plano, observou os Trabalhadores Primitivos de Abzu,
Refletiu sobre os Terrestres no Edin, nas cidades e nas hortas.
O que lhes poderia adequar para os trabalhos? O que terá que não se haja combinado pela essência vital?
Observou os descendentes dos Terrestres, constatou algo alarmante:
Com as cópulas repetidas, regrediam-se para seus antepassados selvagens!
Enki olhou pelas zonas pantanosas, navegou pelos rios e observou;
Com ele, só ia Isimud, seu vizir, que guardava os segredos.
Viu que na borda do rio se banhavam e brincavam alguns Terrestres;
Entre eles, havia duas fêmeas de selvagem beleza, firmes eram seus seios.
O falo de Enki se umedeceu, tinha um ardente desejo.
Devo beijar as jovens? Perguntou Enki a seu vizir Isimud.
Levarei o barco até lá; beija as jovens! Disse Isimud a Enki.
Isimud dirigiu o barco até lá, Enki saltou do barco para terra firme.
Enki chamou uma jovem, ofereceu-lhe uma fruta de uma árvore.
Enki curvou-se a ela, abraçou-a, nos lábios a beijou;
Doces eram seus lábios, firmes de maturidade eram seus seios.
Em seu útero derramou seu sêmen, no acasalamento a conheceu.
Ela guardou em seu útero o sagrado sêmen, foi fecundada pelo sêmen do senhor Enki.
Enki chamou e segunda jovem, ofereceu-lhe bagas do campo.
Enki se inclinou para ela, abraçou-a, nos lábios a beijou;
Doces eram seus lábios, firmes de maturidade eram seus seios.
Em seu útero derramou seu sêmen, no acasalamento a conheceu.
Ela guardou em seu ventre o sagrado sêmen, foi fecundada pelo sêmen do senhor Enki.

Fica com as jovens, para ver se engravidaram!
Assim disse Enki a seu vizir Isimud.
Isimud se sentou junto às jovens; por volta da quarta conta apareceram as barrigas.
Para a décima conta, a nona tendo sido completada,
A primeira jovem ficou de cócoras e deu à luz, dela nasceu um menino;
A segunda jovem ficou de cócoras e deu à luz, dela nasceu uma menina.
Ao amanhecer e ao anoitecer, o qual delimita um dia, no mesmo dia deram à luz as duas,
Como as Cheias de Graça, Amanhecer e Anoitecer, a partir de então ficaram conhecidas nas lendas.
No nonagésimo terceiro Shar, engendrados por Enki, nasceram os dois no Edin.
Isimud levou rapidamente a Enki notícia dos nascimentos.
Enki estava extasiado com os nascimentos: Quem tinha ouvido falar de algo assim!
Conseguiu-se a concepção entre os anunnakis e Terrestres,
Trouxe à existência o Homem Civilizado!
Enki deu instruções a seu vizir, Isimud: Minha ação deve permanecer em segredo!
Que os recém-nascidos sejam amamentados por suas mães; depois disso traga-os para minha casa.
Entre os juncos, em cestas de junco, encontrei-os! Disse Isimud a todo o mundo.
Ninki tomou com carinho os rejeitados, criou-os como a seus próprios filhos.
Adapa, o Rejeitado, chamou o menino; Titi, Uma com Vida, chamou a menina.
Diferentemente do restante das crianças Terrestres, o casal era:
De crescimento mais lento que os Terrestres, muito mais rápidos de compreensão;
Estavam dotados de inteligência, eram capazes de falar com palavras.
Bonita e agradável era a menina, muito boa com as mãos.
Ninki, a esposa de Enki, criou um vínculo com Titi; ensinou-lhe todo tipo de ofício.
A Adapa, foi o próprio Enki quem lhe ensinou, instruiu-lhe em como manter registros.

Enki mostrou orgulhoso a Isimud suas realizações,
Criei o Homem Civilizado! Disse a Isimud.
De minha semente foi criado um novo tipo de Terrestre, à minha imagem e semelhança!
Das sementes, farão crescer mantimentos; domesticarão ovelhas,
A partir de então, os anunnakis e os Terrestres ficarão saciados!
Enki enviou palavras a seu irmão Enlil; Enlil veio de Nibru-ki até Eridu.
No deserto, apareceu um novo tipo de Terrestre! Disse Enki a Enlil.
São rápidos em aprender, podemos ensinar conhecimentos e ofícios.
Que nos tragam de Nibiru sementes das que se semeiam,
Que se tragam de Nibiru ovelhas para repartir pela Terra,
Que nós ensinemos a essa nova raça de Terrestres a agricultura e o pastoreio,
Saciemo-nos juntos, anunnakis e Terrestres! Assim disse Enki a Enlil.
Certamente, são similares aos anunnakis em muitos aspectos! Disse Enlil a seu irmão.
É a maravilha das maravilhas que tenham aparecido por si mesmos no deserto!
Isimud foi chamado. Entre os juncos, em cestas de juncos, encontrei-os! Disse.
Enlil ponderou o assunto com gravidade, sacudia a cabeça com espanto.
Certamente, é uma maravilha das maravilhas, que tenha surgido uma nova raça de Terrestres,
Que a mesma Terra tenha feito um Homem Civilizado,
Que lhe pode ensinar agricultura e pastoreio, ofícios e criação de ferramentas!
Assim dizia Enlil a Enki. Enviemos palavras a Anu da nova raça!
Transmitiram-se palavras da nova raça a Anu, em Nibiru.
Que nos enviem sementes que possam ser plantadas e ovelhas para o pastoreio!
Fizeram a sugestão Enki e Enlil a Anu.
Que o Homem Civilizado sacie os anunnakis e os Terrestres!
Anu escutou as palavras, ficou assombrado com elas.
Não é inédito que por essências vitais uma espécie leve a outra! Disse-lhes em resposta.
Nunca se ouviu algo assim, que na Terra aparecesse tão rapidamente um Homem Civilizado a partir de Adamu!

Para a semeadura e o pastoreio precisa-se de um grande número; os seres são capazes de proliferar?
Enquanto os sábios de Nibiru refletiam sobre o assunto, em Eridu ocorriam coisas importantes.
Adapa conheceu Titi no acasalamento, ele derramou seu sêmen em seu útero.
Houve concepção, houve nascimento.
Titi gerou gêmeos, dois irmãos!
Transmitiram-se palavras do nascimento a Anu em Nibiru:
O casal é compatível para a concepção, podem proliferar!
Que se repartam pela Terra sementes que se possam semear e ovelhas para o pastoreio,
Que comece a agricultura e o pastoreio na Terra, saciemo-nos todos!
Assim disseram Enki e Enlil a Anu em Nibiru.
Que Titi permaneça em Eridu, para amamentar e cuidar dos recém-nascidos,
Que Adapa, o Terrestre, seja trazido a Nibiru! Assim declarou sua decisão Anu.

Sinopse da Oitava Tabuleta

A ampla compreensão de Adapa assusta os sábios em Nibiru
Por ordem de Anu, levam Adapa a Nibiru
A primeira viagem espacial de um Terrestre
Enki revela a Anu a verdade da paternidade de Adapa
Enki justifica sua ação pela necessidade de mantimentos
Manda-se de volta Adapa para começar
com a agricultura e o pastoreio
Enlil e Enki criam sementes de cultivo e linhagens de ovelhas
Ninurta ensina o cultivo a Ka-in
Marduk ensina a Abael o pastoreio e a elaboração da lã
Lutando pela água, Ka-in mata Abael
Ka-in é julgado por assassinato e sentenciado ao exílio
Adapa e Titi têm outros descendentes que se casam entre si
Em seu leito de morte, Adapa abençoa seu filho
Sati como seu herdeiro
Um descendente, Enkime, é levado a Lahmu por Marduk

Ninurta e seu símbolo da Águia Divina

A Oitava Tabuleta

Que Adapa, o Terrestre, seja trazido para Nibiru! Assim declarou sua decisão Anu.
A Enlil não agradava a decisão: Quem ia pensar isso?
Que criado por um Trabalhador Primitivo, o ser se faria como nós,
Dotado de conhecimento, que entre o Céu e a Terra viajaria!
Em Nibiru, beberá das águas da longa vida, comerá o alimento da longa vida,
Como um de nós, os anunnakis, o da Terra se tornará!
Assim dizia Enlil a Enki e a outros líderes.
Enki também não estava feliz com a decisão de Anu; seu rosto ficou sombrio depois que Anu falou.
Depois que Enlil falou, com seu irmão Enki concordou:
Certamente, quem o ia pensar! Assim disse Enki a outros.
Os irmãos se sentaram e refletiram; Ninmah também se sentou com eles para deliberar.
O mandato de Anu não se pode evitar! Disse-lhes ela.
Que nossos jovens acompanhem Adapa a Nibiru, para diminuir seu medo, para explicar coisas a Anu!
Assim disse Enki a outros. Que Ningishzidda e Dumuzi sejam seus acompanhantes,
E que, a propósito, vejam com seus próprios olhos Nibiru pela primeira vez!
Ninmah apoiou a sugestão: Nossos jovens, nascidos na Terra,
Estão se esquecendo de Nibiru, seus ciclos vitais estão sendo superados pelos da Terra;
Viajem os dois filhos de Enki, ainda não casados, a Nibiru,
Possivelmente encontrem noivas ali para si!
Quando chegou a Sippar a seguinte câmara celestial procedente de Nibiru,
Ilabrat, um vizir de Anu, saiu da câmara.
Venho em busca do Terrestre Adapa! Assim disse aos líderes.
Os líderes apresentaram Adapa a Ilabrat; também mostraram Titi e seus filhos.
Certamente, têm nossa imagem e semelhança! Assim disse Ilabrat.
Apresentaram a Ilabrat Ningishzidda e Dumuzi, filhos de Enki.

Foi selecionado para acompanhar Adapa em sua viagem! Disse-lhe Enki.
Anu ficará feliz de ver seus netos! Assim disse Ilabrat.
Enki convocou à sua presença Adapa para lhe dar instruções. A Adapa disse:
Adapa, a Nibiru, o planeta de onde viemos, você irá,
Diante de Anu, nosso rei, chegará, para sua majestade será apresentado;
Diante dele se inclinará. Fale só quando lhe perguntar, dê breves respostas às perguntas!
Irá receber roupas novas; você deve pôr novas vestimentas.
Darão um pão que não se encontra na Terra; o pão é mortal, não o coma!
Darão um elixir em um cálice para que o beba; o elixir é mortal, não beba dele!
Com você irão meus filhos, Ningishzidda e Dumuzi, obedeça às suas palavras, e viverá!
Assim Enki instruiu Adapa. Recordarei disso! Disse Adapa.
Enki convocou Ningishzidda e Dumuzi e lhes deu uma bênção e um conselho.
Vocês irão diante de Anu, o rei, meu pai; ante ele se inclinarão e prestarão homenagem;
Não se escondam perante aos príncipes e nobres, deles são iguais.
Sua missão é trazer Adapa de volta à Terra, não se deixem enfeitiçar pelas delícias de Nibiru!
Recordaremo-nos disso! Disseram Ningishzidda e Dumuzi.
Enki abraçou o mais jovem, Dumuzi, beijou-lhe na face;
Enki abraçou ao sábio, a Ningishzidda, beijou-lhe na face.
Às escondidas, pôs uma tabuleta selada na mão da Ningishzidda,
A meu pai, Anu, deverá entregar essa tabuleta em segredo! Assim disse Enki a Ningishzidda.
Assim, partiram para Sippar os dois junto com Adapa, ao Lugar dos Carros Celestiais foram,
A Ilabrat, o vizir de Anu, apresentaram-se os três.
A Ningishzidda e a Dumuzi lhes deu o traje de Igigi, vestiram-se como águias celestiais.
Quanto a Adapa, cortou seu cabelo solto, deu-lhe um capacete como o de uma Águia,
No lugar de sua tanga, vestiu uma roupa ajustada,
Pôs-se entre Ningishzidda e Dumuzi no interior do que Ascende.

Quando se deu o sinal, o Carro Celestial rugiu e estremeceu;
Adapa se encolheu de medo e gritou: A águia sem asas está subindo!
Ningishzidda e Dumuzi lhe puseram os braços sobre os ombros, com palavras tranquilas o acalmaram.
Quando se elevaram no alto uma légua, olharam sobre a Terra;
Viram suas terras, separadas em partes por mares e oceanos.
Quando estavam a duas léguas de altura, o oceano se tinha feito pequeno como uma banheira, a terra era do tamanho de uma cesta.
Quando estavam a três léguas de altura, novamente olharam o lugar de onde tinham partido;
A Terra era agora uma bola pequena, repleta de escuridão na vastidão.
De novo, Adapa se agitou; encolheu-se e gritou: Levem-me de volta! Gritou.
Ningishzidda pôs a mão na nuca da Adapa; em um instante, Adapa se tranquilizou.
Quando aterrissaram em Nibiru, havia muita curiosidade,
Para ver os filhos de Enki, nascidos na Terra, mas mais ainda para encontrarem com um Terrestre:
Um ser de outro mundo chegou a Nibiru! Assim dizia a multidão.
Foram levados com Ilabrat ao palácio, para serem lavados e perfumados com óleos.
Deram-lhes vestimentas frescas e adequadas;
Tendo em conta as palavras de Enki, Adapa vestiu as novas roupas.
No palácio, nobres e heróis formavam grupos; no salão do trono, reuniam-se os príncipes e os conselheiros.
Ilabrat os levou até o salão do trono, Adapa atrás dele; em seguida, os dois filhos de Enki.
No salão do trono, ante Anu, o rei, inclinaram-se; Anu se adiantou de seu trono.
Meus netos! Meus netos! Exclamava. Abraçou a Dumuzi, abraçou a Ningishzidda,
Com lágrimas nos olhos os abraçou, beijou-os.
Ofereceu a Dumuzi que se sentasse à sua direita; Ningishzidda se sentou à sua esquerda.
Depois, Ilabrat apresentou a Anu Adapa, o Terrestre.
Entende o que falamos? Perguntou o rei a Ilabrat.
Certamente, o senhor Enki o ensinou! Respondeu Ilabrat.
Vem aqui! Disse Anu a Adapa. Qual teu nome e tua ocupação?

Adapa se adiantou, novamente se inclinou: Meu nome é Adapa, servo do senhor Enki!
Assim falou Adapa; suas palavras causaram grande espanto.
Maravilha das maravilhas conseguida na Terra! Declarou Anu.
Maravilha das maravilhas conseguida na Terra! Exclamaram os reunidos.
Que se celebre, damos as boas-vindas aos nossos convidados! Disse Anu.
Anu levou a todos os que se haviam reunido até o salão de banquetes, indicando alegremente para as mesas.
Nas mesas ofereceram a Adapa pão de Nibiru; Adapa não comeu.
Nas mesas ofereceram a Adapa elixir de Nibiru; Adapa não bebeu.
Anu, o rei, ficou confuso, estava ofendido:
Por que Enki enviou a Nibiru esse mal educado Terrestre, para lhe revelar os caminhos celestiais?
Venha, Adapa! Disse Anu a Adapa. Por que não come nem bebe, por que rejeita nossa hospitalidade?
Meu professor, o senhor Enki, ordenou-me: Não coma pão, não beba elixir!
Assim respondeu Adapa ao rei Anu.
Que estranho é isso! Disse Anu. Para que Enki proibiria nossa comida e nosso elixir a um Terrestre?
Perguntou a Ilabrat, perguntou a Dumuzi; Ilabrat não sabia a resposta, Dumuzi não pôde explicar.
Perguntou a Ningishzidda. Possivelmente se encontre aqui a resposta! Disse Ningishzidda a Anu.
E então deu a Anu, o rei, a tabuleta secreta que tinha sido escondida.
Anu estava confuso, Anu estava preocupado; foi à sua câmara privada para decifrar a tabuleta.

―――※―――

Vem agora o relato de Adapa, o progenitor da Humanidade Civilizada,
E de como por seus filhos, Ka-in e Abael deu-se início à saciedade na Terra.
Em sua câmara privada, Anu rompeu o selo da tabuleta,
Inseriu a tabuleta no explorador para decifrar a mensagem de Enki.
Adapa nasceu por minha semente de uma mulher Terrestre! Assim dizia a mensagem de Enki.
Do mesmo modo, Titi foi concebida por minha semente em outra mulher Terrestre.

Estão dotados de sabedoria e de fala; mas não da longa vida de Nibiru.
Ele não deve comer do pão da longa vida, tampouco deve beber do elixir da longa vida.
Adapa deve voltar para viver e morrer na Terra, a mortalidade deve ser sua Sorte,
Com o semear e o pastoreio de seus descendentes, haverá saciedade na Terra!
Assim revelou Enki o segredo de Adapa a seu pai, Anu.
Anu ficou surpreso com a mensagem secreta de Enki; não sabia se ficava zangado ou se ria.
Chamou Ilabrat, seu vizir, à sua câmara privada, a ele disse:
Esse meu filho, Ea, mesmo como Enki não reparou sua libertinagem com as mulheres!
A Ilabrat, seu vizir, mostrou a mensagem da tabuleta.
Quais são as regras, o que o rei deve fazer? Perguntou Anu a seu vizir.
Nossas normas permitem as concubinas; mas não existem regras de coabitação interplanetária!
Assim respondeu Ilabrat ao rei. Se houver algum dano, que se restrinja,
Que Adapa volte imediatamente para a Terra, que Ningishzidda e Dumuzi fiquem mais tempo!
Anu depois chamou Ningishzidda à sua câmara privada;
Sabe o que dizia a mensagem de seu pai? Perguntou a Ningishzidda.
Ningishzidda baixou a cabeça, com um sussurro disse:
Não sei, mas posso adivinhar. Testei a essência vital de Adapa, é da semente de Enki!
Essa é na verdade a mensagem! Disse a ele Anu. Adapa deve retornar à Terra imediatamente,
Ser Homem Civilizado, um progenitor, deve ser seu destino!
Quanto a você, Ningishzidda, retornará à Terra com Adapa,
Da Humanidade Civilizada, ao lado de seu pai, será o professor!
Anu, o rei, tomou sua decisão; ele determinou o destino de Adapa e o de Ningishzidda.
Anu e os outros dois voltaram junto aos sábios e nobres reunidos, junto aos príncipes e conselheiros,
Anu anunciou palavras de decisão diante da assembleia:
As boas-vindas não devem se estender ao Terrestre, em nosso planeta não pode comer nem beber;

Todos vimos suas habilidades surpreendentes, deixemos que volte para a Terra,
Que faça seus descendentes nos campos da Terra, e pastoreie os prados!
Para cuidar de sua segurança e evitar sua agitação, Ningishzidda voltará com ele,
Com ele se enviarão as sementes de cereais de Nibiru, que se multiplicarão na Terra.
Dumuzi, o mais jovem, permanecerá conosco durante um Shar,
Depois voltará com ovelhas e a essência das ovelhas!
Essa foi a decisão de Anu. Ante as palavras do rei todos inclinaram a cabeça em sinal de acordo.
No momento certo, Ningishzidda e Adapa foram levados até o Lugar dos Carros Celestiais,
Anu e Dumuzi, Ilabrat e os conselheiros, nobres e heróis foram se despedir.
Houve barulho e estremecimento, e o carro se elevou;
Viram como o planeta Nibiru se fazia menor, depois viram os céus do horizonte até o zênite.
Na viagem, Ningishzidda explicou a Adapa sobre os deuses dos planetas.
Do Sol, da Terra e da Lua lhe deu lições,
Os meses ensinou e como se conta o ano da Terra.
Quando retornaram à Terra, Ningishzidda relatou a seu pai, Enki, tudo o que tinha acontecido.
Enki riu e deu palmadas em suas coxas: Tudo foi como eu esperava! Disse com alegria;
Exceto a retenção de Dumuzi, que é desconcertante para mim! Assim disse Enki.
Enlil ficou muito desconcertado pela rápida volta da Ningishzidda e de Adapa.
O que ocorre, o que acontece em Nibiru? Perguntou a Enki e a Ningishzidda.
Que Ninmah também seja convocada, quer saber também o que aconteceu! Disse-lhe Enki.
Depois que Ninmah chegou, Ningishzidda contou tudo a Enlil e a ela.
Enki também contou sobre sua coabitação com as duas fêmeas terrestres.

A Oitava Tabuleta

Não quebrei nenhuma regra, garanti nossa saciedade! Assim lhes disse Enki.
Não quebraste nenhuma norma, mas com uma ação precipitada determinaste as Sortes dos anunnakis e dos Terrestres!
Assim disse Enlil, enfurecido. Agora, a sorte está lançada, a Sorte ultrapassou o destino!
Enlil foi tomado por fúria, com ira deu a volta e deixou-os parados.
Marduk chegou a Eridu, sua mãe Damkina o havia chamado.
Ele queria verificar os estranhos acontecimentos de seu pai e seu irmão.
Pai e irmão decidiram esconder o segredo de Marduk;
Anu estava fascinado pelo Homem Civilizado, deu a ordem de que todos na Terra se saciassem imediatamente!
Assim, só revelaram parte da verdade a Marduk.
Marduk ficou impressionado com Adapa e Titi, apegou-se aos meninos.
Enquanto Ningishzidda instrui Adapa, deixem que eu seja o professor dos meninos!
Assim disse Marduk a seu pai Enki e a Enlil.
Que Marduk ensine a um, que Ninurta ensine ao outro! Respondeu Enlil.
Ningishzidda ficou em Eridu com Adapa e Titi, ensinou a Adapa os números e a escritura.
Ninurta levou o gêmeo que nasceu primeiro à sua cidade, a Bad-Tibira,
Ka-in, Aquele que no Campo Faz Crescer Mantimentos, chamou-o.
Ensinou-o a cavar canais de irrigação, a semear e a colher.
Ninurta fez para Ka-in um arado com madeira das árvores, para que com ele lavrasse a terra.
O outro irmão, filho de Adapa, por Marduk foi levado aos prados,
Abael, O dos Prados Molhados, chamou-o a partir de então.
Marduk ensinou como construir estábulos; para começar com o pastoreio, esperaram a volta de Dumuzi.
Quando se completou o Shar, Dumuzi à Terra retornou,
A semente essencial, ovelhas para a cria trouxe com ele,
Animais quadrúpedes de Nibiru até outro planeta, a Terra, ele transportou!
Sua volta com semente essencial e ovelhas foi motivo de muitas celebrações,

Aos cuidados de seu pai, Enki, Dumuzi retornou com sua preciosa carga.
Então, os líderes se reuniram, refletiram sobre como proceder com a nova espécie:
Nunca antes houvera uma ovelha na Terra, nunca se tinha deixado vir um cordeiro dos céus à Terra,
Nunca antes uma cabra havia parido um cabrito,
Nunca antes se havia tecido a lã de ovelha!
Os líderes anunnakis, Enki e Enlil, Ninmah e Ningishzidda, que foram os criadores,
Decidiram estabelecer uma Câmara de Criação, uma Casa de Elaboração.
Sobre o puro monte do Lugar de Aterrissagem, nas Montanhas dos Cedros, estabeleceu-se,
Perto de onde se plantaram as sementes de elixir que Ninmah trouxe, a Câmara de Criação se estabeleceu,
Lá começou a multiplicação de cereais e de ovelhas na Terra.
Ninurta era o mentor de Ka-in para a semeadura e a colheita,
Marduk era o mentor de Abael nas artes de criação e pastoreio de ovelhas e cordeiros.
Quando se recolherem as primeiras colheitas, quando maturar a primeira ovelha,
Que se faça a Celebração dos Primeiros! Proclamou Enlil como decreto.
Diante dos anunnakis reunidos se apresentaram os primeiros grãos, os primeiros cordeiros,
Aos pés de Enlil e Enki, Ka-in pôs sua oferenda, guiado por Ninurta;
Aos pés de Enlil e Enki, Abael pôs sua oferenda, guiado por Marduk.
Enlil deu aos irmãos uma alegre bênção, elogiou seus trabalhos.
Enki abraçou seu filho Marduk, levantou o cordeiro para que todos o vissem.
Carne para comer, lã para vestir chegou à Terra!, disse Enki.

Vem agora o relato das gerações de Adapa,
E da morte de Abael por Ka-in, e o que aconteceu depois.
Após a Celebração dos Primeiros, o rosto de Ka-in estava sombrio;
Sentia-se muito ferido porque Enki não lhe tinha abençoado.
Quando os irmãos retornaram a seus trabalhos, Abael gabou-se diante de seu irmão:
Eu sou o que traz a abundância, que satisfaz os anunnakis,

Que dá força aos heróis, que proporciona lã para suas roupas!
Ka-in se sentiu ofendido com as palavras de seu irmão, contestou firmemente seu alarde:
Sou eu o que enche de abundância as planícies, que faz pesados de grão os sulcos,
Onde os pássaros em campos, os peixes são abundantes em canais,
O pão sustentador eu produzo, com pesca e caça variei a dieta dos anunnakis!
Outra e outra vez, os gêmeos discutiam entre si, com o passar do inverno discutiram.
Quando o verão chegou, não houve chuva; os prados estavam secos, os pastos diminuíam.
Abael levou seus rebanhos aos campos de seu irmão, para que bebessem água dos sulcos e dos canais.
Ka-in se enfureceu por isso; ordenou a seu irmão que levasse os rebanhos.
Agricultor e pastor, irmão e irmão, palavras de acusação pronunciaram.
Cuspiram-se um contra o outro, com seus punhos brigaram.
Extremamente enfurecido, Ka-in pegou uma pedra e golpeou a cabeça de Abael.
De novo e de novo golpeou, até que Abael caiu, com sangue jorrando.
Quando Ka-in viu o sangue de seu irmão, Abael, Abael, meu irmão! Ele gritou.
Abael ficou no chão imóvel, sua alma havia partido.
Ka-in ficou junto ao irmão que havia matado, durante muito tempo ficou sentado, chorando.
Foi Titi a primeira a saber, por uma premonição, do assassinato:
Em uma visão-sonho, enquanto dormia, viu o sangue de Abael, estava na mão de Ka-in.
Adapa de seu sono ela despertou, contou de sua visão-sonho.
Um grande pesar enche meu coração, haverá acontecido algo terrível?
Assim disse Titi a Adapa; estava muito agitada.
Na manhã seguinte, partiram os dois de Eridu; foram até onde estavam acostumados a se encontrar Ka-in e Abael.
Encontraram no campo Ka-in, ainda estava sentado junto ao morto Abael.

Titi soltou um grande grito de agonia, Adapa jogou barro sobre sua
   cabeça.
O que você fez? O que você fez? Gritaram a Ka-in.
Silêncio foi a resposta de Ka-in; caiu no chão e chorou.
Adapa voltou à cidade de Eride, contou ao senhor Enki o que havia
   acontecido.
Enki confrontou Ka-in com fúria. Amaldiçoado sejas! Disse a ele.
Partirás ao Edin, não vais ficar entre os anunnakis e os Terrestres
   Civilizados!
Quanto a Abael, seu corpo não pode ficar nos campos devido às aves
   selvagens;
Como é costume entre os anunnakis, será enterrado em uma tumba,
   sob uma pilha de pedras.
Enki mostrou a Adapa e a Titi como enterrar Abael, pois o costume
   era desconhecido aos dois.
Durante trinta dias e trinta noites, os pais de Abael choraram sua
   morte.
Ka-in foi levado a Eridu para ser julgado, Enki desejava que se pro-
   nunciasse uma sentença de exílio.
Por sua ação, Ka-in deve ser morto! Com fúria disse Marduk.
Que se reúnam Os Sete que Julgam! Assim disse Ninurta, o mentor
   de Ka-in.
Quem ouviu falar alguma vez de uma reunião assim?! Gritou Mar-
   duk,
Para um que não é de Nibiru terei de chamar os líderes anunnakis
   para que julguem?
Não é suficiente que o treinado por Ninurta tenha assassinado aquele
   a quem eu favorecia?
Não foi assim que Ninurta venceu Anzu, levantou-se Ka-in contra
   seu irmão?
A Sorte de Ka-in deve ser como a Sorte de Anzu, deve-se extinguir-
   lhe o fôlego vital!
Assim disse Marduk, com ira, a Enki, Enlil e Ninurta.
Ninurta se entristeceu com as palavras de Marduk; silêncio, não pa-
   lavras, foi sua resposta.
Deixem que eu fale em particular com meu filho Marduk! Disse-lhes
   Enki.
Quando nas câmaras privadas de Enki estiveram ele e Marduk, Meu
   filho! Meu filho! Enki falou brandamente com Marduk. Sua an-
   gústia é grande. Não agravemos a angústia com mais angústia!

A Oitava Tabuleta

Deixe que eu conte um segredo que muito me pesa no coração!
Em certa ocasião, enquanto passeava pelo rio, duas donzelas terrestres cativaram meu capricho,
Por elas, de minha semente, foram concebidos Adapa e Titi,
Uma nova classe de Terrestres, um Homem Civilizado, veio desse modo à Terra;
Nosso rei, Anu, tinha dúvidas se seriam capazes de procriar,
Com o nascimento de Ka-in e de Abael, Anu e o conselho em Nibiru se convenceram.
Uma nova fase da presença anunnakis neste planeta foi bem-vinda e passada;
Agora que Abael foi assassinado, e se Ka-in for extinto também,
A saciedade chegará a seu final, os motins se repetirão, tudo o que foi conseguido se desmoronará!
Não é de surpreender que gostasse de Abael, era o filho de seu meio-irmão!
Agora, tenha piedade do outro, deixa que sobreviva a linhagem de Adapa!
Esse segredo revelou Enki a Marduk com tristeza.
A princípio, Marduk se surpreendeu com a revelação, depois se viu vencido pela risada:
De suas proezas fazendo amor muito se há rumores, agora estou convencido disso!
Realmente, que a vida de Ka-in seja poupada, que seja expulso aos limites da Terra!
Assim disse Marduk a seu pai, mudando da raiva à risada.
Em Eridu, Enki pronunciou a sentença sobre Ka-in:
Ka-in deve partir para o oeste, a uma terra onde perambulará por sua má ação,
Sua vida deve ser poupada, que ele e sua descendência sejam distinguidos!
Ningishzidda alterou a essência vital de Ka-in.
Ninghishzidda trocou a essência vital de Ka-in para que em sua face não crescesse a barba.
Com sua irmã Awan como esposa, Ka-in partiu do Edin, à Terra de Errante se encaminhou.
Então, os anunnakis se sentaram e se perguntaram entre si:
Sem Abael, sem Ka-in, quem fará crescer o cereal e fará pão para nós,
Quem será o pastor, multiplicará as ovelhas, proverá lã para roupas?

Que haja mais proliferação por Adapa e Titi! Assim disseram os anunnakis.
Com a bênção de Enki, Adapa conheceu de novo e de novo sua esposa Titi;
Uma filha, outra filha, cada vez, uma e outra vez nasciam.
No nonagésimo quinto Shar, Adapa e Titi tiveram finalmente um filho;
Sati, Que Une a Vida de novo, Titi o chamou; por ele se contaram as gerações de Adapa.
Em total, trinta filhos e trinta filhas tiveram Adapa e Titi,
Deles, houve lavradores da terra e pastores que trabalharam para os anunnakis,
Por eles voltou a saciedade aos anunnakis e aos Terrestres Civilizados.
No nonagésimo sétimo Shar, a Sati nasceu um filho de sua esposa Azura.
Pelo nome Enshi foi registrado nos anais; Professor da Humanidade significava seu nome.
Adapa, seu pai, fez-lhe compreender a escritura e os números,
E Adapa contou a Enshi quem eram os anunnakis e tudo sobre Nibiru.
Os filhos de Enlil o levaram a Nibru-ki; ensinaram-lhe os segredos dos anunnakis.
Nannar, o mais velho na Terra de Enlil, mostrou-lhe o modo dos óleos perfumados,
Ishkur, o mais jovem de Enlil, ensinou-lhe a preparar o elixir dos frutos Inbu.
Foi a partir de então que os anunnakis foram chamados senhores pelo Homem Civilizado.
E foi o começo dos ritos de culto dos anunnakis.
Depois, Enshi teve um filho com sua irmã Noam;
Kunin, O dos Fornos, significava seu nome.
Seu tutor foi Ninurta, no Bad-Tibira aprendeu sobre fogos e de fornos,
Ensinou-lhe como fazer fogos com betumes, como fundir e refinar;
Na fundição e na refinação do ouro para Nibiru trabalharam ele e seus descendentes.
No nonagésimo oitavo Shar ocorreu tudo isto.

Vem agora o relato das gerações de Adapa depois que foi exilado Ka-in,
E das viagens celestiais de Enkime e da morte de Adapa.
No nonagésimo nono Shar nasceu um filho a Kunin,
Por Mualit, meia-irmã de Kunin, foi concebido.
Malalu, Aquele que Interpreta, ela o nomeou; sobressaía-me na música e no canto.
Para ele Ninurta fez uma harpa com cordas, moldou uma flauta para ele.
Malalu interpretava hinos para Ninurta; junto com suas filhas, cantava-os ante Ninurta.
A esposa de Malalu era a filha do irmão de seu pai, Dunna era seu nome.
No centésimo Shar desde o início da conta na Terra,
Um filho a Malalu e a Dunna nasceu, era seu primogênito.
Irid, O das Águas Doces, sua mãe Dunna o chamou.
Dumuzi lhe ensinou como escavar poços, como prover água aos rebanhos em distantes prados.
Foi lá, junto aos poços nas prados, que pastores e donzelas se reuniram,
Onde os casamentos e a proliferação da Humanidade Civilizada se excederam em abundância.
Em seus dias, os Igigi vinham com mais frequência à Terra.
Observar e ver dos céus progressivamente abandonaram,
Vigiar e ver o que ocorria na Terra desejavam cada vez mais;
Enki suplicou a Marduk que estivesse com eles em Lahmu, vigiar e ver o que ocorria na Terra desejava Marduk ardentemente.
Em um poço, nos prados, Irid se encontrou com sua esposa;
Baraka era seu nome, era a filha do irmão de sua mãe.
No fim do centésimo segundo Shar, nasceu-lhes um filho,
Com o nome de Enki-Me, pelo Enki ME Compreendido, nos anais foi chamado.
Era sábio e inteligente, compreendeu com rapidez os números.
Tinha curiosidade constante sobre os céus e todas as questões celestiais.
O senhor Enki se afeiçoou a ele, contou todos os segredos que uma vez revelou a Adapa.
Sobre família do Sol e dos doze deuses celestiais Enki ensinou,
E de como os meses se contavam pela Lua e os anos pelo Sol,

E de como se contavam os Shars por Nibiru, e de como Enki combinava as contas,
De como o senhor Enki havia dividido o círculo dos céus em doze partes,
De como havia atribuído Enki uma constelação a cada uma, doze estações em um grande círculo dispôs,
De como, para honrar os doze grandes líderes anunnakis, tinha dado nomes às estações.
Para explorar os céus, Enkime estava ansioso; fez duas viagens celestiais.
E este é o relato das viagens de Enkime aos céus,
E de como Marduk iniciou os matrimônios mistos e os problemas com os Igigi.
Enviou-se Enkime para que estivesse com Marduk no Lugar de Aterrissagem,
Marduk o levou em uma espaçonave até a Lua.
Marduk ensinou a Enkime o que havia aprendido com seu pai, Enki.
Quando Enkime retornou à Terra, para estar com Utu em Sippar, o Lugar dos Carros, ele foi mandado.
Ali, Utu deu a Enkime uma tabuleta para escrever o que estava aprendendo,
Utu o instalou em sua brilhante morada como um Príncipe dos Terrestres.
Ensinou-lhe os ritos para começar com as funções do sacerdócio.
Em Sippar, com sua esposa Edinni, uma meio-irmã, Enkime residia.
A eles foi concebido um filho e no centésimo quarto Shar nasceu,
Matushal sua mãe o nomeou, O que se Eleva Entre as Águas Brilhantes significava seu nome.
Foi depois disso que Enkime fez sua segunda viagem aos céus,
Dessa vez foi Marduk também seu mentor e companheiro.
Em um carro celestial subiram ao céu, para o Sol e além dele fizeram um círculo.
Marduk o levou para visitar os Igigi, em Lahmu,
Os Igigi o apreciaram, dele aprenderam sobre os Terrestres Civilizados.
Dele se diz nos Anais que partiu para os céus, que nos céus ficou até o final dos dias.
Antes que Enkime partisse para os céus, de tudo o que havia nos céus aprendeu.

Enkime fez um registro por escrito para que seus filhos soubessem o que escreveu;
Anotou tudo o que há nos céus na família do Sol,
E sobre as regiões da Terra e suas terras e seus rios também.
Confiou seus escritos nas mãos de Matushal, seu primogênito,
Para que junto com seus irmãos, Ragim e Gaidad, os estudos prosseguisse.
No centésimo quarto Shar havia nascido Matushal,
Ele foi testemunha dos problemas dos Igigi e do que Marduk fazia.
Um filho de sua esposa Ednat a Matushal nasceu; Lu-Mach, Homem Poderoso, foi seu nome.
Em seus dias, as condições sobre a Terra se tornaram mais difíceis; nos campos e nos prados, os trabalhadores reclamavam.
Os anunnakis apontaram Lu-Mach como capataz, para fazer cumprir as cotas, para reduzir as rações.
Em seus dias foi quando a Adapa chegou a hora de morrer;
E quando Adapa soube que seus dias tinham chegado ao fim,
Que todos os meus filhos e os filhos de meus filhos se reúnam ante mim! Disse.
Para que antes que eu morra possa lhes abençoar, e lhes fale antes de morrer.
E quando Sati e os filhos dos filhos se reuniram,
Onde está Ka-in, meu primogênito? Perguntou Adapa a eles. Vão buscá-lo! Disse a todos eles.
Sati apresentou o desejo de seu pai diante do senhor Enki, perguntou-lhe o que fazer.
Então, Enki chamou Ninurta: Que o banido, de quem você foi mentor, seja trazido ante o leito de morte de Adapa!
Ninurta subiu em seu Pássaro do Céu, até a Terra dos Errantes voou;
Sobre as terras perambulou, procurou dos céus Ka-in.
E quando o encontrou, levou Ka-in até a Adapa sobre as asas de uma Águia.
Quando informou a Adapa da chegada de seu filho, Que venham até mim Ka-in e Sati! Disse Adapa.
Os dois foram diante de seu pai; Ka-in, o primogênito, à sua direita. Sati, à sua esquerda.
E falhando a visão a Adapa, para reconhecer seus filhos tocou seus rostos;
E o rosto de Ka-in, à direita, era sem barba, e o rosto de Sati, à esquerda, tinha barba.

E Adapa pôs sua mão direita sobre a cabeça de Sati, o da esquerda, lhe abençoou e disse: De sua semente se encherá a Terra,
E de sua semente, como uma árvore com três ramos, a humanidade sobreviverá a uma Grande Calamidade.
E pôs sua mão esquerda sobre a cabeça de K-in, à sua direita, e lhe disse:
Por seu pecado, de seu direito de nascimento está privado, mas de sua semente sete nações virão.
Em um reino à parte crescerão, terras distantes habitarão;
Mas por ter matado seu irmão com uma pedra, por uma pedra chegará seu fim.
E quando Adapa terminou de dizer essas palavras, deixou cair as mãos e disse:
Chamem agora a minha esposa Titi, e todos os filhos e todas as filhas,
E depois de meu espírito me deixar, levem-me ao lugar perto do rio, onde nasci,
E me enterrem com o rosto para o Sol nascente.
Titi gritou como uma fera ferida, caiu sobre seus joelhos ao lado de Adapa.
E os dois filhos de Adapa, Ka-in e Sati, envolveram seu corpo em tecido,
Em uma cova junto às bordas do rio, mostrada por Titi, enterraram Adapa.
Na metade do nonagésimo terceiro Shar tinha nascido, ao final do centésimo oitavo morreu.
Uma longa vida para um Terrestre; mas não tinha o ciclo vital de Enki.
E depois que Adapa fora enterrado, Ka-in se despediu de sua mãe e de seu irmão.
Ninurta o levou de volta em seu Pássaro do Céu à terra dos errantes.
E em um distante reino, Ka-in teve filhos e filhas,
E para eles construiu uma cidade, e enquanto a construía, a queda de uma pedra o matou.
No Edin, Lu-Mach serve aos anunnakis como capataz,
Nos dias de Lu-Mach, Marduk e os Igigi se casavam com as Terrestres.

Sinopse da Nona Tabuleta

A humanidade prolifera; a linhagem de Adapa serve como realeza
Desafiando Enlil, Marduk se casa com uma mulher Terrestre
Transtornos celestiais e mudanças climáticas afetam Lahmu
Os Igigi descem à Terra, tomam mulheres terrestres como esposas
O promíscuo Enki engendra um filho humano, Ziusudra.
Secas e pestes causam sofrimentos na Terra
Enlil o vê como uma retribuição fadada, quer voltar para casa
Ninmah, envelhecida pelos ciclos da Terra, também quer voltar
Um emissário misterioso lhes adverte que não desafiem seu destino
Aumentam os sinais da iminência de um calamitoso Dilúvio
A maioria dos anunnakis começa a partir para Nibiru
Enlil impõe um plano para deixar que a humanidade sofra
Enki e Ninmah começam a preservar as Sementes da Vida da Terra
O restante dos anunnakis se prepara para o Dia do Dilúvio
Nergal, Senhor do Mundo Inferior, tem de dar o aviso

Enki divulga o segredo do Dilúvio

A Nona Tabuleta

Nos dias de Lu-Mach, Marduk e os Igigi se casavam com as Terrestres.
Naqueles dias, as dificuldades eram crescentes na Terra,
Naqueles dias, Lahmu estava envolto em pó e aridez.
Os anunnakis que decretam as Sortes, Enlil, Enki e Ninmah, consultaram-se entre si.
Perguntavam-se o que é que estava se alterando na Terra e em Lahmu.
Haviam observado erupções no Sol, havia alterações nas forças da rede da Terra e de Lahmu.
Em Abzu, em frente à Terra Branca, instalaram instrumentos de observação;
Os instrumentos ficaram a cargo de Nergal, o filho de Enki, e de sua esposa Ereshkigal.
Ninurta foi atribuído à Terra além dos Mares para estabelecer uma União Céu-Terra nas montanhas.
Em Lahmu, os Igigi estavam inquietos; a tarefa de pacificá-los foi dada a Marduk.
Até que saibamos o que está causando o sofrimento, deve-se manter a estação de passagem de Lahmu! Assim disseram os líderes a Marduk.
Os três que decretam os destinos consultaram-se entre si;
Olharam-se uns aos outros. Como estão velhos! Pensou cada um sobre os outros.
Enki, que chorava a morte de Adapa, foi o primeiro a falar.
Mais de cem Shars passaram desde minha chegada! Disse a seu irmão e a sua irmã.
Eu era então um elegante líder; agora, barbado, cansado e velho eu sou!
Eu era um herói entusiasmado, disposto à chefia e à aventura! Disse depois Enlil.
Agora tenho filhos que têm filhos, todos nascidos na Terra.
Tornamo-nos velhos na Terra, mas os que nasceram na Terra serão ainda mais velhos dentro de pouco tempo!

Assim, lamentando-se, disse Enlil a seu irmão e a sua irmã. Quanto a mim, chamam-me velha ovelha! Disse Ninmah tristemente.
Enquanto que outros estiveram indo e vindo, fazendo turnos de serviço,
Nós, os líderes, ficamos e ficamos! Possivelmente chegou o momento de partir! Assim disse Enlil.
Sobre isso eu pensei muitas vezes, disse-lhes Enki. Cada vez que um de nós três deseja visitar Nibiru,
Sempre nos chegam palavras de Nibiru para nos impedir de ir!
Isso eu também me pergunto, disse Enlil: É algo em Nibiru, algo na Terra?
Possivelmente tem a ver com as diferenças nos ciclos vitais, disse Ninmah.
Os três líderes decidiram observar e ver o que ocorreria.
Naquele momento, o assunto estava nas mãos da Sorte, ou seria do Destino?
Por isso, pouco depois, Marduk veio até seu pai Enki,
Desejava discutir com este uma questão de enorme gravidade. Na Terra, os três filhos de Enlil haviam se casado:
Ninurta havia se casado com Ba'u, uma jovem filha de Anu; Nannar havia escolhido Ningal, Ishkur tomou a mão de Shala.
Nergal, seu filho, casou-se com Ereshkigal, neta de Enlil,
Ameaçando matá-la, arrancou dela seu consentimento.
Esperar sua esponsal, sendo seu primogênito, Nergal não esperou,
Os outros quatro, diferentemente, estão esperando meus esponsais.
Desejo escolher noiva, ter uma esposa é meu desejo!
Assim disse Marduk a seu pai, Enki.
Suas palavras me fazem feliz! Disse Enki a Marduk. Sua mãe também se alegrará!
Marduk levantou a mão para que seu pai contesse suas palavras ante Ninki.
É ela acaso uma das jovens que curam e dão socorro? Perguntou Enki.
É uma descendente de Adapa, da Terra, não de Nibiru! Disse em um suave sussurro Marduk.
Enki ficou sem palavras, com o desconcerto no olhar; depois, pronunciou palavras incontroladas:
Um príncipe de Nibiru, um Primogênito titulado para a sucessão, casar-se com uma Terrestre?!
Não uma Terrestre, mas tua própria descendente! Disse-lhe Marduk.

É uma filha de Enkime, que foi recebida ao céu, seu nome é Sarpa-
nit!
Enki chamou sua esposa Ninki, contou o que ocorria com Marduk.
Marduk repetiu a Ninki, sua mãe, o desejo de seu coração, e disse:
Quando Enkime veio comigo de viagem, e eu lhe estava ensinando
sobre o céu e a Terra,
Presenciei com meus próprios olhos o que meu pai uma vez me ha-
via contado.
Passo a passo, neste planeta, a partir de um ser Primitivo, criamos
um como nós,
A nossa imagem e semelhança é o Terrestre Civilizado, exceto pela
vida longa, é como nós!
Uma filha de Enkime cativou-me, desejo me casar com ela!
Ninki ponderou as palavras de seu filho. E a donzela, aprecia seu
olhar? Perguntou a Marduk.
Certamente sim, disse Marduk à sua mãe.
Esse não é um assunto para se considerar! Disse Enki, levantando a
voz.
Se nosso filho fizesse isso, nunca poderia ir a Nibiru com sua esposa,
Perderia para sempre seus direitos de príncipe em Nibiru!
A isso respondeu Marduk com um sorriso amargo: Meus direitos
sobre Nibiru são inexistentes,
Mesmo na Terra, meus direitos como primogênito foram pisoteados.
Esta é minha decisão: De príncipe a rei na Terra me converter, se-
nhor deste planeta!
Assim seja!, disse Ninki. Assim seja! Disse também Enki.
Chamaram Matushal, o irmão da noiva; falaram-lhe do desejo de
Marduk.
Humildemente mas com alegria, Matushal ficou. Assim seja! Ele
disse.
Quando contou a Enlil a decisão, este se encheu de fúria.
Uma coisa é que o pai tenha relações sexuais com as Terrestres,
Outra muito distinta é que o filho se case com uma Terrestre, conce-
dendo o senhorio!
Quando contou o assunto a Ninmah, esta ficou enormemente decep-
cionada.
Marduk poderia casar-se com qualquer donzela das nossas, inclusive
poderia escolher qualquer de minhas próprias filhas, das que tive
com Enki,

Poderia casar-se com suas meia-irmãs, como é o costume real! Assim disse Ninmah.
Com fúria, Enlil transmitiu palavras sobre o assunto a Anu em Nibiru:
Muito longe foi esse comportamento, não se pode consentir! Disse Enlil a Anu, o rei.
Em Nibiru, Anu convocou aos conselheiros para discutir urgentemente o assunto.
Não encontraram nenhuma norma sobre isso nos livros de regras.
Anu convocou também aos sábios para discutir as consequências do assunto.
Adapa, o progenitor da donzela, não pôde ficar em Nibiru! Disseram a Anu.
Portanto, a Marduk terei de proibir de jamais retornar a Nibiru com ela!
Certamente havendo-se acostumado aos ciclos da Terra, é impossível o retorno de Marduk, ainda que sem ela!
Assim disseram os sábios a Anu; concordaram também os conselheiros.
Transmita a decisão à Terra! Disse Anu:
Marduk pode casar-se, mas já não será príncipe de Nibiru!
A decisão foi aceita por Enki e por Marduk, Enlil também acatou a palavra de Nibiru.
Celebre as bodas, e que seja em Eridu! Disse-lhes Ninki.
No Edin, Marduk e sua esposa não podem ficar! Anunciou Enlil, o comandante.
Façamos um presente de bodas a Marduk e sua noiva,
Um domínio para eles mesmo, longe do Edin, em outra terra! Assim disse Enki a Enlil.
Enlil pensava se consentia que Marduk fosse enviado para longe:
De que terra, de que domínios está falando? Disse Enlil a seu irmão Enki.
Um domínio acima de Abzu, na terra que chega até o Mar Superior,
Que está separada do Edin pelas águas, a que se pode chegar com embarcações!
Assim disse Enki a Enlil. Assim seja! Disse Enlil.
Ninki organizou uma celebração de bodas em Eridu para Marduk e Sarpanit.
Seus habitantes anunciaram a cerimônia a golpes de tambor de cobre,

Com sete tamborins, as irmãs da noiva apresentaram a esposa.
Uma grande multidão de Terrestres Civilizados se reuniu em Eridu, as bodas eram para eles como uma coroação.
Também assistiram aos jovens anunnakis. Igigis de Lahmu em grande número vieram.
Viemos para celebrar as bodas de nosso líder, para presenciar uma união de Nibiru e da Terra!
Assim explicaram os Igigi sua numerosa presença.

Vem agora o relato de como os Igigi abduziram as filhas dos Terrestres,
E de como as aflições se seguiram e do estranho nascimento de Ziusudra.
Em grande número os Igigis vieram de Lahmu à Terra,
Somente um terço deles ficou em Lahmu, à Terra vieram duzentos.
Para estar com seu líder Marduk, para assistir à celebração de casamento, foi sua explicação.
Desconhecido para Enki e para Enlil era seu segredo: raptar e ter união era sua trama.
Desconhecido para os líderes na Terra, uma multidão de Igigi se reuniu em Lahmu,
O que é permitido a Marduk a nós também não nos deve ser privado! Diziam entre si.
Basta de sofrimento e de solidão, de não ter descendentes! Era seu lema.
Durante suas idas e vindas entre Lahmu e a Terra,
As filhas dos Terrestres, as Mulheres Adapitas era como eles as chamavam,
Eles viram e em seguida as cobiçaram; e os conspiradores diziam entre eles:
Venham, escolhamos esposas entre as Mulheres Adapitas, e geremos filhos!
Um deles, Shamgaz era seu nome, tornou-se líder.
Mesmo que nenhum de vós me siga, sozinho eu farei a ação! Ele disse aos outros.
Se castigo por esse pecado for imposto, eu sozinho o assumirei por todos vós!
Um a um, outros se uniram à trama, fizeram juntos um juramento.
No momento do casamento de Marduk, duzentos deles desceram no Lugar de Aterrissagem,
Chegaram à grande plataforma na Montanha dos Cedros.

De lá viajaram a Eridu, passaram por entre os Terrestres que trabalhavam,
Junto com a multidão de Terrestres chegaram a Eridu.
Após ocorrer a cerimônia de casamento de Marduk e Sarpanit,
Por um sinal combinado previamente, Shamgaz alertou os outros.
Cada um dos Igigi tomou a uma donzela terrestre, raptaram-nas à força,
Até o Lugar de Aterrissagem nas Montanhas dos Cedros os Igigi foram com as mulheres,
Em uma fortaleza se reuniram, aos líderes formularam um desafio:
Basta de privações e de não ter descendentes! Queremos nos casar com as filhas dos Adapitas.
Você deve dar sua bênção a isso, caso contrário destruiremos tudo na Terra pelo fogo!
Os líderes estavam alarmados, exigiram a Marduk, comandante dos Igigi, que se encarregasse da situação.
Se tiver que procurar uma solução para o assunto, meu coração estará de acordo com os Igigi!
Assim disse Marduk aos outros. O que eu fiz não posso proibi-los!
Enki e Ninmah sacudiram a cabeça, a contra gosto disseram que estavam de acordo.
Somente Enlil se enfureceu sem calma:
Uma má ação foi seguida por outra, os Igigi adotaram de Enki e de Marduk a fornicação,
Nosso orgulho e nossa sagrada missão foram abandonados aos ventos,
Por nossas próprias mãos este planeta se verá invadido por multidões de Terrestres!
Enlil falava com muito desgosto. Que os Igigi e suas mulheres partam da Terra!
Em Lahmu, a situação se tornou insuportável, não é possível a sobrevivência!
Assim disse Marduk a Enlil e Enki.
Não podem ficar no Edin! Gritou furioso Enlil. Deixou a reunião muito aborrecido;
Em seu coração, Enlil tramava coisas contra Marduk e seus Terrestres.
Na Plataforma de Aterrissagem, nas Montanhas dos Cedros, os Igigi com suas mulheres ficaram isolados,

Lá lhes nasceram filhos, Filhos das Naves Espaciais foram chamados.
Marduk e Sarpanit, sua esposa, também tiveram filhos, Assar e Satu se chamaram os dois primeiros filhos.
A Marduk e Sarpanit concederam os domínios acima de Abzu, Marduk convidou os Igigi,
Marduk chamou os Igigi para que vivessem em duas cidades que havia construído para seus filhos.
Alguns dos Igigi e seus descendentes chegaram aos domínios na terra de cor escura.
Shamgaz e outros ficaram na Plataforma de Aterrissagem nas Montanhas dos Cedros,
Até as terras distantes do leste, terras de altas montanhas, foram alguns de seus descendentes.
Ninurta observava com atenção de que modo Marduk incrementava sua própria força com Terrestres.
O que Enki e Marduk planejam? Perguntou Ninurta a seu pai Enlil.
A Terra será herdada pelos Terrestres! Disse Enlil a Ninurta.
Vá, encontre os descendentes de Ka-in, prepare com eles seus próprios domínios!
Ninurta foi ao outro lado da Terra; encontrou os descendentes de Ka-in.
Ensinou-lhes como fazer ferramentas e interpretar música,
Mostrou-lhes as técnicas da mineração e a fundir e refinar,
Mostrou-lhes como construir embarcações de madeira de balsa, guiou-lhes para que cruzassem um grande mar.
Em uma nova terra estabeleceram seus domínios, construíram uma cidade com torres.
Era um domínio além dos mares, não era a terra montanhosa do novo Elo Céu-Terra.
No Edin, Lu-Mach era o capataz, seu dever consistia em impor as cotas,
Reduzir as rações dos Terrestres era sua tarefa.
Sua esposa foi Batanash, ela era filha do irmão do pai de Lu-Mach.
Era de uma beleza deslumbrante, Enki ficou enfeitiçado com sua beleza.
Enki enviou uma palavra a seu filho Marduk: Chama Lu-Mach a seu domínio,
Para que ensine aos Terrestres como construir uma cidade!
E quando Lu-Mach foi chamado ao domínio de Marduk,

Levaram sua esposa Batanash à casa de Ninmah, em Shurubak, a Cidade Refúgio,
Para protegê-la e salvá-la das enfurecidas massas de Terrestres. Depois disso, Enki foi a Shurubak visitar sua irmã Ninmah.
No teto de uma morada, quando Batanash se banhava,
Enki a tomou pelas coxas, beijou-a, derramou seu sêmen em seu útero.
Batanash ficou grávida, o ventre estava inchando;
Enviou palavras a Lu-Mach de Shurubak: Volta para o Edin, tens um filho!
A Edin, de Shurubak, retornou Lu-Mach, Batanash lhe mostrou o menino.
Tinha a pele branca como a neve, da cor da lã era seu cabelo,
Como os céus eram seus olhos, seus olhos brilhavam com resplendor.
Surpreso e assustado estava Lu-Mach; até seu pai Matushal ele correu.
Batanash teve um filho que não parece Terrestre, estou muito confuso com esse nascimento!
Matushal foi até Batanash, viu o recém-nascido, ficou espantado com seu aspecto.
O pai do menino é um dos Igigi? Matushal exigiu a verdade de Batanash.
Revele a verdade a Lu-Mach, seu marido, se esse menino é filho dele!
Nenhum dos Igigi é o pai do menino, disso juro por minha vida! Assim respondeu Batanash a ele.
Então, Mathusal se voltou para seu filho Lu-Mach, pôs o braço calmamente sobre seu ombro.
O menino é um mistério, mas em estranheza um presságio te revelou,
É único, para uma tarefa única foi eleito pelo destino.
Que trabalho é, não sei; no momento apropriado se saberá!
Assim disse Matushal a seu filho Lu-Mach; referia-se ao que na Terra estava acontecendo:
Naqueles dias, os sofrimentos foram aumentando na Terra,
Os dias foram se fazendo mais frios, os céus estavam privados de chuvas,
As colheitas diminuíam nos campos, nos currais havia poucos cordeiros.

Que o filho que nasceu de ti, estranho como é, seja um presságio de que um descanso está chegando!
Assim lhe disse Matushal a seu filho Lu-Mach. Seja Descanso seu nome!
Batanash não revelou o segredo de seu filho a Matushal nem a Lu-Mach;
Ziusudra, o de Compridos e Brilhantes Dias de Vida, ela o chamou; cresceu em Shurubak.
Ninmah concedeu ao menino seu amparo e seu afeto.
Estava dotado de muito entendimento, com conhecimento foi provido por ela.
Enki adorava enormemente o menino, ensinou-lhe a ler os escritos de Adapa,
O menino, como um jovem, aprendeu como observar e realizar os ritos sacerdotais.
No centésimo décimo Shar nasceu Ziusudra,
Em Shurubak cresceu e se casou com Emzara, e ela lhe deu três filhos.
Em seus dias, os sofrimentos se intensificaram na Terra; pragas e fome afligiam a Terra.

Vem agora o relato das tribulações da Terra antes do Dilúvio,
E de como as misteriosas decisões de Galzu sobre a vida e a morte seguiram em segredo.
Enlil estava muito incomodado com a união dos Igigi e as filhas dos terrestres,
Enlil estava desamparado com o casamento de Marduk com uma mulher Terrestre.
A seus olhos, a missão dos anunnakis na Terra havia se tornado pervertida,
Para ele, as ruidosas e estridentes massas dos terrestres se tornaram um anátema;
Opressivas haviam se tornado as declarações dos terrestres,
As uniões me tiram o sono! Assim disse Enlil aos outros líderes.
Nos dias de Ziusudra, pragas e pestes afligiam a Terra,
Dores, enjoos, calafrios e febres afligiam os terrestres.
Ensinemos aos terrestres como se curar, que aprendam a dar-se remédios por si mesmos! Assim disse Ninmah.
Eu proíbo por decreto! Respondeu Enlil às suas súplicas.

Nas terras onde se proliferaram os terrestres não crescem as águas de suas fontes,
A terra fechou seu ventre, não brota vegetação.
Ensinemos aos terrestres a fazer lagos e canais, que obtenham pesca e sustento dos mares!
Assim disse Enki aos outros líderes.
Eu proíbo por decreto! Disse Enlil a Enki. Que pereçam os Terrestres de fome e de enfermidades!
Durante todo um Shar, os terrestres comeram as ervas dos campos;
Durante o segundo Shar, e o terceiro Shar, sofreram a vingança de Enlil.
Em Shurubak, a cidade de Ziusudra, o sofrimento estava se tornando insuportável.
Ziusudra, porta-voz dos terrestres, viajou,
Foi até Eridu, dirigiu-se à casa do senhor Enki, chamou o nome de seu senhor,
Suplicou-lhe ajuda e salvação; Enki estava impedido pelos decretos de Enlil.
Naqueles dias, os anunnakis estavam preocupados com sua própria sobrevivência;
Suas próprias rações diminuíam, eles mesmos se estavam vendo afetados pelas mudanças na Terra.
Tanto na Terra como em Lahmu, as estações haviam perdido sua regularidade.
Durante um Shar, durante dois Shars, estudaram-se as voltas celestiais de Nibiru.
De Nibiru se observaram coisas estranhas nos destinos planetários.
Estavam aparecendo manchas negras no Sol, disparavam-se chamas dele.
Kishar também se comportava mal, sua hoste tinha perdido o equilíbrio, instáveis eram suas voltas.
O Bracelete Esculpido se via estirado e empurrado por invisíveis forças de rede,
Por razões incompreensíveis, o Sol estava perturbando sua família;
Os destinos dos celestiais se viam afligidos por Sortes desagradáveis!
Em Nibiru, os sábios deram a voz de alarme, o povo se reunia nos lugares públicos;
O Criador de Tudo está retornando os céus aos dias primitivos,

Furioso está o Criador de Tudo! Gritavam algumas vozes entre o povo.
Na Terra, as tribulações aumentavam, o medo e a fome sobre suas cabeças.
Durante três Shars, durante quatro Shars, observaram os instrumentos frente à Terra Branca,
Nergal e Ereshkigal haviam registrado estranhos estrondos nas neves da Terra Branca.
O gelo de neve que cobre a Terra Branca começou a deslizar! Anunciaram da ponta de Abzu.
Na Terra além dos Mares, Ninurta pôs instrumentos de predição em seu refúgio,
Terremotos e tremores no fundo da Terra ele observou com os instrumentos.
Algo estranho está ocorrendo! Enviou Enlil palavras de alarme a Anu em Nibiru.
Durante o quinto Shar, durante o sexto Shar, os fenômenos ganharam força,
Em Nibiru, os sábios deram o alarme, de calamidades fizeram advertência ao rei.
A próxima vez que Nibiru se aproximar do Sol, a Terra ficará exposta à força da rede de Nibiru,
Lahmu, em suas voltas, estará do outro lado do Sol.
A Terra não terá proteção nos céus ante a força da rede de Nibiru,
Kishar e seu exército se agitarão, Lahamu também se agitará e tremerá;
No grande Abaixo da Terra, o gelo de neve da Terra Branca está perdendo sua base;
A próxima vez que Nibiru se aproximar da Terra,
O gelo da neve da superfície da Terra Branca deslizará.
Provocará uma calamidade de água: a Terra será envolvida por uma gigantesca onda, um Dilúvio!
Em Nibiru foi grande a consternação, inseguros diante da própria Sorte de Nibiru,
O rei, os sábios e os conselheiros estavam também muito preocupados com a Terra e Lahmu.
O rei e os conselheiros tomaram uma decisão: preparar-se para evacuar a Terra e Lahmu!
Em Abzu, fecharam-se as minas de ouro, de lá foram os anunnakis até o Edin;

A Nona Tabuleta

Em Bad-Tibira, cessou-se a fundição e a refinação, todo o ouro foi enviado a Nibiru.
Vazia, disposta para a evacuação, uma frota de rápidos carros celestiais retornou à Terra;
Em Nibiru se vigiavam os sinais dos céus, na Terra registram-se os tremores.
Foi então que de um dos Carros Celestiais saiu um anunnakis de cabelo branco,
Galzu, Grande Conhecedor, era seu nome.
Com passos majestosos se dirigiu até Enlil, apresentou-lhe uma mensagem selada de Anu.
Sou Galzu, emissário plenipotenciário do Rei e do Conselho, disse a Enlil.
Enlil se surpreendeu por sua chegada: Nenhuma palavra de Anu me havia chegado sobre isso.
Enlil examinou o selo de Anu; estava intacto e era autêntico.
Em Nibru-ki a mensagem da tabuleta foi lida, a codificação era de toda confiança.
Galzu fala em nome do Rei e do Conselho, suas palavras são minhas ordens! Afirmava a mensagem de Anu.
Que se chamasse também Enki e Ninmah, ordenou Galzu.
Quando chegaram, Galzu sorriu agradavelmente a Ninmah. Somos da mesma escola e idade! Disse a ela.
Ninmah não podia recordar; o emissário era tão jovem como um filho, ela era como sua mãe anciã!
A explicação é simples! Disse-lhe Galzu: A causa vem de nossos ciclos vitais de sono no inverno!
De fato, essa questão é parte de minha missão; há um segredo a respeito da evacuação.
Desde que Dumuzi esteve em Nibiru, examinavam-se os anunnakis que voltavam para Nibiru;
Aqueles que por mais tempo haviam estado na Terra eram os mais afetados ao voltar:
Seus corpos já não estavam mais acostumados aos ciclos de Nibiru,
Seu sono estava alterado, sua visão falhava, a força da rede de Nibiru pesava em seus passos.
Suas mentes também estavam afetadas, os filhos eram mais velhos do que os pais haviam deixado!
A morte, meus camaradas, chegou com rapidez aos retornados; por isso estou aqui, para lhes advertir!

Os três líderes, os que mais tempo tinham estado na Terra, fizeram silêncio ante as palavras.
Ninmah foi a primeira a falar: Era de se esperar! Ela disse.
Enki, o sábio, consentiu com suas palavras: Era evidente! Ele disse.
Enlil foi tomado pela raiva: Antes, os terrestres estavam se tornando como nós,
Agora, nós estamos nos tornando como terrestres para ficar prisioneiros deste planeta!
Toda a missão se transformou em um pesadelo; com Enki e seus terrestres como senhores, acabaremos sendo escravos!
Galzu ouviu com compaixão a explosão de Enlil. De fato, muito há que refletir, ele disse,
Em Nibiru muito se pensou, e profundas questões foram levantadas a um exame de consciência:
Deveria-se ter deixado a Nibiru sua Sorte, seja o que fosse o que o Criador de Tudo pretendesse, deixar que ocorresse,
Ou foi a chegada à Terra concebida pelo Criador de Tudo, e nós não fomos mais que emissários inconscientes?
Sobre isso, meus camaradas, o debate continua! Assim lhes disse Galzu.
E eis aqui a ordem secreta de Nibiru:
Vós três permanecerão na Terra; só voltarão para Nibiru para morrer!
Em carros celestiais, circundarão a Terra, esperarão a calamidade no exterior;
Aos outros anunnakis, devem ter a opção de ir ou de esperar a calamidade no exterior.
Os Igigi que se casaram com Terrestres devem escolher entre a partida ou os casamentos.
A nenhum terrestre, incluindo Sarpanit de Marduk, será permitido viajar a Nibiru!
Todos os que queiram ficar e ver o que acontece, deverão proteger-se nos carros celestiais!
Quanto a todos os outros, devem estar preparados para partir para Nibiru imediatamente!
Assim, em segredo, Galzu revelou as ordens de Nibiru aos líderes.

Vem agora o relato de como os anunnakis decidiram abandonar a Terra,

E de como prestaram juramento para permitir que a humanidade perecesse no Dilúvio.
Enlil convocou um conselho de comandantes anunnakis e Igigi em Nibru-ki,
Também estavam presentes os filhos dos líderes e seus filhos.
Enlil lhes revelou o segredo da iminente calamidade.
A um amargo final chegou a Missão à Terra! Disse-lhes solenemente.
Todos os que queiram partir em naves celestiais, que se preparem para serem evacuados a Nibiru,
Mas se tiverem cônjuges terrestres, terão de ir sem as esposas.
Que os Igigi peguem suas esposas e descendentes e escapem aos picos mais altos da Terra!
Quanto aos poucos anunnakis que decidirem ficar, em Navios do Céu permaneceremos sobre os céus da Terra,
Para esperar a calamidade no exterior, para presenciar a Sorte da Terra!
Como comandante, serei o primeiro a ficar! Assim falou Enlil.
Os outros que decidam por si mesmos!
Com meu pai escolhi ficar, confrontarei a calamidade! Assim anunciou Ninurta.
Voltarei para as Terras Além dos Oceanos depois do Dilúvio!
Nannar, o primogênito de Enlil na Terra, anunciou um estranho desejo:
Esperar o Dilúvio não nos céus da Terra, mas na Lua; esse foi seu desejo.
Enki levantou uma sobrancelha; Enlil, embora desconcertado, aceitou.
Ishkur, o filho mais jovem de Enlil, tomou a decisão de ficar na Terra com seu pai.
Utu e Inanna, os filhos de Nannar que haviam nascido na Terra, declararam que iriam ficar.
Enki e Ninki optaram por ficar e não abandonar a Terra; anunciaram com orgulho.
Não abandonarei os Igigi nem Sarpanit! Afirmou Marduk com raiva.
Um a um os outros filhos de Enki anunciaram sua decisão de ficar.
Nergal e Gibil, Ninagal e Ningishzidda, e Dumuzi também.
Todos os olhos se voltaram então para Ninmah. Declarou com orgulho a decisão de ficar:

O trabalho de toda a minha vida está aqui! Os terrestres, minha criação, não abandonarei!
Por suas palavras, anunnakis e Igigi despertaram um clamor; perguntaram sobre a Sorte dos terrestres.
Que os terrestres pelas abominações pereçam; assim proclamou Enlil.
Um estranho ser foi criado por nós, por nós deve ser salvo, gritou Enki a Enlil.
A isso, replicou Enlil também com gritos:
Desde o princípio, em cada ocasião, tu modificaste as decisões!
Tu deste a procriação aos Trabalhadores Primitivos, dotou-os de Conhecimento!
Tomou em suas mãos os poderes do Criador de Tudo,
Para depois disso sujar-se em abominações.
Concebeu Adapa com fornicação, deu Entendimento à sua linhagem!
Sua descendência tu elevaste aos céus, compartilhaste com eles nossa Sabedoria!
Todas as regras tens quebrado, ignoraste decisões e ordens,
Por tua causa, um irmão Terrestre Civilizado matou outro irmão,
Por causa de Marduk, teu filho, os Igigi, imitando-o, casaram-se com as Terrestres.
Quem é o senhor de Nibiru, a quem pertence a Terra, ninguém mais sabe!
Basta! Basta! É tudo o que digo. A abominação não pode continuar!
Agora que uma calamidade foi ordenada por um destino desconhecido,
Que aconteça o que tenha de acontecer! Assim proclamou Enlil com fúria;
Que todos os líderes jurem solenemente que não interferirão nos acontecimentos; exigiu Enlil a todos.
O primeiro a prestar juramento de silêncio foi Ninurta; outros do lado de Enlil o seguiram.
Dos filhos de Enki, Nergal foi o primeiro a fazer o juramento; outros dos filhos de Enki o seguiram.
Curvo-me à sua ordem! Disse Marduk a Enlil. Mas, de que serve o juramento?
Se os Igigi abandonassem suas esposas, não se difundiria o medo entre os terrestres?

Ninmah estava em prantos; sussurrou fracamente as palavras do juramento.
Enlil olhou fixamente seu irmão Enki. É a vontade do rei e do conselho!, disse a ele.
Por que quer me prender a um juramento? Perguntou Enki a seu irmão Enlil.
Tu tomaste a decisão, na Terra é um comando!
Não posso deter a inundação, não posso salvar as multidões de terrestres,
Assim, a que juramento deseja me prender? Assim perguntou Enki a seu irmão.
Para que tudo ocorra como se tivesse sido decretado por Sorte, que se conheça como Decisão de Enlil,
Que esteja sobre Enlil a responsabilidade para sempre! Assim pronunciou Enki a todos.
Então, Enki partiu da assembleia; Marduk também foi com ele.
Com ágeis palavras de comando, Enlil trouxe ordem à assembleia.
Atribuiu tarefas para o que deveria ser feito com firmes decisões,
Os que partiriam e os que ficariam organizou em grupos,
Para designar lugares para a assembleia, para recolher equipes, para atribuir carros.
Os primeiros a partir foram os que tinham que voltar para Nibiru,
Com muitos abraços e estreitar de braços, a alegria misturada com o pesar, embarcaram nas naves celestiais;
Um após o outro, os veículos rugiram e se elevaram de Sippar.
A princípio, os que ficavam atrás gritavam: Viajem com segurança! Logo, os gritos emudeciam.
Depois de completar os lançamentos para Nibiru,
Chegou o turno de Marduk e dos Igigi com esposas terrestres.
Marduk reuniu todos no Lugar de Aterrissagem, deu-lhes uma escolha:
Ir com ele e com Sarpanit, e dois filhos e filhas a Lahmu e esperar ali que passasse a calamidade,
Ou dispersar-se nas distantes terras montanhosas da Terra, para encontrar um refúgio ao Dilúvio.
Enlil contabilizou os que ficaram, por grupos lhes atribuiu carros.
Enlil mandou Ninurta às terras montanhosas além dos oceanos para que o informasse do retumbar da Terra;
A Nergal e a Ereshkigal atribuiu a tarefa de vigiar a Terra Branca;

A Ishkur, Enlil deu a tarefa de vigiar contra qualquer avanço dos terrestres,
Para proibir acessos, para levantar e reforçar barreiras e parafusos.
Sippar, o Lugar dos Carros Celestiais, foi o centro de todos os preparativos;
A Sippar Enlil levou as Tabuletas dos Destinos trazidas de Nibru-ki, estabelecendo ali um Elo Céu-Terra temporário.
Em seguida, Enlil dirigiu-se a seu irmão Enki, dizendo-lhe:
Entretanto, se for possível sobreviver à calamidade, que tudo o que aconteceu seja lembrado.
Que as tabuletas dos registros em Sippar nas profundezas da Terra sejam enterradas com segurança,
Que o que de um planeta se fez em outro uma dia venha a ser descoberto!
Enki aprovou as palavras de seu irmão. Armazenaram os ME e outras tabuletas em arcas douradas,
Nas profundezas da Terra, em Sippar, para a posteridade enterraram.
Assim disposto tudo, os líderes esperaram o sinal de partir,
Vigiaram com apreensão a aproximação de Nibiru em sua grande volta.
Foi naquele momento de ansiosa espera que Enki discursou a sua irmã Ninmah, dizendo:
Em sua preocupação pelos terrestres, Enlil não prestou atenção a todas as demais criaturas vivas!
Quando a avalanche de águas tomar as terras,
Outras criaturas vivas, algumas originadas por nós de Nibiru, a maior parte evoluída na mesma Terra,
Serão condenadas repentinamente à extinção.
Preservemos você e eu sua semente de vida, extraiamos suas essências vitais para protegê-las!
Ninmah, a que dá a vida, às palavras de Enki deu seu favor:
Farei isso em Shurubak, você fará com as criaturas vivas de Abzu!
Assim disse a Enki.
Enquanto outros esperaram sentados e ociosos, Enki e Ninmah empreenderam um desafiante trabalho;
Ninmah, em Shurubak, teve ajuda de algumas de suas assistentes,
Enki foi ajudado por Ningishzidda em Abzu, na antiga Casa da Vida.
Coletaram essências masculinas e femininas e ovos de vida,
De cada espécie, de dois em dois, de dois em dois os preservaram em Shurubak e Abzu,

Para proteger, enquanto na Terra se dava a volta para recombinar depois as espécies vivas.

Naquele momento, chegaram as palavras de Ninurta: Os estrondos da Terra são assustadores!

Naquele momento, chegaram as palavras de Nergal e de Ereshkigal: A Terra Branca se estremece!

Em Sippar, reuniram-se todos os anunnakis, esperavam o Dia do Dilúvio.

Sinopse da Décima Tabuleta

O misterioso emissário aparece a Enki em uma visão-sonho
A Enki diz que salve a humanidade por intermédio de seu filho Ziusudra
Por subterfúgio, Enki instrui Ziusudra para
que construa um submarino
Um navegador sobe a bordo, levando as sementes de vida da Terra
A aproximação de Nibiru provoca o deslizamento
da placa de gelo da Terra Branca
A onda resultante das marés engole a Terra com as águas
Os anunnakis restantes lamentam-se da calamidade do circuito da Terra
As águas retrocedem; a embarcação de Ziusudra repousa sobre o
Monte da Salvação
Descendendo em um redemoinho, Enlil descobre o plano de Enki
Enki convence Enlil de que o Criador de Tudo assim o tinha destinado
Eles utilizam a Plataforma de Aterrissagem, ainda em pé,
como base temporária
Em uma Câmara de Criação naquele local,
elaboram-se cultivos e gado
Ouro em abundância é descoberto nas Terras de Além dos Mares
Estabelecem-se novas instalações espaciais nas antigas terras
Incluem-se dois montes artificiais e uma escultura com forma de leão
Ninmah propõe um plano de paz para resolver as
crescentes rivalidades

Cereais e gado são concedidos à humanidade

A Décima Tabuleta

Em Sippar, reuniram-se todos os anunnakis, esperavam o Dia do Dilúvio
Foi nesse momento, quando ia crescendo a tensão da espera,
Que o senhor Enki, enquanto dormia em sua morada, teve uma visão-sonho.
Na visão-sonho aparecia a imagem de um homem, brilhante e resplandecente como os céus;
E quando o homem se aproximou de Enki, este viu que era Galzu, o de cabelos brancos!
Na mão direita segurava um estilete de entalhador,
E na mão esquerda levava uma tabuleta de lápis-lazúli, lisa e brilhante.
E quando se aproximou o suficiente do leito de Enki, Galzu falou e disse:
Suas acusações contra Enlil foram injustificadas, pois só dizia a verdade;
E a decisão que como Decisão de Enlil será conhecida, não ele, mas o Destino decretou.
Agora, tome a Sorte em suas mãos para que os Terrestres herdem a Terra;
Convoque seu filho Ziusudra, revele-lhe a iminente calamidade sem romper o juramento.
Diga-lhe que construa uma embarcação que possa suportar a avalanche de água, uma embarcação submersível,
Semelhante à que lhe mostro nesta tabuleta;
Que ele salve a si e sua família nela,
E que leve também a semente de tudo o que seja valioso, seja planta ou animal;
Essa é a vontade do Criador de Tudo!
E Galzu, na visão-sonho, desenhou uma imagem na tabuleta com o estilete;
E deixou a tabuleta gravada ao lado da cama de Enki;
E depois que a imagem desapareceu, a visão-sonho terminou, e Enki despertou com um estremecimento.

Enki ficou durante um momento em sua cama, refletindo com assombro sobre a visão-sonho.
Qual é o significado disso, que preságio contém?
Depois, quando se levantou da cama, eis que ali estava a tabuleta;
O que em uma simples visão-sonho tinha visto estava agora materialmente junto à cama!
Com mãos trêmulas, o senhor Enki pegou a tabuleta,
Na tabuleta viu o desenho de uma embarcação de forma curiosa,
No canto da tabuleta havia marcas de medidas, indicavam as medidas da embarcação!
Com respeito e esperança, o senhor Enki ao amanhecer enviou rapidamente seus emissários.
Encontrem o chamado Galzu, tenho de falar com ele! Assim lhes disse.
Todos voltaram ao entardecer, informaram a Enki: Ninguém pôde encontrar nenhum Galzu.
Há tempos Galzu voltou para Nibiru! Disseram-lhe.
Enki estava muito perplexo, esforçava-se para compreender o mistério e seu preságio.
Não pôde desvendar o mistério, mas a mensagem para ele estava clara!
Naquela noite, Enki foi sigilosamente até a cabana de juncos onde dormia Ziusudra;
Para não quebrar o juramento, o senhor Enki falou não a Ziusudra, mas à parede da cabana:
Acorde! Acorde! Disse Enki à parede de juncos, por trás da tela de juncos falava.
Quando Ziusudra despertou por causa das palavras, Enki lhe disse por trás da tela de juncos:
Cabana de juncos, cabana de juncos! Dê atenção às minhas palavras, preste atenção às minhas instruções!
Uma calamitosa tormenta cairá sobre todas as moradas, todas as cidades,
Será a destruição da humanidade e de sua descendência.
Essa é a decisão final, a palavra da assembleia convocada por Enlil,
Essa é a decisão pronunciada por Anu, Enlil e Ninmah.
Agora, preste atenção às minhas palavras, observe a mensagem que estou lhe transmitindo:
Abandone sua casa, construa uma embarcação; renuncie as suas posses, salve a vida!

A embarcação que tem de construir, seu desenho e suas medidas se encontram em uma tabuleta,
Deixarei a tabuleta junto à parede da cabana de juncos.
Assegure-se de que a embarcação esteja coberta em toda sua extensão, do interior não se deve ver o sol.
O arranjo tem de ser muito forte, o breu forte e espesso para que não entre a água.
Que seja uma embarcação que possa virar e cair, para sobreviver à avalanche de água!
Construa a embarcação em sete dias, reúna nela a sua família e seus parentes,
Na embarcação, acumule comida e água para beber, leve também animais domésticos.
Depois, no dia marcado, eu lhe darei um sinal;
Um guia de embarcação que conheça as águas, designado por mim, chegará nesse dia;
Nesse dia, terão de entrar na embarcação, terão de trancar bem a porta.
Um esmagador Dilúvio, vindo do sul, devastará terras e vida;
Sua embarcação soltará suas amarras, virará e cairá.
Não tenham medo: o guia da embarcação os levará a um refúgio seguro.
A semente da Humanidade Civilizada sobreviverá por vocês!
Quando a voz de Enki silenciou, Ziusudra estava ansioso, sobre seus joelhos caiu prostrado.
Meu senhor! Meu senhor! Ele gritou. Sua voz ouvi, deixe-me ver o seu rosto!
Não falei a você, Ziusudra, à parede de juncos falei! Assim disse Enki.
Por decisão de Enlil, por juramento feito por todos os anunnakis estou preso.
Se vir meu rosto, sem dúvida, como todos os terrestres, você morrerá!
Agora, cabana de juncos, preste atenção às minhas palavras:
O propósito da embarcação deverá ser guardado como um segredo dos anunnakis!
Quando o povo da cidade perguntar, você dirá:
O senhor Enlil esteve zangado com meu senhor Enki,
Navegarei para a morada de Enki em Abzu, possivelmente Enlil se acalme!

Durante um momento, houve silêncio. Ziusudra saiu de trás da parede de juncos,
Uma tabuleta de lápis-lazúli, brilhando à luz da lua, viu e pegou;
Sobre ela estava desenhada a imagem de uma embarcação, os entalhes davam suas medidas;
O Mais Sábio dos Homens Civilizados era Ziusudra, o que ele ouviu compreendeu.
De manhã, anunciou às pessoas da cidade:
O senhor Enlil esteve zangado com o Senhor Enki, meu senhor,
Por isso o senhor Enlil me é hostil.
Não posso continuar vivendo nesta cidade, nem posso pisar no Edin;
A Abzu, aos domínios do senhor Enki, navegarei.
Em uma embarcação que devo construir rapidamente, partirei daqui;
Assim diminuirá a ira do senhor Enlil, as penúrias terminarão,
Então, o senhor Enlil fará chover sobre vós a abundância!
A manhã ainda não havia chegado quando o povo se reuniu ao redor de Ziusudra,
Animaram-se entre si para construir com rapidez sua embarcação.
Os maiores transportavam tábuas de madeira de embarcação, os pequenos levavam betume dos pântanos.
Enquanto os madeireiros cravavam as tábuas, Ziusudra fundia o betume em um caldeirão.
Com o betume, impermeabilizou a embarcação por dentro e por fora,
Como no desenho da tabuleta, no quinto dia a embarcação estava completa.
Ansiosos por ver Ziusudra partir, o povo da cidade levou comida e água à embarcação,
De suas próprias bocas tomaram o sustento; para acalmar Enlil, apressaram-se!
Também se introduziram na embarcação animais quadrúpedes, os pássaros do campo entraram voando por si próprios.
Na embarcação, Ziusudra, sua esposa e seus filhos embarcaram, as esposas destes e seus filhos também vieram.
Que suba a bordo também qualquer um que deseje ir à morada do senhor Enki!
Assim pronunciou Ziusudra ante as pessoas reunidas.
Prevendo a abundância de Enlil, só alguns dos artesãos atenderam ao chamado.
No sexto dia, Ninagal, Senhor das Grandes Águas, chegou à embarcação,

Um filho de Enki ele era, havia sido escolhido como o navegante da embarcação.
Sustentava em suas mãos uma caixa de madeira de cedro, manteve-a a seu lado na embarcação.
Contém as essências vitais e os ovos de vida das criaturas vivas, coletados pelo senhor Enki e por Ninmah,
Para escondê-los da ira de Enlil, para ressuscitar a vida se for vontade da Terra!
Explicou Ninagal a Ziusudra; assim se esconderam na embarcação todos os animais por seus casais.
Agora, Ninagal e Ziusudra esperaram na embarcação a chegada do sétimo dia.
No centésimo vigésimo Shar se esperava o Dilúvio,
No décimo Shar da vida de Ziusudra se aproximou o Dilúvio,
Na estação da Constelação do Leão se fez iminente a avalanche.

Vem agora o relato do Dilúvio que cobriu a Terra
E de como escaparam os anunnakis, e como Ziusudra sobreviveu na embarcação.
Por dias antes do Dia do Dilúvio, a Terra retumbou, como se gemesse de dor;
Durante noites antes de chegar a calamidade, viu-se nos céus Nibiru como uma estrela resplandecente;
Em seguida, fez-se a escuridão durante o dia, e na noite, a Lua era como se tivesse engolido um monstro.
A Terra começou a tremer, agitou-se por uma força de rede desconhecida até então.
No brilho do amanhecer, uma nuvem negra se levantou pelo horizonte,
A luz da manhã se tornou escuridão, como se a sombra da morte a velasse.
Depois, ouviu-se o estrondo de trovões, os céus se acenderam com os raios.
Partam! Partam! Utu deu o sinal aos anunnakis.
Encolhidos nos navios do céu, os anunnakis se elevaram nas alturas.
Em Shurubak, a dezoito léguas de distância, Ninagal viu as brilhantes erupções:
Tranquem! Tranquem a porta! Gritou Ninagal a Ziusudra.
Juntos fecharam o alçapão que cobria a porta;

Impermeável, completamente fechada, ficou a embarcação; dentro não penetrava nem um raio de luz.
Naquele dia, naquele inesquecível dia, o Dilúvio começou com um estrondo;
Na Terra Branca, no fundo da Terra, sacudiram-se os alicerces da Terra;
Depois, com um estrondo igual a mil trovões, a capa de gelo deslizou de seus alicerces,
Puxada pela invisível força da rede de Nibiru, derramou-se contra o mar do sul.
Uma capa de gelo golpeou e se chocou contra outra capa de gelo,
A superfície da Terra Branca vinha abaixo como um ovo que se quebra.
De repente se levantou uma grande onda, a muralha de água chegava até o céu.
Uma tormenta de ferocidade, nunca vista, uivava no fundo da Terra,
A muralha de água era impulsionada por seus ventos, a onda se desdobrou para o norte;
A muralha de água encaminhava-se para o norte, alcançou as terras de Abzu.
De lá, viajou até as terras habitadas, chegou ao Edin.
Quando a onda, a muralha de água, chegou a Shurubak, soltou de suas amarras a embarcação de Ziusudra, sacudindo-a,
Lançou a embarcação, como um abismo de água a engoliu.
Apesar de completamente submersa, a embarcação manteve-se firme, não entrou sequer uma gota de água.
Do lado de fora, a onda da tormenta atingiu as pessoas como uma batalha mortal,
Ninguém podia ver seus semelhantes, o chão se desvaneceu, só havia água.
Tudo o que uma vez sobre o solo estava, pelas poderosas águas foi varrido;
Antes que terminasse o dia, a muralha de água, ganhando velocidade, chegou às montanhas.
Em suas embarcações celestiais, os anunnakis circundavam a Terra.
Amontoados nos compartimentos, espremiam-se contra as paredes exteriores,
O que estava ocorrendo na Terra, lá embaixo, viam perturbados.
Da nave celestial em qual estava, Ninmah gritou como uma mulher na hora do parto:

As águas cobriram meus criados como libélulas afogadas em um lago,
A onda cobriu e levou toda a vida! Assim chorava e gemia Ninmah.
Inanna, que estava com ela, também chorava e se lamentava.
Tudo ali abaixo, tudo o que vivia, tornou-se argila!
Assim choravam Ninmah e Inanna; choraram e aliviaram seus sentimentos.
Em outras naves celestiais, os anunnakis estavam pasmados pela visão daquela desenfreada fúria,
Naqueles dias presenciaram com temor um poder maior que o seu.
Desejaram os frutos da Terra, tiveram sede do elixir fermentado.
Os dias antigos, ai, tornaram-se argila! Assim diziam uns aos outros.
Depois de que a imensa onda varreu Terra,
Reabriram as comportas do céu, e se desatou um aguaceiro dos céus à Terra.
Durante sete dias se misturaram as águas acima com as águas do Grande Abaixo;
Então, a muralha de água, alcançando seus limites, cessou seu ataque,
Mas as chuvas dos céus continuaram durante quarenta dias e noites.
De suas posições elevadas, os anunnakis olhavam para baixo: onde uma vez houve solo firme, agora havia um mar de água,
E onde uma vez houve montanhas, onde seus picos subiam até os céus,
Seus topos eram agora como ilhas nas águas;
E tudo o que vivia no solo firme havia perecido na avalanche das águas.
Depois, como no Princípio, as águas se uniram em suas bacias,
Agitando-se acima e abaixo, dia a dia foi baixando o nível da água.
Então, quarenta dias depois que o Dilúvio cobriu a Terra, as chuvas também cessaram.
Depois dos quarenta dias, Ziusudra abriu a porta da embarcação para inspecionar os arredores.
Era um dia luminoso, soprava uma suave brisa;
Completamente sozinha, sem nenhum outro sinal de vida, a embarcação refestelava-se sobre um vasto mar.
A humanidade, todas as coisas vivas, foram varridas da face da Terra,
Ninguém, salvo nós, sobreviveu, mas não há terra firme por onde pôr o pé!

Assim disse Ziusudra a seus parentes, enquanto se sentava e se lamentava.
Nesse momento, Ninagal, apontado por Enki, dirigiu a embarcação para os picos gêmeos de Arrata,
Fez uma vela para ela, para o Monte da Salvação levou a embarcação.
Ziusudra estava impaciente; liberou as aves que havia a bordo.
Para que procurassem terra firme, enviou-as para que comprovassem se havia sobrevivido um pouco de vegetação.
Deixou sair uma andorinha, deixou sair um corvo; ambos voltaram para a embarcação.
Deixou sair uma pomba; com um ramo de árvore voltou para a embarcação!
Agora Ziusudra sabia que a terra firme tinha emergido debaixo das águas.
Alguns dias mais e a embarcação se deteve em umas rochas.
O Dilúvio passou, estamos no Monte da Salvação! Assim disse Ninagal a Ziusudra.
Abrindo a porta impermeável, Ziusudra saiu da embarcação;
O céu era claro, o sol brilhava, um suave vento soprava.
Apressadamente, chamou sua esposa e seus filhos para que saíssem.
Que se elogie o senhor Enki, a ele agradecemos! Disse Ziusudra aos outros.
Juntou pedras com seus filhos, com elas construiu um altar,
Em seguida acendeu fogo sobre o altar, fez um fogo com incenso aromático.
Uma ovelha, uma sem mancha, selecionou para um sacrifício,
E sobre o altar, ofereceu a ovelha a Enki como sacrifício.
Naquele momento, Enlil transmitiu palavras a Enki de sua nave celestial:
Desçamos em redemoinhos das naves celestiais sobre o pico de Arrata,
Para revisar a situação, para determinar o que fazer!
Enquanto outros seguiam circundando a Terra em suas naves celestiais,
Enlil e Enki descenderam em redemoinhos sobre o pico de Arrata.
Sorrindo, os dois irmãos se encontraram, com alegria apertaram os braços.
Depois, Enlil ficou desconcertado com o aroma do fogo e da carne assada.

O que é isso? Gritou a seu irmão. Sobreviveu alguém ao Dilúvio?
Vamos ver! Respondeu Enki docilmente a ele.
Em seus redemoinhos foram voando até o outro pico de Arrata,
Viram a embarcação de Ziusudra, aterrissaram junto ao altar que ele
    havia construído.
Quando Enlil viu os sobreviventes, Ninagal entre eles, sua fúria não
    teve limites.
Todos os Terrestres tinham que perecer! Gritou com fúria; partiu
    para cima de Enki enraivecido,
Estava pronto para matar seu irmão com as mãos nuas.
Ele não é um simples mortal, é meu filho! Gritou Enki apontando
    Ziusudra.
Por um momento, Enlil duvidou. Rompeu seu juramento! Gritou a
    Enki.
Falei com uma parede de juncos, não com Ziusudra! Disse Enki;
    depois relatou a Enlil a visão-sonho.
Então, alertados por Ninagal, Ninurta e Ninmah em seus redemoi-
    nhos também haviam descido;
Quando escutaram o relato dos acontecimentos, Ninurta e Ninmah
    não sentiram raiva.
Deve ser a vontade do Criador de Tudo que sobreviva a humanidade!
    Assim disse Ninurta a seu pai.
Ninmah tocou em seu colar de cristais, presente de Anu, e jurou:
Por meu juramento, aniquilação da humanidade nunca irá se repetir!
Abrandando-se, Enlil pegou pelas mãos Ziusudra e Emzara, sua es-
    posa, e os benzeu assim:
Frutifiquem e multipliquem, e povoem a Terra!
Assim terminaram os Tempos Antigos.

Vem agora o relato de como se restaurou a sobrevivência na Terra,
E como se encontrou uma nova fonte de ouro e outros terrestres além
    dos oceanos.
Depois do encontro em Arrata, as águas do Dilúvio continuaram a
    diminuir,
E a face da Terra gradualmente foi se mostrando debaixo das águas.
As terras montanhosas saíram ilesas em sua maior parte, mas nos
    vales ficaram buracos de lodo e lama.
Das naves celestiais e dos redemoinhos, os anunnakis inspecionaram
    as paisagens:

Tudo o que tinha existido nos Tempos Antigos no Edin e em Abzu estava enterrado sob o barro!
Eridu, Nibru-ki, Shurubak, Sippar, todas se foram; sumiram completamente;
Mas nas Montanhas dos Cedros a grande plataforma de pedra reluzia sob a luz do sol,
O Lugar de Aterrissagem, feito nos Tempos Antigos, continuava de pé.
Um após o outro, aterrissavam os redemoinhos sobre a plataforma;
A plataforma estava intacta; na curva de lançamento, os gigantescos blocos de pedra se mantinham firmes.
Ajustando escombros e ramos de árvores, os primeiros a aterrissar fizeram sinais aos carros;
Um após o outro carros celestiais chegaram, desceram sobre a plataforma.
Depois se enviaram palavras a Marduk em Lahmu e a Nannar na Lua,
E eles também voltaram para a Terra, sobre o Lugar de Aterrissagem pousaram.
Agora os anunnakis e os Igigi que se reuniram junto a Enlil foram convocados em assembleia.
Sobrevivemos ao Dilúvio, mas a Terra está devastada! Assim disse Enlil aos outros.
Temos de avaliar todas as formas de recuperação, seja na Terra, seja onde for!
Lahmu ficou devastado com a passagem de Nibiru! Assim relatou Marduk:
Sua atmosfera foi sugada para fora, suas águas se evaporaram, é um lugar de tempestades de poeira!
A Lua não pode sustentar vida por si só, somente com máscaras de Águia é possível ficar lá!
Assim registrou Nannar a outros, e depois com palavras apaixonadas, acrescentou:
Uma vez ali, deve-se recordar que ela foi o líder do exército de Tiamat,
Companheira da Terra é, o destino da Terra está ligado ao dela!
Enlil pôs seu braço carinhosamente sobre os ombros de seu filho. Estamos preocupados agora com a sobrevivência!
Assim Enlil replicou calmamente a Nannar; agora, o sustento é nossa maior preocupação!

Examinemos a Câmara da Criação selada; possivelmente ainda encontremos as sementes de Nibiru!
Assim disse Enlil a Enki, relembrando os grãos uma vez criados.
Ao lado da plataforma, limpando um pouco da lama, encontraram o poço de tempos remotos,
Tiraram a pedra que o bloqueava, entraram no santuário.
As arcas de diorita estavam seladas, fizeram abrir os selos com uma chave de cobre.
Dentro das arcas, em vasilhas de cristal, estavam as sementes dos cereais de Nibiru!
Uma vez fora, Enlil deu as sementes a Ninurta, disse desta forma:
Vá, a encosta da montanha transforme em terraços, que os cereais de Nibiru proporcionem pão uma vez mais!
Nas Montanhas de Cedros, em outras montanhas também, Ninurta tapou as cascatas,
Construiu terraços, ensinou a cultivar o filho maior de Ziusudra.
A Ishkur, seu filho mais jovem, Enlil lhe atribuiu outra tarefa:
Onde as águas retrocederam, vá e encontra as árvores frutíferas que ficaram!
Atribuiu-se ao filho mais jovem de Ziusudra o papel de cultivador de frutas:
A primeira fruta que encontraram foi a videira, que havia trazido Ninmah;
De seu suco, como o célebre elixir dos anunnakis, Ziusudra tomou um gole.
Por um gole, depois outro e outro, Ziusudra foi vencido, dormiu como um bêbado!
Então, Enki ofereceu um presente aos anunnakis e Terrestres:
Descobriu a arca que Ninagal havia levado, anunciou a todos seu surpreendente conteúdo:
As essências vitais e os ovos de vida podem ser combinados nos úteros dos animais quadrúpedes da embarcação de Ziusudra,
As ovelhas se multiplicarão, por sua lã e sua carne;
Depois, com outras criaturas vivas povoaremos a Terra!
Enki deu a Dumuzi as tarefas de pastoreio, o filho do meio de Ziusudra o ajudava nesses trabalhos.
Depois, Enki dirigiu sua atenção para a massa de terra escura, onde ele e seus filhos tinham tido seus domínios.
Com Ninagal, nas montanhas represou as águas poderosas,

Canalizou as ferozes cascatas até um lago, para que se acumulassem as águas como um lago.
Depois, inspecionou com Marduk as terras entre Abzu e o Grande Mar:
Onde uma vez teve moradas, considerou como drenar o vale do rio.
Em metade da corrente, onde as águas do rio caíam em cascata, levantou uma ilha das águas.
Em suas vísceras escavou cavernas; por cima delas criou comportas feitas de pedra.
De lá, esculpiu dois canais nas rochas, para as águas elaborou dois estreitos,
Assim podia diminuir ou acelerar as águas que vinham das terras altas;
Com represas e comportas e com os dois estreitos, ele regulou as águas.
Da Ilha da Caverna, a ilha de Abu, levantou das águas o sinuoso vale do rio:
Na Terra dos Dois Estreitos, para Dumuzi e os pastores Enki criou uma morada.
Com satisfação, Enlil enviou palavras de tudo isso a Nibiru; Nibiru respondeu com palavras de preocupação:
A próxima passagem que tinha afetado a Terra e Lahmu havia provocado também muitos danos em Nibiru;
O escudo de pó de ouro se rasgou, a atmosfera estava diminuindo de novo,
Agora, novos fornecimentos de ouro eram necessários!
Enki foi a Abzu rapidamente, viajou com seu filho Gibil para inspecionar e procurar.
Todas as minas de ouro haviam desaparecido, haviam sido enterradas com a avalanche de água!
No Edin, Bad-Tibira também não existia mais! Em Sippar, já não havia um lugar para carros!
As centenas de anunnakis que tinham trabalhado duro nas minas e em Bad-Tibira se foram da Terra,
A multidão de terrestres que serviam como Trabalhadores Primitivos, com o Dilúvio, se tornara barro.
Já não se pode prover ouro da Terra! Anunciaram Enlil e Enki a Nibiru.
Na Terra e em Nibiru houve desespero.
Então, Ninurta completou seus trabalhos nas montanhas dos cedros,

Mais uma vez viajou à terra montanhosa além dos oceanos.
Daquele lugar, ao outro lado da Terra, enviou palavras assombrosas:
A avalanche de águas produziu profundos cortes nas montanhas,
Nas encostas, ouro incontável, em pepitas grandes e pequenas,
Caem rios abaixo, pode-se recolher ouro sem ter que minerá-lo!
Enlil e Enki foram apressadamente à distante terra montanhosa, com surpresa viram a descoberta.
Ouro, ouro puro, sem precisar de refino nem de fundição, estava por toda parte!
É um milagre! Assim lhe disse Enki a Enlil. O que Nibiru causou, Nibiru corrigiu!
A mão invisível do Criador de Tudo permite a vida em Nibiru! Assim disse Enlil.
Agora, quem recolherá as pepitas, como as enviarão a Nibiru? Perguntaram-se entre si os líderes.
Para a primeira pergunta, Ninurta tinha uma resposta:
Nas altas terras montanhosas neste lado da Terra, sobreviveram alguns Terrestres!
São descendentes de Ka-in, sabem como manipular os metais;
Quatro irmãos e quatro irmãs são seus líderes, salvaram-se por si mesmos em balsas,
Agora o topo de sua montanha é uma ilha em metade de um grande lago.
Lembram-se de mim como protetor de seus antepassados, chamam-me o Grande Protetor!
Ao saber que outros terrestres haviam sobrevivido, os líderes tiveram esperança,
Nem sequer se enfureceu Enlil, que tinha planejado o fim de toda carne.
É a vontade do Criador de Tudo! Eles disseram uns aos outros.
Agora, que se estabeleça um novo Lugar dos Carros Celestiais, enviemos dali o ouro a Nibiru!
Procuraram uma nova planície que estivesse seca e endurecida,
Próximo ao Lugar de Aterrissagem, em uma península desolada, encontraram essa planície.
Era lisa como um lago quieto, rodeada de montanhas brancas.

Vem agora o relato do novo Lugar dos Carros Celestiais,
E dos montes gêmeos artificiais e de como Marduk usurpou a imagem do leão.

Na península escolhida pelos anunnakis, refletiram-se os celestiais Caminhos de Anu e de Enlil na Terra;
Localize-se com exatidão nesses limites o novo Lugar dos Carros,
Que o coração da planície reflita os céus! Assim sugeriu Enlil a Enki.
Quando Enki concordou, Enlil mediu as distâncias dos céus;
Fez um grande desenho sobre uma tabuleta para que todos o vissem.
Que o Lugar de Aterrissagem nas Montanhas dos Cedros forme parte das instalações! Disse.
Mediu a distância entre o Lugar de Aterrissagem e o Lugar dos Carros,
Em sua metade, concebeu um lugar para um novo Centro de Controle de Missões:
Ali escolheu um monte adequado, chamou-o o Monte que Mostra o Caminho.
Ali ordenou construir uma plataforma de pedras, parecidas, mas menores que as do Lugar de Aterrissagem;
Em seu centro, esculpiu-se uma rocha por dentro e por fora, para abrigar o novo Elo Céu-Terra.
Um novo Umbigo da Terra, para fazer o papel de Nibru-ki antes do Dilúvio.
O Atalho de Aterrissagem se ancorou no norte, nos picos gêmeos de Arrata;
Para demarcar o Corredor de Aterrissagem, Enlil precisava de outros dois grupos de picos gêmeos,
Para delimitar os limites do Corredor de Aterrissagem, para assegurar a ascensão e a descida.
Na parte meridional da desolada península, um lugar de montanhas,
Enlil selecionou dois picos adjacentes, sobre eles ancorou o limite meridional.
Onde se necessitava a segunda série de picos gêmeos não havia montanhas,
Somente saía do chão uma planície, por cima do vale encharcado.
Podemos levantar ali uns picos artificiais! Assim disse Ningishzidda aos líderes.
Sobre uma tabuleta desenhou para eles a imagem de uns picos de lados lisos elevando-se para os céus.
Se isso pode ser feito, assim seja! Disse Enlil com aprovação. Que sirvam também de farol!
Sobre a planície, por cima do vale do rio, Ningishzidda construiu um modelo.

Os ângulos de elevação e os quatros cantos lisos ele aperfeiçoou.
Junto a ele, situou um pico maior, alinhou seus lados aos quatro cantos da Terra;
Os anunnakis cortaram e levantaram as pedras com suas ferramentas de poder.
Junto a ele, em uma localização precisa, colocou-se o pico que era seu gêmeo;
Com galerias e câmaras para os cristais pulsantes foi desenhado.
Quando esse pico artificial se elevou aos céus, os líderes foram convidados para pôr o arremate sobre ele.
De electrum, uma mistura criada por Gibil, foi feita a Pedra Ápice.
Refletia a luz do sol até o horizonte, era como um pilar de fogo na noite,
Focava em um raio para os céus o poder de todos os cristais.
Quando as obras desenhadas por Ningishzidda terminaram e ficaram prontas,
Os líderes anunnakis entraram no Grande Pico Gêmeo, maravilharam-se com o que viram;
Ekur, a Casa que é Como uma Montanha, chamaram-no, era um farol para os céus.
Proclamava que os anunnakis tinham sobrevivido ao Dilúvio e venceriam sempre.
Agora, o novo Lugar dos Carros Celestiais pode receber ouro de além dos mares,
De lá, os carros levarão o ouro da sobrevivência a Nibiru;
De lá para o leste, onde o sol se eleva no dia designado, ascenderão,
Para lá ao sudoeste, onde o sol se põe no dia designado, descenderão!
Então, Enlil ativou com sua própria mão os cristais de Nibiru.
Dentro, luzes estranhas começaram a piscar, um zumbido mágico rompeu o silêncio.
Fora, o arremate começou a brilhar de repente, era mais brilhante que o sol.
A multidão dos anunnakis reunida gritou em alvoroço;
Ninmah, que tinha vindo para a ocasião, recitou um poema e cantou:
Casa que é como uma montanha, casa com um pico pontudo,
Está equipada para Céu-Terra, é a obra dos anunnakis.
Casa brilhante e escura, casa do céu e a Terra,
Para as naves celestiais foi construída, os anunnakis a construíram.
Casa cujo interior resplandece com uma avermelhada luz do céu,

Emite um raio que pulsa, que chega longe e alto;
Nobre montanha entre as montanhas, criada grande e nobre,
Está além da compreensão dos terrestres.
Casa de equipamento, nobre casa da eternidade,
Sua base de base de pedras tocam as águas, sua grande circunferência se fixa na argila.
Casa, cujas partes estão habilmente trançadas,
Os grandes que nos céus circulam para descansar possam descer;
Casa que é um ponto de referência para as naves espaciais, com entranhas insondáveis,
Ekur está abençoado pelo próprio Anu.
Assim recitou e cantou Ninmah na celebração.
Enquanto os anunnakis celebravam sua notável obra,
Enki disse a Enlil palavras de sugestão: Quando futuramente se pergunte:
Quando e quem fez esta maravilha?
Façamos junto aos picos gêmeos um monumento; que anuncie a Era de Leão,
A imagem de Ningishzidda, o projetista dos picos, seja sua face,
Que olhe exatamente para o Lugar dos Carros Celestiais.
Quando, quem e o propósito revele-se a gerações futuras!
Essa foi a sugestão de Enki a Enlil. Diante de suas palavras, Enlil consentiu, e disse a Enki:
Do lugar dos Carros Celestiais, Utu deve ser novamente o comandante;
Que o leão de olhar fixo, exatamente orientado a leste, tenha a imagem de Ningishzidda!
Quando se iniciaram os trabalhos de talha e modelagem do leão feito de rocha,
Marduk disse a seu pai Enki palavras agressivas:
Prometeu-me que dominaria a Terra toda,
Agora concedem a outros comando e glória, deixando-me sem tarefa nem domínios.
Em meus antigos domínios se situaram os montes artificiais, sobre o leão deve estar minha imagem!
Ningishzidda se enfureceu com as palavras de Marduk, o restante dos filhos também se aborreceram,
Ninurta e seus irmãos também se levantaram em um clamor por domínios,
Todos exigiam terras para si mesmos, e terrestres devotos!
Não se torne em disputa a celebração! Gritou Ninmah em meio das vozes alteradas.

A Terra ainda está desolada, somos poucos anunnakis, dos terrestres
  só há sobreviventes!
Que Marduk Ningishzidda da honra não privou, tenhamos atenção
  às palavras de Marduk!
Assim disse Ninmah, a pacificadora, aos líderes rivais.
Para que prevaleça a paz, devemos repartir as terras habitáveis entre
  nós! Disse Enlil a Enki.
Concordaram em fazer da península um separador incontestável,
  atribuiu à pacificadora Ninmah.
Tilmun, Terra dos Mísseis, chamaram-na; estava fora dos limites dos
  terrestres.
As terras habitáveis ao leste da península se separaram para Enlil e
  seus descendentes,
Para os descendentes de dois filhos de Ziusudra, Shem e Jafet, para
  que vivessem ali.
A massa de terra escura que incluía Abdzu foi concedida por domí-
  nio a Enki e seu clã,
Para habitá-la se escolheu o povo do filho do meio de Ziusudra, Ham.
Enki, para apaziguar seu filho, sugeriu tornar Marduk senhor deles,
  senhor de suas terras.
Seja como você deseja! Disse Enlil a Enki sobre isso.
Em Tilmun, em seu montanhoso sul, Ninurta construiu uma morada
  para sua mãe, Ninmah;
Perto de uma nascente com palmeiras, em um verdejante vale se
  localizava,
O pico da montanha aterrou Ninurta, plantou um perfumado jardim
  para Ninmah.
Quando terminou tudo, deu-se um sinal a todos os postos avançados
  na Terra:
Das terras montanhosas mais à frente do oceano os redemoinhos
  trouxeram as pepitas de ouro,
Do Lugar dos Carros Celestiais, levou-se o ouro até Nibiru.
Naquele memorável dia, Enlil e Enki falaram e concordaram:
Honremos Ninmah, a pacificadora, com um novo nome-epíteto:
Ninharsag, Senhora do Topo da Montanha, seja seu nome!
Por aclamação deu essa honra a Ninmah, a partir de então lhe cha-
  mou Ninharsag.
Louvem Ninharsag, a pacificadora na Terra! Proclamaram em unís-
  sono os anunnakis.

Sinopse da Décima Primeira Tabuleta

A terra do porto espacial, Tilmun, declara-se zona neutra
Ela é concedida a Ninmah, que recebe o nome de Ninharsag
Marduk consegue as Terras Escuras,
os Enlilitas conseguem as Terras Antigas
Os netos de Marduk lutam, Satu assassina Assar
Fecundando a si mesma, Haste, a esposa de Assar, tem Horon
Horon vence Satu em batalhas aéreas sobre Tilmun
Os Enlilitas consideram prudente preparar outro porto espacial
Dumuzi, o filho de Enki, e Inanna, a neta de Enlil, apaixonam-se
Por temer as consequências, Marduk provoca a morte de Dumuzi
Procurando seu corpo, Inanna morre, posteriormente ressuscita
Inanna lança uma guerra para capturar e castigar Marduk
Os Enlilitas entram em seu esconderijo no Grande Monte
Eles selam a câmara superior para sepultar vivo Marduk
Sarpanit, a esposa de Marduk, e Nabu, seu filho, rogam por sua vida
Ningishzidda, conhecedor dos segredos do Monte, chega até Marduk
Marduk, depois de lhe ser perdoada a vida, é exilado
Enki e Enlil dividem a Terra entre o restante de seus filhos

O triunfo de Ninurta e as Grandes Pirâmides

A Décima Primeira Tabuleta

Louvem Ninharsag, a pacificadora na Terra! Proclamaram em uníssono os anunnakis.
Durante o primeiro Shar depois do Dilúvio, Ninharsag conseguiu moderar os humores.
Nibiru, reabastecida de ouro, estava acima de ambições e rivalidades.
Lentamente, a Terra voltou a encher-se de vida; com as sementes de vida que preservou Enki,
O que tinha sobrevivido por si só se acrescentou na terra, no ar e nas águas.
O mais precioso de tudo, descobriram os anunnakis, foram os próprios remanescentes da humanidade!
Como nos dias passados, quando foram criados os Trabalhadores Primitivos,
Os anunnakis, poucos e esgotados, clamaram de novo por Trabalhadores Civilizados.
Quando terminou o primeiro Shar depois do Dilúvio,
A pacífica trégua se despedaçou por causa de um acontecimento inesperado.
A erupção foi agora entre os clãs de Marduk e Ninurta, não entre os de Enki e Enlil:
Entre os próprios filhos de Marduk, ajudados pelos Igigi, rompeu-se a tranquilidade.
Quando Marduk e Sarpanit e seus filhos esperavam em Lahmu o Dilúvio,
Os dois filhos, Asar e Satu, se apaixonaram pelas filhas de Shamgaz, o líder Igigi;
Quando retornaram para a Terra, os dois irmãos se casaram com as duas irmãs,
Asar escolheu a chamada Asta, Satu se casou com a chamada Nebat.
Asar optou por viver com seu pai Marduk nas terras escuras,

Satu fez sua morada no Lugar de Aterrissagem, onde moravam os
   Igigi, com Shamgaz.
Shamgaz estava preocupado com os domínios na Terra: Onde serão
   senhores os Igigi?
Assim incitava Shamgaz aos outros Igigi, sobre isso Nebat falava a
   Satu diariamente;
Estando com seu pai, Asar será o único sucessor, herdará as terras
   férteis!
Assim lhe diziam Shamgaz e sua filha Nebat a Satu dia após dia.
Pai e filha tramavam como manter a sucessão só nas mãos de Satu.
Em um dia propício fizeram um banquete; a ele convidaram os Igigi
   e os anunnakis.
Asar, sem suspeitar de nada, também chegou para celebrar com seu
   irmão.
Nebat, a irmã de sua esposa, preparou as mesas, também pôs apoios
   de pés,
Ela se embelezou; com uma lira na mão, cantou uma canção ao po-
   deroso Assar.
Satu, diante dele, cortava as melhores carnes assadas, com uma faca
   salgada lhe servia novilhos.
Shamgaz, em uma grande taça, oferecia a Asar vinho novo, uma
   mescla feita por ele,
Em uma grande vasilha, suficientemente grande para tomar, pôs vi-
   nho de elixir.
Asar estava de bom humor; ficou de pé e cantou alegremente, acom-
   panhando-se com címbalos na mão.
Mais tarde, viu-se vencido pelo vinho misturado, caiu ao chão.
Vamos levá-lo para que durma profundamente! Disseram os anfitri-
   ões aos demais no banquete.
Levaram Asar a outra câmara, puseram-no em um caixão,
Fecharam o caixão com fortes presilhas, ao mar o lançaram.
Quando chegou a Asta a notícia do acontecido, levantou lamentos a
   Marduk, o pai de seu marido.
Asar foi brutalmente lançado às profundidades do mar para que
   morresse, devemos encontrar o caixão com rapidez!
Procuraram no mar o caixão de Asar, encontraram-no à beira da terra
   escura.
Em seu interior jazia o rígido corpo de Asar, o fôlego de vida havia
   partido das narinas.
Marduk rasgou suas roupas, sobre sua cabeça jogou cinzas.

Meu filho! Meu filho! Gritava e soluçava Sarpanit, grande era seu pesar e seu luto.
Enki estava abatido e chorava: repetiu-se a maldição de Ka-in! Disse a seu filho em sua angústia.
Asta elevou um lamento às alturas, fez um apelo a Marduk por vingança e por um herdeiro.
Satu deve encontrar a morte. Deixe-me conceber um sucessor de sua própria semente,
Que seu nome se recorde por seu nome, e a linhagem sobreviva!
Isso, ai, não se pode fazer! Disse Enki a Marduk e a Asta.
O irmão que assassinou, o irmão do irmão deve ser detentor,
Por isso lhe deve perdoar a vida de Satu, de sua semente deve conceber um herdeiro para Asar!
Asta ficou desconcertada por estes giros do destino; muito conturbada, decidiu desafiar as normas.
Antes que o corpo de Asar fosse envolto e, no sudário, preservado em um santuário;
De seu falo, Asta extraiu a semente de vida de Asar.
Com esta, Asta concebeu, e um herdeiro e um vingador de Asar nasceu.
A Enki e a seus filhos, a Marduk e a seus irmãos, Satu disse:
Sou o único herdeiro e sucessor de Marduk, da Terra dos Dois Estreitos serei o senhor!
Ante o conselho dos anunnakis refutou Asta a reclamação: Estou com o herdeiro de Assar, com seu filho.
Entre os juncos do rio se escondeu com o menino, para evitar a ira de Satu;
Horon chamou o menino, educou-o para que fosse o vingador de seu pai.
Satu estava desconcertado; Shamgaz não abandonava suas ambições.
De ano terrestre em ano terrestre, os Igigi se propagavam do Lugar de Aterrissagem,
Até os limites de Tilmun, a região sagrada de Ninharsag, chegaram-se a aproximar.
Os Igigi e seus terrestres ameaçaram invadir o Lugar dos Carros Celestiais.
Nas terras escuras, o menino Horon se tornou um herói com os rápidos ciclos vitais da Terra,
Horon foi adotado por seu tio-avô Gibil, ele o treinou e o instruiu.

Gibil criou para ele umas sandálias aladas para elevar-se no ar, era capaz de voar como um falcão.

Gibil fez um arpão divino para ele, suas flechas eram mísseis.

Nas terras altas do sul, Gibil lhe ensinou as artes dos metais e da ferraria.

Gibil revelou a Horon o segredo de um metal chamado ferro.

Dele, fez armas. Horon, de terrestres leais levantou um exército.

Partiram para o norte, através de terra e rio, para desafiar Satu e os Igigi.

Quando Horon e seu exército de terrestres chegaram à fronteira do Tilmun, a Terra dos Mísseis,

Satu enviou a Horon um desafio:

Somente entre nós dois é o conflito, encontremo-nos em luta singular!

Nos céus do Tilmun, Satu esperou em seu redemoinho o combate com Horon.

Quando Horon se elevou ao céu como um falcão, Satu lhe disparou um dardo envenenado, como o veneno de um escorpião caiu sobre Horon.

Quando Asta viu isso, lançou um grito ao céu, gritou por Ningishzidda.

Ningishzidda desceu de sua nave celestial, chegou para salvar o herói para sua mãe.

Com poderes mágicos, Ningishzidda converteu o veneno em benévolo para o sangue,

Pela manhã, Horon estava curado, havia voltado de entre os mortos.

Depois, com um Pilar Flamejante, como um peixe celestial com barbatanas e uma cauda de fogo,

Ningishzidda muniu Horon, os olhos do Pilar trocavam suas cores do azul ao vermelho e ao azul.

Horon se elevou no Pilar Flamejante para o triunfante Satu.

Perseguiram-se por toda a parte; feroz e mortal foi a batalha.

Primeiramente, o Pilar Flamejante de Horon recebeu um impacto, depois, Horon alcançou a Satu com seu arpão.

Satu caiu no chão; Horon o amarrou.

Quando Horon chegou diante do conselho com seu tio capturado,

Eles viram que estava cego, com os testículos esmagados, como um vaso descartado ele permanecia em pé.

Que Satu viva cego e sem herdeiros! Assim disse Haste ao conselho.

O conselho determinou sua Sorte, que terminasse seus dias como um mortal, entre os Igigi.
Declarou-se Horon triunfante, herdar o trono de seu pai ele deveria;
Sobre uma tabuleta de metal se inscreveu a decisão do conselho, no Salão de Registros a puseram.
Em sua morada, Marduk estava feliz com a decisão; mas lamentava pelo que tinha acontecido:
Embora Horon, um filho de Asar, seu filho fosse, de Shamgaz o Igigi era descendente,
Um domínio, um como os atribuídos aos anunnakis, não havia sido dado a ele.
Depois de perder a seus dois filhos, Marduk e Sarpanit procuravam consolo um no outro.
Com o tempo, outro filho lhes nasceria; chamaram-lhe Nabu, o Possuidor da Profecia.

Vem agora o relato de por que se construiu na distância um novo lugar dos carros,
E do amor de Dumuzi e Inanna, que Marduk rompeu com a morte de Dumuzi.
Foi depois da luta entre Horon e Satu, e sua batalha aérea sobre Tilmun,
Que Enlil convocou seus três filhos em conselho.
Com preocupação pelo que estava acontecendo, disse-lhes:
No princípio, os terrestres fizemos à nossa imagem e semelhança,
Agora, os descendentes dos anunnakis se tornaram a imagem e semelhança dos terrestres!
Então, foi Ka-in que matou seu irmão, agora um filho de Marduk é o assassino de seu irmão!
Pela primeira vez, um descendente dos anunnakis levantou um exército de terrestres,
Pôs em suas mãos armas de um metal, um segredo dos anunnakis!
Dos dias em que Alalu e Anzu contestaram nossa legitimidade,
Os Igigi não deixaram de provocar transtornos e de romper as regras.
Agora, os picos do farol estão situados nos domínios de Marduk, o Lugar de Aterrissagem está nas mãos dos Igigi,
Agora, os Igigi estão avançando para o Lugar dos Carros,
Em nome de Satu, vão estabelecer-se em todas as instalações do Céu-Terra!
Assim disse Enlil a seus três filhos, propôs-lhes tomar medidas contra isso:

Temos de criar em segredo uma instalação alternativa Céu-Terra!
Que se estabeleça na terra de Ninurta além dos oceanos, em meio a terrestres de confiança!
Assim confiou-se a missão secreta às mãos de Ninurta;
Nas terras montanhosas além dos oceanos, junto ao grande lago,
Levantou um novo Elo Céu-Terra, colocou-o no interior de um recinto;
Aos pés das montanhas onde se pulverizavam as pepitas de ouro,
Escolheu uma planície de chão firme; sobre ela fez marcas para a ascensão e a descida.
As instalações são primitivas, mas servirão para seu propósito!
Ao seu devido tempo, Ninurta declarou a seu pai Enlil:
Dali podem continuar os envios de ouro a Nibiru, dali, em caso de necessidade, também podemos ascender!
Naquele tempo, o que começou como uma bênção, terminou como um feito horrível.
Naquele tempo, Dumuzi, o filho mais jovem de Enki, se apaixonou por Inanna, a filha de Nannar.
Inanna, neta de Enlil, ficou cativada pelo senhor do pastoreio.
Um amor que não conhece limites os devorou, a paixão inflamou seus corações.
Muitas das canções de amor que, a partir de então, cantaram-se durante muito tempo,
Inanna e Dumuzi foram os primeiros a cantar, narraram seu amor por meio das canções.
A Dumuzi, seu filho mais jovem, Enki atribuiu um grande domínio acima de Abzu;
Meluhha, a Terra Negra, chamava-se, lá cresciam árvores de terras altas, suas águas eram abundantes.
Grandes touros vagavam entre os trechos de seu rio, muito numeroso era seu gado,
Chegava prata de suas montanhas, seu cobre brilhava como o ouro.
Dumuzi era muito amado; depois da morte de Asar, era o favorito de Enki.
Marduk estava enciumado de seu irmão mais jovem.
Inanna era muito amada por seus pais, Nannar e Ningal, Enlil se sentava junto a seu berço.
Era bela além de toda descrição, competia em artes marciais com os heróis anunnakis.

Sobre viagens nos céus e de naves celestiais tinha aprendido com
   seu irmão Utu;
Os anunnakis lhe deram de presente uma nave celestial, para que
   viajasse pelos céus da Terra.
Após o Dilúvio, na Plataforma de Aterrissagem, Dumuzi e Inanna
   puseram os olhos um no outro;
A dedicação dos montes artificiais foi para eles um ardente encontro.
A princípio estavam indecisos, ele do clã de Enki, ela da linhagem
   de Enlil.
Quando Ninharsag trouxe a paz entre os clãs em disputa,
Inanna e Dumuzi se empenharam para estarem juntos longe dos ou-
   tros, seu amor declararam.
Enquanto passeavam juntos, diziam palavras doces de amor um a
   outro.
Um ao lado do outro, o coração de um conversava com o coração do
   outro;
Dumuzi pôs seu braço ao redor da cintura dela, desejava tomá-la
   como um touro selvagem,
Deixa que te ensine! Deixa que te ensine! Dizia Dumuzi a Inanna.
Suavemente, ela o beijou, e logo lhe falou de sua mãe:
Que mentira poderia contar a minha mãe? O que contará você a Ningal?
Vamos falar com minha mãe de nosso amor, de contente, orvalhará
   perfume de cedro sobre nós!
Os amantes foram ao lugar onde vivia Ningal, a mãe da Inanna,
Ningal lhes deu sua bênção, a mãe de Inanna aprovou Dumuzi.
Senhor Dumuzi, é digno como genro de Nannar! Ela disse a ele.
O mesmo Nannar deu as boas-vindas a Dumuzi como noivo; Utu, o
   irmão da Inanna, Assim seja! Disse.
Possivelmente seu matrimônio traga verdadeiramente a paz entre os
   clãs! Disse Enlil a todos.
Quando Dumuzi falou com seu pai e seus irmãos sobre seu amor e
   de seu compromisso,
Enki também pensou na paz por meio dos matrimônios, deu sua bên-
   ção a Dumuzi.
Os irmãos de Dumuzi, todos, exceto Marduk, se alegraram com a
   notícia.
Gibil construiu uma cama de matrimônio de ouro, Nergal enviou
   pedras lápis-lazúli.
Doces tâmaras, a fruta favorita de Inanna, puseram em um pilar junto à cama,

Sob a fruta esconderam as contas de lápis-lazúli para que Inanna as descobrisse.
Como era de costume, enviou-se uma irmã de Dumuzi para que perfumasse e vestisse a Inanna,
Geshtinanna, A-Que-Há-De-Ser-Curada, era seu nome.
Revelou-lhe Inanna o que havia em seu coração, de seu futuro com Dumuzi, disse:
Tenho a visão de uma grande nação, Dumuzi se elevará como um Grande anunnakis.
Seu nome será exaltado sobre outros, eu serei sua esposa-rainha.
Compartilharemos uma posição principesca, juntos submeteremos aos países rebeldes,
Eu darei posição a Dumuzi, dirigirei o país diretamente!
Geshtinanna contou a seu irmão Marduk das visões de governo e glória de Inanna.
Marduk se inquietou enormemente com as ambições de Inanna; à Geshtinanna contou um plano secreto.
Geshtinanna foi até seu irmão Dumuzi, à morada do pastor.
Encantada à vista e perfumada, disse a seu irmão Dumuzi:
Antes que sua jovem esposa durma entre seus braços,
Deve ter um herdeiro legítimo, nascido de uma irmã!
O filho de Inanna não terá direito à sucessão, não crescerá sobre os joelhos de sua mãe!
Ela pôs a mão dele em sua mão, apertou seu corpo contra o seu.
Meu irmão, contigo eu me deitarei! Noivo, com você teremos um igual de Enki!
Assim sussurrou Geshtinanna a Dumuzi, para que surgisse algo nobre de seu ventre.
Em seu útero, Dumuzi derramou sêmen, e logo dormiu com as carícias dela.
Durante a noite, Dumuzi teve um sonho, visualizou uma premonição de morte:
No sonho, viu sete bandidos malévolos que entravam em sua morada.
O Senhor enviou-nos por ti, filho de Duttur! Diziam-lhe.
Afugentavam suas ovelhas, levavam-se a seus cordeiros e seus cabritos,
Tiravam sua coroa de senhor, arrancavam-lhe de seu corpo a túnica real,

A Décima Primeira Tabuleta

Tiravam e quebravam seu bastão de pastoreio, jogavam no chão sua taça.
Nu e descalço o levavam preso, colocavam-lhe grilhões nas mãos,
Deixavam-no morrer em nome do Falcão e o Pássaro Principesco.
Perturbado e assustado despertou Dumuzi na metade da noite, contou de seu sonho a Geshtinanna.
O sonho não é favorável! Disse Geshtinanna ao conturbado Dumuzi.
Marduk te acusará de me haver violado, enviará emissários malvados para que te prendam.
Ordenará que te julgue e te desonre, para desunir a relação com uma Enlilita!
Dumuzi gritou como um animal ferido: Traição! Traição! Gritou.
A Utu, o irmão de Inanna, ele enviou uma palavra: Ajude-me! Pronunciou o nome de seu pai Enki como um talismã.
Dumuzi escapou pelo deserto de Emush, o Deserto das Serpentes,
Correu para esconder-se dos malfeitores até o lugar das cataratas.
Onde as abundantes águas tornam lisas e escorregadias as rochas,
    Dumuzi escorregou e caiu;
A avalanche de água destroçou entre a branca espuma seu corpo sem vida.

Vem agora o relato da descida de Inanna até Abzu Inferior,
E a Grande Guerra anunnakis, e como Marduk foi aprisionado vivo em Ekur.
Quando Ninagal recuperou o corpo sem vida de Dumuzi das águas do grande lago,
Levou-se o corpo até a morada de Nergal e Ereshkigal sob Abzu.
Sobre uma laje de pedra ficou o cadáver de Dumuzi, um filho de Enki.
Quando se enviou a Enki a palavra do que tinha acontecido, Enki rasgou a roupa, jogou cinzas sobre a cabeça.
Meu filho! Meu filho! Lamentou-se por Dumuzi. Qual pecado hei cometido para ser assim castigado? Perguntou em voz alta.
Quando vim de Nibiru à Terra, Ea, Aquele Cujo Lar São as Águas, era meu nome,
Com água se obtinha a força de propulsão os Carros Celestiais, nas águas mergulhei;
Depois, uma avalanche de água varreu a Terra,
Nas águas se afogou meu neto Asar, pelas águas está morto agora meu amado Dumuzi!

Tudo o que tenho feito, fiz com propósitos justos.
Por que sou castigado? Por que se virou contra mim a Sorte?
Assim chorava e se lamentava Enki.
Quando por meio de Geshtinanna se descobriu a verdade do acontecido,
A agonia de Enki se fez ainda maior: Agora, Marduk, meu primogênito, também sofrerá por sua própria ação!
Inanna se preocupou e chorou pelo desaparecimento e a morte de Dumuzi;
Em seguida, foi rapidamente até Abzu Inferior, para enterrar o corpo de Dumuzi.
Quando Ereshkigal, sua irmã, soube da chegada de Inanna às portas do recinto,
Ereshkigal suspeitou de um desonesto plano por parte de Inanna.
Em cada uma das sete portas, Inanna tirou um dos equipamentos e das armas que levava,
Depois, nua e indefesa diante do trono de Ereshkigal,
Foi acusada de intrigar para ter um herdeiro de Nergal, irmão de Dumuzi!
Tremendo de fúria, Ereshkigal não quis ouvir as explicações de sua irmã.
Solte contra ela as sessenta enfermidades! Ordenou-lhe furiosa a seu vizir, Namtar.
Com o desaparecimento de Inanna em Abzu Inferior seus pais se preocuparam enormemente,
Nannar foi com o assunto a Enlil, que mandou uma mensagem a Enki.
Enki soube o que havia acontecido por Nergal, seu filho, marido de Ereshkigal,
Com argila de Abzu Enki criou dois emissários, seres sem sangue, imunes aos raios da morte,
Enviou-os para Abzu Inferior para trazer de volta Inanna, viva ou morta.
Quando chegaram ante a Ereshkigal, ela ficou confundida com seu aspecto:
São anunnakis? São terrestres? Perguntou-lhes desconcertada.
Namtar dirigiu contra eles as armas mágicas de poder, mas os dois saíram ilesos.
Tomaram o corpo sem vida de Inanna, estava pendurado por uma estaca.

Os emissários de argila dirigiram sobre o cadáver um Pulsador e um Emissor,
Depois orvalharam sobre ela a Água da Vida, puseram em sua boca a Planta da Vida.
Em seguida, Inanna se moveu, abriu os olhos; Inanna se levantou dos mortos.
Quando os dois emissários estavam preparados para levar a Inanna ao Mundo Superior,
Inanna lhes ordenou que levassem também o corpo sem vida de Dumuzi.
Nas sete portas de Abzu Inferior devolveram a Inanna seu equipamento e atributos.
À morada de Dumuzi, na Terra Negra, ordenou aos emissários que levassem o amante de sua juventude,
Para lavá-lo com água pura, para ungi-lo com doce azeite, para envolvê-lo depois em um sudário vermelho, e colocá-lo sobre uma laje de lápis-lazúli;
Então, lavrou para ele um lugar de descanso nas rochas, para esperar ali o Dia do Surgimento.
Quanto a ela mesma, Inanna se dirigiu para a residência de Enki,
Queria a retribuição pela morte de seu amado, exigia a morte de Marduk, o culpado.
Já houve morte suficiente! Disse-lhe Enki.
Marduk foi o instigador, mas não cometeu assassinato!
Quando Inanna soube que Enki não ia castigar a Marduk, foi a seus pais e a seu irmão.
Elevou seus lamentos ao alto céu: Justiça! Vingança! Morte a Marduk! Pediu.
Na morada de Enlil se reuniram seus filhos, Inanna e Utu, reuniram-se um conselho de guerra.
Ninurta, que havia derrotado o rebelde Anzu, argumentou a favor de fortes medidas.
Utu lhes informou de palavras secretas trocadas entre Marduk e os Igigi.
Marduk, uma serpente maligna, devemos libertar da Terra! Enlil concordou com eles.
Quando se enviou a demanda da rendição de Marduk a Enki, seu pai,
Enki convocou em sua morada Marduk e o restante de seus filhos.
Embora ainda chore por meu amado Dumuzi, devo defender os direitos de Marduk!

Embora Marduk tenha instigado o mal, por má Sorte, não por mão de Marduk, morreu Dumuzi;
Marduk é meu primogênito, Ninki é sua mãe, está destinado para a sucessão.
Devemos proteger todos da morte às mãos de Ninurta!
Assim disse Enki.
Somente Gibil e Ninagal atenderam ao pedido de seu pai; Ningishzidda se opôs,
Nergal hesitava: Só ajudarei se ele se encontrar em perigo mortal! Ele disse.
Foi depois disso que uma guerra, de desconhecida ferocidade, explodiu entre os dois clãs.
Foi diferente da luta entre Horon e Satu, descendentes de terrestres:
Uma batalha entre os anunnakis, entre nascidos em Nibiru, se perdera em outro planeta.
A guerra começou por meio de Inanna, que cruzou com sua nave celestial os domínios dos filhos de Enki.
Ela desafiou combater Marduk, perseguiu-lhe até os domínios de Ninagal e de Gibil.
Para ajudá-la, Ninurta disparou os raios fulminantes de seu Pássaro da Tempestade contra as fortalezas do inimigo,
Ishkur atacou dos céus com relâmpagos abrasadores e trovões demolidores.
Em Abzu, varreu os peixes dos rios, dispersou o gado pelos campos.
Marduk se retirou para o norte, ao lugar dos Montes artificiais;
Perseguindo-o, Ninurta fez chover mísseis venenosos sobre as casas.
Com sua Arma que Despedaça roubou os sentidos das pessoas daquelas terras,
Os canais que levavam às águas do rio se tornaram vermelhos de sangue;
As luminosidades de Ishkur convertiam a escuridão das noites em dias flamejantes.
Enquanto as devastadoras batalhas avançavam para o norte, Marduk se estabeleceu em Ekur,
Gibil desenhou um escudo invisível para este, Nergal elevou até o céu seu olho que tudo vê.
Inanna atacou o lugar escondido com uma Arma Brilhante, dirigida por um chifre.
Horon chegou para defender seu avô; o Brilho lhe danificou o olho direito.

Enquanto Utu mantinha a distância além do Tilmun os Igigi e suas hordas de terrestres, os anunnakis, os que apoiavam a um e a outro clã, cercavam batalha aos pés dos montes artificiais.

Que se renda Marduk, que termine o derramamento de sangue! Essas palavras transmitiu Enlil a Enki.

Que irmão fale com irmão! Enviou Ninharsag uma mensagem a Enki.

Em seu esconderijo, dentro de Ekur, Marduk continuava desafiando a seus perseguidores,

Da Casa que é Como uma Montanha fez sua última posição.

Inanna não podia superar a imensa estrutura de pedra, seus flancos lisos desviavam suas armas.

Depois, Ninurta se inteirou de que havia uma entrada secreta, encontrou uma pedra giratória no lado norte!

Ninurta atravessou um escuro corredor, chegou a grande galeria, sua abóbada reluzia como um arco-íris com as multicoloridas emissões dos cristais.

Dentro, alertado pela intrusão, Marduk esperava Ninurta com as armas a postos;

Respondendo com armas, destroçando os maravilhosos cristais, Ninurta continuou avançando pela galeria.

Marduk se retirou até a câmara superior, até o lugar da Grande Pedra que Pulsa.

Em sua entrada, Marduk baixou as trancas de pedra deslizantes, que impediam qualquer entrada.

Inanna e Ishkur seguiram a Ninurta ao interior do Ekur; pensaram no que podiam fazer em seguida.

Que a impermeável câmara oculta seja o caixão de pedra de Marduk! Disse Ishkur.

Ishkur prestou atenção aos três blocos de pedra, dispostos para deslizar-se para baixo.

Que morra lentamente, sendo enterrado vivo, seja esta a sentença de Marduk! Inanna deu seu consentimento.

No final da galeria soltaram os três os blocos de pedra,

Cada um deles fez cair uma pedra para selar, para enterrar Marduk como em uma tumba.

Vem agora o relato de como Marduk foi salvo e partiu para o exílio,

E de como se desmantelou Ekur e se reorganizou o senhorio sobre as terras.

Longe do sol e da luz, sem comida nem água, Marduk foi enterrado vivo dentro de Ekur;
Sarpanit, sua esposa, lamentou por sua prisão e castigo sem julgamento.
Apressou-se a Enki, seu sogro, chegou a ele com seu jovem filho Nabu.
Marduk deve ser devolvido para estar entre os vivos! Disse Sarpanit a Enki.
Ele enviou Utu e Nannar, que podiam interceder ante a Inanna.
Rogo que deem a vida ao senhor Marduk! Ela pediu.
Deixem que continue vivendo humildemente, deixará a um lado o governo!
Inanna não se aplacou. Pela morte de meu amado, o Instigador deve morrer! Replicou Inanna.
Ninharsag, a pacificadora, convocou os irmãos Enki e Enlil,
Marduk deve ser castigado, mas não merece a morte! Disse-lhes.
Viva Marduk no exílio, que entregue a Ninurta a sucessão na Terra!
Enlil se agradou com suas palavras e sorriu: Ninurta era seu filho, de Ninurta ela era a mãe!
Se entre sucessão e vida tenho que escolher, o que posso eu, um pai, dizer?
Assim respondeu Enki, com o coração doído. Em minhas terras se estendeu a desolação
A guerra deve terminar, por Dumuzi ainda estou de luto; que Marduk viva no exílio!
Se a paz deve voltar e Marduk viver, temos de chegar a compromissos! Disse Enlil a Enki.
Todas as instalações que ligam o céu e Terra se devem confiar só a minhas mãos,
O senhorio sobre a Terra dos Dois Estreitos deve dar-lhe a outro de seus filhos.
Os Igigi que seguem Marduk devem renunciar ao Lugar de Aterrissagem e abandoná-lo,
Para uma Terra Sem Retorno, não habitada por nenhum descendente do Ziusudra, deve exilar-se Marduk!
Assim declarou Enlil, energicamente, pretendendo ser o principal entre os irmãos.
Enki reconheceu em seu coração a mão da Sorte: Assim seja! Disse inclinando a cabeça.

Só Ningishzidda conhece as vísceras de Ekur; que ele seja o senhor de suas terras!
Depois que se anunciassem as decisões dos Grandes anunnakis, se chamou-se Ningishzidda para o resgate.
Como tirar Marduk das vísceras seladas pelos blocos era seu desafio;
Liberar o vivo que está enterrado, deram-lhe uma tarefa inconcebível.
Ningishzidda contemplou os planos secretos de Ekur, planejou como contornar os bloqueios:
Marduk será resgatado através de uma abertura superior cinzelada! Ele disse aos líderes.
No lugar que eu lhes mostrar, esculpirão uma entrada nas pedras,
De lá, uma sinuosa passagem os levará para cima, criando um conduto de resgate.
Atravessando vãos ocultos prosseguirão até o centro de Ekur,
No vórtice dos vãos, através das pedras abrirão caminho.
Abrirão uma entrada até o interior, evitando assim os bloqueios;
Continuarão por cima da grande galeria, levantarão os três blocos de pedra,
Chegarão à câmara superior, à prisão mortal de Marduk!
Os anunnakis, guiados por Ningishzidda, seguiram o plano esboçado,
Com ferramentas que racham as pedras fizeram a abertura, criaram a haste de resgate,
Chegaram ao interior do monte artificial, abriram uma saída.
Contornando os três blocos de pedra, chegaram à câmara superior,
Sobre uma pequena plataforma levantaram as portículas; resgataram Marduk desacordado.
Cuidadosamente baixaram o senhor pela sinuosa haste, levaram-lhe até o ar fresco;
Lá fora, Sarpanit e Nabu esperavam ao marido e pai; foi uma alegre reunião.
Quanto a Marduk, seu pai Enki transmitiu os termos da liberação,
Marduk se enfureceu: Preferia morrer a renunciar a meu direito de nascimento! Gritou.
Sarpanit confiou seus braços a Nabu. Nós somos parte de seu futuro! Disse ela brandamente.
Marduk se enfureceu, Marduk se humilhou. Rendo-me ante a Sorte! Disse inaudível.
Com Sarpanit e com Nabu partiu para uma Terra Sem Retorno,

Com mulher e filho, foi a uma terra onde se caçam bestas com chifres.
Depois da partida de Marduk, Ninurta voltou a entrar em Ekur por meio da haste,
Através de um corredor horizontal foi até o centro de Ekur.
Em sua parede leste, em um nicho artisticamente lavrado, a Pedra do Destino emitia uma radiação vermelha.
Seu poder me apanha para me matar, com uma atração mortal me subjuga! Gritou Ninurta dentro da câmara.
Levem isso! Destruam por completo! Gritou Ninurta aos seus tenentes.
Retrocedendo seus passos, Ninurta foi através da grande galeria até a câmara mais elevada,
Em um arca cavada pulsava o coração de Ekur, a força de sua rede se potencializava com cinco compartimentos.
Ninurta golpeou a arca de pedra com sua vara; aquela respondeu com uma ressonância.
Ninurta ordenou que se tirasse a Pedra Gug, que determina as direções; levou-se até um lugar de sua escolha.
Descendo pela grande galeria, Ninurta examinou os vinte e sete pares de cristais de Nibiru.
Muitos deles tinham sido danificados em seu combate com Marduk; alguns tinham sobrevivido intactos à luta.
Ninurta ordenou que se tirassem os que estavam inteiros de seus nichos, os outros pulverizou com seu raio.
Fora da Casa que é Como uma Montanha, Ninurta se elevou ao céu com seu Pássaro Negro,
Prestou atenção à Pedra Ápice; representava a personificação de seu inimigo.
Com suas armas a soltou, até o chão ela caiu, feita em pedaços.
Com isso, termina para sempre o temor a Marduk! Declarou Ninurta vitorioso.
No campo de batalha, os anunnakis reunidos anunciaram seus louvores a Ninurta:
Com Anu você se parece! Gritaram a seu herói e líder.
Para substituir o farol incapacitado se escolheu um monte próximo ao Lugar dos Carros Celestiais,
Em suas vísceras se colocou os cristais resgatados.
Em seu topo se instalou a Pedra Gug, a Pedra de Direção;

Ao monte chamou Monte Mashu, Monte do Barco Celestial Supremo.
Então, Enlil convocou seus três filhos; Ninlil e Ninharsag também assistiram.
Reuniram-se para confirmar os comandos sobre as terras antigas, para atribuir senhorios sobre as novas terras.
A Ninurta, que tinha vencido Anzu e Marduk, se concederam os poderes de Enlil,
Para substituir a seu pai em todas as terras.
A Ishkur concedeu o senhorio do Lugar de Aterrissagem, nas Montanhas dos Cedros,
Unindo assim o Lugar de Aterrissagem a seus domínios do norte.
As terras ao sul e a leste dali, onde se haviam espalhado os Igigi e seus descendentes, deram a Nannar como dote imperecível,
Para que as custodiassem e conservassem seus descendentes e seguidores.
A península onde estava o Lugar dos Carros se incluiu nas terras de Nannar,
A Utu lhe confirmou como comandante do Lugar e do Umbigo da Terra.
Na Terra dos Dois Estreitos, como se lembrou, Enki atribuiu o senhorio a Ningishzidda.
Nenhum dos outros filhos de Enki pôs objeções a isso; mas Inanna se opôs!
Inanna reivindicou a herança de Dumuzi, seu noivo falecido, a Enki e a Enlil exigiu um domínio para ela sozinha.
Os líderes pensaram em como satisfazer as demandas de Inanna,
Pediram conselho sobre as terras e os povos aos Grandes anunnakis que decretam as Sortes,
Trocaram palavras com Anu em relação à Terra e a seus assentamentos.
Haviam passado quase dois Shars dos tempos do Dilúvio, a Grande Calamidade, os terrestres tinham proliferado,
Das terras montanhosas voltavam para as terras baixas.
Eram descendentes da humanidade Civilizada através de Ziusudra, estavam misturados com a semente dos anunnakis.
Os descendentes dos Igigi que se mesclaram com humanas também estavam por lá,
Nas terras distantes sobreviviam os parentes de Ka-in.

Poucos e nobres eram os anunnakis que tinham chegado de Nibiru, poucos eram seus descendentes perfeitos.
Os Grandes anunnakis consideraram como estabelecer assentamentos para eles mesmos e para os terrestres,
Como manter sua nobreza sobre a humanidade, como fazer com que os muitos obedecessem e servissem aos poucos.
Os líderes trocaram palavras com Anu a respeito de tudo isto, sobre o futuro.
Anu decidiu ir à Terra uma vez mais; com Antu, sua esposa, desejava vir.

Sinopse da Décima Segunda Tabuleta

O chão seca, as planícies e os vales dos rios se repovoam
Ouro em abundância chega das Terras além dos Mares
Anu e sua esposa Antu chegam para uma visita memorável
Rememorando, os líderes se dão conta de que
são marionetes do Destino
Os líderes atribuem três regiões de civilização para a humanidade
Perdoado por Anu ao partir, Marduk mantém sua rebeldia
A Primeira Região e as instalações espaciais são terras Enlilitas
A primeira civilização do Homem começa na
Primeira Região (Sumer).
Marduk usurpa um lugar para construir uma
torre de lançamento ilícita.
Frustrado pelos Enlilitas, Marduk toma a Segunda Região.
Depõe e exila Ningishzidda (Thoth) a terras longínquas declara a si mesmo Rá, deus supremo, em uma nova religião.
Dá início aos reinados faraônicos para marcar uma nova civilização.
Enlil designa seu filho Ishkur para que proteja as fontes de metal
A Inanna concedem os domínios da Terceira Região (o Vale do Indo).

Os deuses concedem a realeza, começam as guerras

A Décima Segunda Tabuleta

Anu decidiu ir à Terra uma vez mais; com Antu, sua esposa, desejava vir.

Enquanto esperavam sua chegada, os anunnakis começaram a restabelecer suas moradas no Edin.

Das terras montanhosas, onde moravam os descendentes de Shem, as pessoas de cabeça negra emigraram às terras antigas.

Sobre o terreno recém-seco, os anunnakis lhes deixaram assentar-se, para que provessem mantimentos para todos.

Onde antes do Dilúvio se levantou Eridu, a primeira cidade de Enki, sobre montes de lodo e lama desenhou-se uma nova Eridu.

Em seu centro, sobre uma plataforma elevada, construiu-se uma morada para Enki e Ninki, chamou-a Casa do Senhor Cujo Retorno é Triunfante;

Foi adornada com ouro, prata e metais preciosos fornecidos pelos filhos de Enki.

Em um círculo que apontava para o céu, marcaram-se as doze constelações por seus sinais.

Abaixo, igual a Abzu, fluíam as águas cheias de peixes.

Em um santuário, um lugar onde não podiam entrar os que não eram convidados, Enki guardava as fórmulas ME.

Para Enlil e Ninlil se fundou uma nova Nibru-ki sobre o lodo e a lama; em metade das moradas do povo, dos redis e os estábulos, murou-se um recinto sagrado.

Em seu interior se construiu uma morada para Enlil e Ninlil, em sete níveis se elevava; uma escada, que parecia subir ao céu, levava até a plataforma mais elevada.

Ali guardava Enlil suas Tabuletas dos Destinos, com suas armas eram protegidas:

O Olho Elevado que explora as terras, o Raio Elevado que tudo penetra.

No pátio, em seu próprio recinto, guardava-se o veloz Pássaro celeste de Enlil.

Enquanto se aproximava a chegada de Anu e Antu, selecionou-se um novo lugar para sua estadia no Edin, que não fosse nem de Enlil nem de Enki.

Unug-ki, o Lugar Encantador, foi chamado. Plantaram-se árvores de sombra,
E no seu centro foi construída uma estrutura de um branco puro, a Casa de Anu.
Seu exterior se elevava em sete níveis; seu interior era como a residência de um rei.
Quando chegou à Terra o carro celestial de Anu, as naves celestes dos anunnakis se elevaram para ele;
Foi guiado para que aterrissasse a salvo no Lugar dos Carros, em Tilmun.
Utu, o comandante do Lugar, deu as boas-vindas à Terra a seus bisavôs.
Os três filhos de Anu, Enlil, Enki e Ninharsag estavam ali para lhes receber.
Abraçaram-se e se beijaram, riram e choraram. Quanto tempo, quanto tempo durou a separação!
Diziam-se uns aos outros. Olhavam-se uns aos outros, examinando as idades:
Embora mais Shars tivessem os pais vivido, pareciam mais jovens que os filhos!
Aos dois filhos os via velhos e barbados; Ninharsag, em outro tempo bela, estava encurvada e enrugada.
Os cinco estavam molhados em lágrimas; mesclavam-se as lágrimas de alegria com as lágrimas de pesar.
Em naves celestiais foram levados ao Edin os convidados e seus anfitriões, as naves celestes aterrissaram em um lugar preparado junto ao Unug-ki.
Todos os anunnakis que tinham ficado na Terra estavam de pé como guarda de honra.
Salve e bem-vindos! Salve e bem-vindos! Gritavam em uníssono para Anu e Antu.
Depois, os anunnakis acompanharam os convidados em procissão, cantando e tocando música, até a Casa de Anu.
Na Casa de Anu, Anu se lavou e descansou, mais tarde se perfumou e se vestiu.
Antu foi escoltada pelas mulheres anunnakis até a Casa do Leito Dourado;
Em um pátio aberto, enquanto a brisa da tarde fazia ranger as folhas das árvores,

Anu e Antu se sentaram sobre tronos. Flanqueando-lhes estavam Enlil, Enki e Ninharsag.

Os assistentes, terrestres completamente nus, serviram vinho e bom azeite; outros, em um rincão do pátio, estavam assando no fogo um touro e um carneiro, presentes de Enlil e Enki.

Preparou-se um grande banquete para Anu e Antu, esperava-se o sinal nos céus para começar.

Seguindo as instruções de Enlil, Zumul, que era instruído em matéria de estrelas e planetas,

Ascendeu os degraus da Casa de Anu para anunciar a aparição dos planetas na noite.

No primeiro nível apareceu Kishar nos céus orientais, Lahamu se viu no segundo nível,

Mummu se anunciou no terceiro nível, Anshar surgiu no quarto nível,

Lahmu se viu no quinto nível, a Lua anunciou-se no sexto nível.

Depois, a um sinal do Zumul, começou-se a cantar o hino O Planeta de Anu se Eleva nos Céus,

Pois, do nível mais alto, o sétimo, divisou-se o avermelhado Nibiru.

Os anunnakis batiam palmas e dançavam com a música, dançavam e cantavam com a música;

Cantavam a aquele que aumenta em brilho, ao planeta celestial do senhor Anu.

A um sinal se acendeu uma fogueira, vista de lugar em lugar se acenderam mais fogueiras:

Antes que terminasse a noite, toda a terra do Edin estava acesa com fogueiras!

Depois da comida de carne de touro e carne de carneiro, de pescado e de caça, acompanhada de vinho e cerveja,

Anu e Antu a suas dependências foram acompanhados, para que passassem a noite; Anu e Antu agradeceram a todos os anunnakis.

Durante vários dias e noites da Terra, Anu e Antu dormiram; ao sexto dia, Anu chamou seus dois filhos e sua filha.

Escutou seus relatos do acontecido na Terra, soube da paz e da guerra.

Anu soube de como os terrestres, que deviam ter sido aniquilados pelo juramento de Enlil, haviam proliferado de novo.

Enlil lhe revelou o descobrimento de ouro na terra além dos oceanos e o lugar do carro que havia ali.

Foi então quando Enki contou a seu pai sobre o sonho e a tabuleta de Galzu.

Anu ficou enormemente desconcertado com isto: um emissário secreto com esse nome nunca enviei à Terra! Assim disse Anu aos três líderes.

Enki e Enlil estavam desconcertados, olharam-se perplexos um ao outro.

Por causa de Galzu se salvaram Ziusudra e a semente de vida! Disse Enki.

Por causa de Galzu ficamos na Terra! Disse Enlil a seu pai.

O dia que voltarem para Nibiru morrerão, disse-nos Galzu.

Incrédulo disto estava Anu; a mudança de ciclos, certamente, causava estragos, mas que se podiam curar com elixires!

De quem era o emissário Galzu, se não era teu? Disseram em uníssono Enki e Enlil.

Quem tinha querido salvar os terrestres, quem fez com que ficássemos na Terra?

Ninharsag moveu a cabeça lentamente: Galzu apareceu pelo Criador de Tudo!

A criação dos terrestres também estava destinada, disso devo me maravilhar!

Durante um momento guardaram silêncio os quatro; cada um rememorou em seu coração acontecimentos do passado.

Enquanto nós decretávamos Sortes, a mão do destino dirigia cada passo! Assim disse Anu.

A vontade do Criador de Tudo é evidente: Na Terra e para os terrestres, apenas somos emissários.

A Terra pertence aos terrestres, utilizou-nos para preservá-los e para lhes fazer avançar!

Se essa for nossa missão aqui, atuemos de acordo com isso! Assim disse Enki.

Os grandes anunnakis que decretam as Sortes intercambiaram conselhos no referente às terras:

Os Grandes anunnakis decidiram criar regiões civilizadas, para nelas conceder conhecimentos à humanidade;

Fundar Cidades do Homem, criar nelas recintos sagrados como morada para os anunnakis;

Estabelecer a realeza na Terra, como em Nibiru, dar coroa e cetro a um homem escolhido;

Transmitir por meio dele a palavra dos anunnakis ao povo, fazer cumprir o trabalho e a destreza;

Estabelecer nos recintos sagrados um sacerdócio, para servir e dar culto aos anunnakis como senhores nobres.

Ensinar os conhecimentos secretos, transmitir a civilização à humanidade.

Os anunnakis resolveram criar quatro regiões, três para a humanidade, uma proibida:

Estabelecer a primeira região na antiga terra do Edin, sob o domínio de Enlil e seus filhos;

Prosseguir com a segunda região na Terra dos Dois Estreitos, para que Enki e seus filhos a governassem;

A terceira região concedeu a Inanna em uma terra distante, para que não se mesclasse com as outras duas;

A quarta região, consagrada só para os anunnakis, seria a península do Lugar dos Carros.

———◆———

Vem agora o relato da viagem de Anu às terras de além dos oceanos,

E de como na Primeira Região se restabeleceram cidades para os anunnakis.

Tendo tomado as decisões a respeito das quatro regiões e das civilizações da humanidade, Anu perguntou por seu neto Marduk.

Devo vê-lo de novo! Disse Anu aos líderes.

Se eu mesmo causei a cólera de Marduk ao convidar Dumuzi e Ningishzidda a Nibiru!

Perguntava-se Anu; desejava reconsiderar o castigo de Marduk.

Quando fizer sua viagem às terras de além dos oceanos, dirá a Marduk que se encontre contigo!

A terra por onde vaga está naquelas partes da Terra! Assim disse Enlil a Anu.

Antes de o casal real ir às terras distantes, Anu e Antu inspecionaram Edin e suas terras;

Visitaram Eridu e Nibru-ki, viram onde se planejaram as cidades da primeira região.

Em Eridu, Enlil se queixou de Enki: este guarda para si as fórmulas ME!

Anu, sentado no assento de honra, disse palavras de louvor a Enki:

Meu filho construiu uma magnífica casa para si, belamente sobre uma plataforma está elevada.

Enki dará grandes conhecimentos às pessoas que rodeiam e servem à Casa;
Agora, os conhecimentos que se guardam em segredo nos ME devem ser compartilhados com outros anunnakis!
Enki se sentiu irritado; prometeu a Anu compartilhar com todos as fórmulas divinas.
Nos dias posteriores, Anu e Antu inspecionaram as outras regiões em naves celestiais.
Depois, no décimo sétimo dia, o casal real voltou para Unug-ki para descansar mais uma noite.
Na manhã seguinte, quando os anunnakis mais jovens vieram diante de Anu e Antu para serem abençoados,
Anu se afeiçoou à sua bisneta Inanna; aproximou-a, abraçou-a e beijou-a.
Ouçam minhas palavras! Anunciou aos congregados:
Este lugar, depois que formos embora, será dado a Inanna como dote,
Seja meu presente para Inanna a nave celestial na qual inspecionamos a Terra!
Com alegria, Inanna se pôs a dançar e a cantar; seus louvores a Anu chegariam a serem cantados como hinos com o passar do tempo.
Depois, despedindo-se dos anunnakis, Anu e Antu partiram para as terras além dos oceanos.
Enlil e Enki, Ninurta e Ishkur, foram com eles à terra dourada.
Para impressionar Anu, o rei, com as grandes riquezas de ouro, Ninurta construiu para Anu e Antu uma morada;
Seus blocos de pedra, esculpidos à perfeição, eram revestidos por dentro de ouro puro.
Um recinto dourado, com flores de coralina esculpida, esperava o casal real!
À beira de um grande lago da montanha se erigiu a morada.
Mostrou aos visitantes como se recolhiam as pepitas de ouro.
Aqui há ouro suficiente para muitos Shars vindouros! Disse Anu satisfeito.
Em um lugar próximo, Ninurta mostrou a Anu e a Antu um monte artificial,
Ninurta explicava como foi feito um lugar para fundir e refinar metais.
Mostrou-lhes como se extraía um novo metal das pedras: Anak, Feito pelos anunnakis, chamou-o,

Mostrou-lhes como, ao combiná-lo com o abundante cobre, havia inventado um metal forte.
No grande lago, de cujas costas vinham os metais, Anu e Antu navegaram.
O Lago de Anak o chamou Anu, a partir de então foi seu nome.
Depois, das terras do norte, terras onde se caçavam grandes bestas com chifres,
Veio Marduk ante seu pai Enki e seu avô Anu; Nabu, seu filho, estava com ele.
Quando Enki perguntou por Sarpanit, Marduk lhes falou com pesar de sua morte.
Agora, só Nabu permanece comigo! Disse Marduk a seu pai e a seu avô.
Anu aproximou Marduk contra seu peito: Suficiente foste castigado! Disse-lhe:
Pondo a mão direita sobre a cabeça de Marduk, Anu benzeu a Marduk para ser perdoado.
Do lugar dourado, acima nas montanhas, todos os que lá se reuniam desceram até a planície abaixo.
Ali, estendendo-se até o horizonte, Ninurta havia preparado um novo lugar para os carros.
O carro celestial de Anu e Antu estava ali preparado, carregado até os batentes de ouro.
Quando chegou a hora de partir, Anu disse a seus filhos palavras de despedida e de orientação:
Seja o que for que o Destino pretende da Terra e dos terrestres, deixem que assim seja!
Se o Homem, e não os anunnakis, está destinado a herdar a Terra, ajudemos o destino.
Deem o conhecimento à humanidade, ensinem-lhes até certa medida os segredos do céu e da terra, ensinem-lhes leis de justiça e retidão.
Essas instruções deu, fraternalmente, Anu a seus filhos.
Uma vez mais se aproximaram, abraçaram-se e beijaram-se, e do novo lugar dos carros Anu e Antu partiram para Nibiru.
O primeiro a romper o pesaroso silêncio foi Marduk; suas palavras levavam ira:
O que é este novo Lugar dos Carros Celestiais? Exigiu uma explicação de outros.
O que ocorreu sem meu conhecimento após meu exílio?

Quando Enki falou com Marduk das decisões das quatro regiões,
A fúria de Marduk não conheceu limites: por que deve ter Inanna, causadora da morte de Dumuzi, sua própria região?
As decisões foram tomadas, não se podem alterar! Assim disse Enlil a Marduk.
Voltaram para o Edin e às terras adjacentes em naves celestes separadas.
Pressentindo problemas, Enlil deu instruções a Ishkur para que ficasse atrás, para vigiar o ouro.
Para comemorar a visita de Anu, introduziu-se uma nova conta do passo do tempo:
Por anos da Terra, não pelos Shars de Nibiru, se contaria o que acontecesse na Terra.
Na Era de Touro, dedicada a Enlil, começou a conta de anos da Terra.
Quando os líderes retornaram ao Edin, o lugar da primeira região civilizada,
Os anunnakis ensinaram aos terrestres como fazer tijolos com o barro, para com eles construir cidades.
Mas onde uma vez só se levantaram as cidades dos anunnakis, levantavam-se agora cidades tanto para eles como para os terrestres,
Nas novas cidades se consagraram recintos sagrados para os grandes anunnakis,
Nelas, proporcionou aos anunnakis nobres moradas, as quais a humanidade chamou Templos;
Neles, servia-se e se dava culto aos anunnakis como Senhores Nobres,
Por classes-números eram honrados, a linha sucessória à humanidade fizeram saber:
Anu, o celestial, tinha o número sessenta; Enlil recebeu o número cinquenta,
A Ninurta, seu filho principal, Enlil concedeu o mesmo número.
O seguinte na sucessão era o senhor Enki, com o número quarenta;
A Nannar, o filho do Enlil e Ninlil, se atribuiu o número trinta.
A seu filho e sucessor, Utu, o número vinte foi atribuído;
Ao restante dos filhos dos líderes anunnakis se concedeu a classe-número dez.
As classes de número cinco se compartilharam entre as mulheres anunnakis e as esposas.
Depois que se terminaram Eridu e Nibru-ki e suas morada-templos,

Construiu-se em Lagash o recinto de Girsu para Ninurta, seu Pássaro Negro Celeste lá era mantido.
Eninnu, A Casa do número Cinquenta, foi o templo-morada de Ninurta e Bau, sua esposa, chamado;
O Caçador Supremo e o Golpeador Supremo, armas que recebeu de presente de Anu protegiam Eninnu.
Onde tinha estado Sippar antes do Dilúvio, em solo lodoso, Utu fundou uma nova Sippar.
Em Ebabbar, a Casa Brilhante, levantou-se uma morada para Utu e sua esposa Aia.
Dali, Utu promulgou leis de justiça para a humanidade.
Onde por causa do lodo-lama não se pôde seguir os planos antigos, escolheram-se novos locais.
Adab, um local não distante de Shurubak, tornou-se no novo centro de Ninharsag.
Ali, sua morada-templo recebeu o nome da Casa do Socorro e do Conhecimento Curador;
Em seu santuário guardou Ninharsag os ME de como se criou os terrestres.
A Nannar proporcionou uma cidade com ruas retas, canais e cais; Urim era seu nome,
A morada-templo lhe chamou Casa da Semente do Trono, refletia os raios da Lua sobre suas terras.
Ishkur voltou para as terras montanhosas do norte, sua morada se chamou a Casa das Sete Tormentas.
Inanna residia em Unug-ki, vivia na morada que Anu lhe tinha dado.
Marduk e Nabu viviam em Eridu, no Edin não tinham suas próprias moradas.

Vem agora o relato da primeira Cidade dos Homens e da realeza na Terra,
E de como Marduk tramou construir uma torre e de onde Inanna roubou os ME.
Na Primeira Região, nas terras do Edin e nas cidades com recintos,
Seus senhores anunnakis ensinaram trabalhos e ofícios aos terrestres.
Não muito depois se irrigaram os campos, logo as embarcações navegaram por canais e rios;
Os redis e celeiros estavam transbordantes, a prosperidade enchia a terra.

Ki-Engi, Terra dos Nobres Vigilantes, chamou-se à Primeira Região.
Depois, decidiu-se deixar que as pessoas de cabelos negros tivessem uma cidade própria.
Kishi, Cidade Cetro, chamou-se, em Kishi começou a realeza do Homem.
Ali, em terreno consagrado, Anu e Enlil implantaram o Objeto Brilhante Celestial.
Nele, Ninurta designou o primeiro rei, Homem Poderoso foi seu título real.
Para fazê-lo centro da Humanidade Civilizada, Ninurta viajou a Eridu para obter de Enki as tabuletas ME que conservavam as fórmulas divinas para a realeza.
Com o traje adequado, Ninurta entrou no Eridu com respeito, perguntou pelos ME da realeza:
Enki, o senhor que salvaguarda todos os ME, concedeu a Ninurta cinquenta ME.
Em Kishi, ensinou às pessoas de cabelos negros a calcular com números,
A celestial Nisaba lhes ensinou a escrever, a celestial Ninkashi lhes mostrou como fazer cerveja.
Em Kishi, dirigidos por Ninurta, proliferou o trabalho do forno e a ferraria,
Carretas com rodas, puxadas por asnos machos, criaram-se habilmente em Kishi.
Em Kishi se promulgaram leis de justiça e de reta conduta.
Foi em Kishi onde o povo compôs hinos de louvor a Ninurta:
De suas heroicas façanhas e vitórias cantavam, de seu assustador Pássaro Negro cantavam,
De como tinha submetido os bisões em terras longínquas, como tinha encontrado o metal branco para misturar ao cobre.
Foi um tempo glorioso para Ninurta, com a Constelação do Arqueiro foi honrado.
Enquanto isso, Inanna em Unug-ki esperava seu senhorio na Terceira Região,
Enquanto isso, exigia dos líderes seus domínios.
A Terceira Região virá depois da segunda! Asseguravam-lhe os líderes.
Depois de ver como Ninurta tinha ido a Eridu, como tinha obtido o ME da realeza,

Inanna urdiu um plano em seu coração, tramou a obtenção do ME de Enki.
Enviou a sua aia Ninshubur a Eridu, para anunciar uma visita de Inanna.
Depois de ouvir isto, Enki deu rapidamente instruções a Isimud, seu mordomo:
A donzela, completamente só, dirige seus passos até minha cidade de Eridu,
Quando chegar, completamente sozinha, a fará entrar em minhas câmaras interiores.
Ponha água fria para que refresque seu coração, dê-lhe bolos de cevada com manteiga,
Prepara vinho doce, enche vasilhas de cerveja até a borda!
Quando Inanna entrou sozinha na morada de Enki, Isimud seguiu as ordens de Enki;
Depois, quando Enki recebeu Inanna, viu-se afligido pela beleza dela:
Inanna ia cheia de joias, através de seu fino vestido se revelava seu corpo.
Quando se inclinava, Enki admirava completamente sua vulva.
Beberam vinho doce das taças de vinho, competiram em beber cerveja.
Mostre-me os ME! Disse Inanna a Enki, brincando. Deixa que segure um ME em minha mão!
Sete vezes no transcurso da competição Enki deixou Inanna sustentar os ME,
As fórmulas divinas do senhorio e a realeza, do sacerdócio e o tabelionato,
Enki deixou Inanna segurar os ME do amor e da guerra;
Da música e do canto, do trabalho da madeira e dos metais e as pedras preciosas, os noventa e quatro ME necessários para os reinos civilizados deu Enki a Inanna.
Segurando com força seus prêmios, Inanna fugiu do adormecido Enki;
Apressou-se em chegar a seu Navio do Céu, deu instruções de levantar voo e afastar-se a seu piloto.
Quando Isimud despertou Enki de seu sono. Prendam Inanna! Disse a Isimud.
Quando Enki ouviu de Isimud que Inanna já tinha partido em seu Navio do Céu,

Deu instruções a Isimud para que perseguisse Inanna na nave celeste de Enki. Todos os ME você deve recuperar!, disse-lhe.
Isimud interceptou o Navio do Céu de Inanna nas cercanias de Unug-ki, para a fez voltar para Eridu e para enfrentara ira de Enki.
Mas quando Inanna foi levada de volta a Eridu, os ME não estavam com ela:
Ela os tinha dado à sua aia, Ninshubur; à Casa de Anu em Unug-ki os havia levado Ninshubur.
Em nome de meu poder, em nome de meu pai Anu, ordeno que me devolvas os ME!
Assim falou Enki, enfurecido, a Inanna; em sua morada a deixou cativa.
Quando ouviu isso, Enlil foi a Eridu para enfrentar seu irmão.
Em justiça obtive os ME, o mesmo Enki os pôs em minhas mãos!
Assim o disse Inanna a Enlil; verdade que Enki admitiu.
Quando chegar a seu fim o tempo do Kishi, a realeza passará a Unug-ki declarou Enlil.
Quando Marduk ouviu tudo isto, enfureceu-se enormemente, sua ira não teve limites.
Suficiente foi minha humilhação! Gritou Marduk a seu pai Enki.
Imediatamente, exigiu de Enlil uma cidade sagrada para si mesmo no Edin.
Mas Enlil não atendeu ao pedido de Marduk, e Marduk tomou em suas próprias mãos a Sorte.
Considerou um lugar que tinha sido selecionado para a chegada de Anu, antes que se decidissem por Unug-ki,
Chamou Nabu, os Igigi e seus descendentes de suas terras dispersas,
Para fundar uma cidade sagrada para Marduk, um lugar para naves celestes!
Quando seus seguidores se reuniram no local, não encontraram pedras com que construir,
Marduk lhes mostrou como fazer tijolos e cozê-los ao fogo, para que servissem como pedras;
Com tudo isso, começaram a construir uma torre cujo topo pudesse alcançar os céus.
Enlil se apressou em ir ao local para frustrar o plano, tentou aplacar Marduk com palavras suaves;
Mas não conseguiu deter Marduk e Nabu em sua empresa.
Enlil reuniu seus filhos e netos em Nibru-ki; consideraram todos o que podiam fazer.

Marduk está construindo um Pórtico ao Céu não permitido, ele o
 está confiando aos Terrestres!
Assim disse Enlil a seus filhos e netos.
Se permitirmos que isso ocorra, nada de quanto se proponha a hu-
 manidade deixará de alcançá-lo!
Temos de deter este malvado plano! Disse Ninurta; todos concorda-
 ram.
Era de noite quando, de Nibru-ki, chegaram os anunnakis Enlilitas,
De suas naves celestes deixaram cair sobre a torre em construção
 fogo e enxofre;
À torre e a todo o acampamento deram fim por completo.
Então, Enlil decidiu dispersar o líder e seus seguidores,
A partir de agora confundir seus conselhos, sua unidade destruir,
 Enlil decretou:
Até agora os terrestres tinham uma única linguagem, com um único
 idioma eles falavam.
A partir de agora sua linguagem irei confundir, que eles não possam
 entender uns aos outros!
Tudo isso aconteceu no ano trezentos e dez, desde que começou a
 contagem dos anos da Terra:
Em cada região e em cada terra ele fez as pessoas falarem em lín-
 guas diferentes,
Uma forma diferente de escrita foi dada a cada uma, para que não se
 pudessem compreender uns a outros.
Vinte e três reis reinaram em Kishi, durante quatrocentos e oito anos
 foi a Cidade do Cetro;
Também foi em Kishi que um amado rei, Etana, foi levado a uma
 viagem celestial.
Que no tempo atribuído se transfira a realeza a Unug-ki! Assim de-
 cretou Enlil.
Para seu solo se transferiu o Objeto Brilhante Celestial de Kishi.
Quando se anunciou ao povo a decisão, cantaram a Inanna um hino
 de exaltação.
Dama dos ME, Reina, brilhante e resplandecente,
Justa, trajada em resplendor, amada do céu e a Terra;
Pelo amor de Anu consagrada, portadora de grandes adorações,
Sete vezes obteve os ME, em sua mão os sustenta.
Destinados para a tiara da realeza, adequados para o supremo sacer-
 dócio,
Dama dos grandes ME, deles é a guardiã!

No ano quatrocentos e nove desde que começou a conta dos anos da Terra,
Transferiu-se a Unug-ki a realeza da Primeira Região;
Seu primeiro rei foi o supremo sacerdote da morada do templo de Eanna, filho de Utu era!
Quanto a Marduk, foi à Terra dos Dois Estreitos,
Esperava ser o senhor da Segunda Região, uma vez que se estabelecesse.

Vem agora o relato de como se estabeleceram a Segunda e a Terceira Região,
E de como Ningishzidda foi exilado e Unug-ki ameaçou a Aratta.
Quando Marduk, depois de uma longa ausência, voltou para a Terra dos Dois Estreitos,
Encontrou ali Ningishzidda como seu senhor, seu Nobre Senhor era Ningishzidda.
Ningishzidda fiscalizava as terras com a ajuda dos descendentes dos anunnakis que se haviam casado com terrestres,
O que uma vez Marduk tinha planejado e instruído, Ningishzidda tinha revogado.
O que aconteceu? Exigiu saber Marduk.
Marduk acusou a Ningishzidda da destruição do oculto, de fazer partir Horon para um lugar sem água,
Um lugar sem limites onde não desfrutava de prazeres sexuais!
Os dois irmãos causaram alvoroço, embarcaram em uma amarga disputa.
Preste atenção, aqui estou em minha posição apropriada! Disse Marduk a Ningishzidda.
Você foi meu usurpador; de agora em diante, só será um ajudante meu.
Mas se sente inclinado para a rebelião, para outra terra deverá partir!
Durante trezentos e cinquenta anos da Terra, estiveram brigando os irmãos na Terra dos Estreitos.
Durante trezentos e cinquenta anos, esteve a terra no caos, houve diferenças entre os irmãos.
Então, Enki, o pai de ambos, disse a Ningishzidda: Pelo bem da paz, parte para outras terras!
Ningishzidda optou por ir a uma terra de além dos oceanos, com um grupo de seguidores se foi ali.
Seiscentos e cinquenta anos da Terra era nesse momento a conta,

Mas nos novos domínios, onde Ningishzidda era chamada a Serpente Alada, começou uma nova conta própria.
Na Terra dos Dois Estreitos se estabeleceu a Segunda Região sob o senhorio do Marduk;
Nos anais da Primeira Região lhe chamou Magan, Terra do Rio das Cascatas.
Mas, para a gente da Segunda Região, quando as línguas se confundiram, chamou-se a partir de então Hem-Ta, a Terra Marrom Escura.
Na nova língua os anunnakis foram chamados Neteru, os Vigilantes Guardiães.
Marduk foi adorado como Rá, o Brilhante; a Enki se venerou como Ptah, o Construtor.
A Ningishzidda se chamou Tehuti, o Medidor Divino;
Para apagar sua memória, Rá substituiu sua imagem no Leão de Pedra pela de seu filho Assar.
Rá fez que o povo contasse por dez, não por sessenta; também dividiu o ano em doze partes,
Substituiu a observação da Lua pela observação do Sol.
Enquanto sob o senhorio do Tehuti se restabeleceram as antigas Cidades do Norte e Cidade do Sul,
Marduk/Rá uniu em uma só Cidade da Coroa as duas terras, a do Norte e a do Sul.
Um rei, um descendente de Neteru e de uma terrestre, designou ali; Mena foi seu nome.
Onde as duas terras se encontram e o grande rio se divide, Rá fundou uma Cidade do Cetro.
Deu-lhe esplendor para ultrapassar a Kishi, na Primeira Região, e a chamou de Mena-Nefer, a Beleza da Mena.
Para honrar seus anciães, Rá construiu uma cidade sagrada, para honrar o rei de Nibiru a chamou Annu;
Ali, sobre uma plataforma, erigiu uma morada-templo para seu pai Enki-Ptah,
Seu ápice, dentro de uma alta torre, subia para o céu como um foguete afiado.
Em seu santuário, Rá depositou a parte superior de sua Barca Celestial, e a chamou Ben-Ben;
Era aquela na qual tinha viajado do Planeta dos Inumeráveis Anos.
No dia de Ano-Novo, o rei realizava as cerimônias como Sumo Sacerdote,

Unicamente nesse dia, entrava sozinho na profunda Sala da Estrela, ante Ben-Ben punha as oferendas.
Para beneficiar a Segunda Região, Ptah deu a Rá todo tipo de ME.
O que sei eu que você não saiba? Perguntou-lhe o pai a seu filho.
Deu a Rá todo tipo de conhecimento, menos o de reviver aos mortos.
Como um Grande dos Doze Celestiais, Ptah atribuiu a Rá a constelação do signo do Carneiro.
Ptah regulou o fluxo da água do Hapi, o grande rio do país, para Rá e seu povo,
Não demorou para chegar a abundância aos férteis solos, homens e gado se multiplicaram.
Os líderes se animaram com o êxito da Segunda Região; procederam a estabelecer a Terceira Região.
Decretaram fazê-la domínio de Inanna, tal como se havia prometido.
Como convém à senhora de uma região, foi-lhe atribuída uma constelação celestial:
Antes, com seu irmão Utu, compartilhava a Estação dos Gêmeos,
A partir de então, como presente do Ninharsag, a Constelação da Donzela se atribuiu a Inanna;
No ano oitocentos e sessenta, segundo a conta dos anos da Terra, honrou-se assim a Inanna.
Longe, nas terras orientais, além das sete cadeias montanhosas, estava a Terceira Região.
Zamush, Terra das Sessenta Pedras Preciosas, foi chamado seu reino das terras altas.
Aratta, o Reino Arborizado, estava localizado no vale de um grande rio sinuoso;
Na grande planície, as pessoas cultivavam cereais e pastoreavam o gado.
Também se construíram duas cidades com tijolos de barro, encheram-nas de celeiros.
Como exigia o decreto de Enlil, o Senhor Enki, Senhor da Sabedoria,
Designou-se uma nova língua para a Terceira Região, um novo tipo de signos de escrita se elaborou para ela,
Em sua sabedoria, Enki criou para Aratta uma língua de homem até então desconhecida;
Mas Enki não deu os ME dos reinos civilizados à Terceira Região:
Que Inanna compartilhe com a nova região o que obteve para Unugki! Declarou Enki.

Em Aratta, Inanna designou um pastor-chefe; parecido com seu amado Dumuzi ele era.

Inanna viajava em sua nave celeste de Unug-ki a Aratta, voava sobre montanhas e vales.

Tinha em muita estima as pedras preciosas do Zamush, levava com ela lápis-lazúli puro até Unug-ki. Naquele tempo, o rei no Unug-ki era Enmerkar, era o segundo em reinar ali;

Foi ele o que expandiu as fronteiras de Unug-ki, por suas glórias exaltou a Inanna.

Era ele que cobiçava a riqueza da Aratta, tramou conseguir a supremacia sobre Aratta.

Enmerkar despachou para Aratta um emissário para exigir as riquezas de Aratta como tributo.

Sobre as sete cadeias montanhosas, cruzando terras ressecadas e, depois, empapado pelas chuvas,

O emissário foi até Aratta, repetiu palavra por palavra ao rei de Aratta as exigentes palavras de Enmerkar.

O rei de Aratta era incapaz de entender sua língua; soava-lhe igual a um zurrar de burro.

O rei de Aratta deu ao emissário um cetro de madeira no qual tinha inscrito uma mensagem.

A mensagem do rei pedia que Unug-ki compartilhasse com a Aratta os ME,

Como presente real para Unug-ki se carregaram muitos burros com cereais, foram com o emissário até Unug-ki.

Quando Enmerkar recebeu o cetro inscrito, ninguém compreendeu sua mensagem em Unug-ki.

Levou-o da luz à sombra, levou-o da sombra à luz;

Que classe de madeira é esta? Perguntou. Depois, ordenou que a plantassem no jardim.

Passaram cinco anos, passaram dez anos, do cetro cresceu um arbusto, era um arbusto de sombra.

O que devo fazer? Perguntou o frustrado Enmerkar a seu avô Utu.

Utu intercedeu com a celestial Nisaba, senhora dos escribas e da escrita.

Nisaba ensinou Enmerkar a inscrever sua mensagem em uma tabuleta de argila, era na língua da Aratta.

A mensagem se entregou por mão de seu filho Banda: Submissão ou guerra! Dizia.

Inanna não abandonou Aratta, Aratta não se submeterá a Unug-ki! Disse o rei de Aratta.
Se Unug-ki deseja a guerra, que se encontrem um guerreiro e um guerreiro!
Melhor ainda, trocaremos tesouros pacificamente; que Unug-ki dê seu ME em troca das riquezas da Aratta!
No caminho de volta, levando a mensagem de paz, Banda caiu doente; seu espírito lhe deixou.
Seus camaradas lhe levantaram o pescoço, estava sem fôlego de vida;
No Monte Hurum, no caminho da Aratta, Banda foi abandonado à sua morte,
Unug-ki não recebeu as riquezas de Aratta, Aratta não obteve os ME de Unug-ki.
Na Terceira Região, a Humanidade Civilizada não floresceu de todo.

Sinopse da Décima Terceira Tabuleta

Surgem cidades reais com recintos sagrados para os deuses.
Os semideuses servem como reis e sacerdotes em palácios e templos.
Marduk promete a seus reais seguidores uma vida eterna.
Em Sumer, Inanna estimula a crença na Ressurreição.
Augúrios celestiais e oráculos preditórios ganham partidários.
Marduk proclama a chegada da Era do Carneiro como seu signo.
Ningishzidda constrói observatórios de pedra para mostrar o contrário.
Insurreições, guerras e invasões desestabilizam as terras Enlilitas.
O emissário misterioso aparece a Enlil, prediz-lhe uma calamidade.
Dá instruções a Enlil para que selecione a
um Homem Digno que lidere a sobrevivência.
Enlil escolhe a Ibruum, filho de uma família real de sacerdotes.
Os exércitos levantados por Nabu intentam
conseguir o controle do espaço-porto.
Desautorizando Enki, os deuses recorrem às Armas de Terror.
Ninurta e Nergal arrasam o espaçoporto e as cidades pecadoras.
À deriva, a nuvem nuclear leva a morte a tudo em Sumer.

O Deus dos Montes e o Homem

A Décima Terceira Tabuleta

Na Terceira Região, a Humanidade Civilizada não floresceu de todo;
O que se confiou a Inanna, esta negligenciou; em seu coração, cobiçava outros domínios, não os que lhe tinham concedido.
Quando, na conta de mil anos, retirou a realeza de Unug-ki,
Quem teria previsto a calamidade que ia acontecer ao final do próximo milênio, quem poderia prever o desastre?
Quem podia prever que, em menos de um terço do Shar, ia cair uma calamidade desconhecida?
Inanna daria início ao amargo fim; Marduk, como Rá, juntar-se-ia com o Destino.
Ninurta e Nergal liberariam com suas próprias mãos o fim inominável!
Por que Inanna não ficou satisfeita com os domínios que lhe tinham concedido? Por que continuou a não perdoar Marduk?
Viajando entre Unug-ki e Aratta, Inanna não se sentia gratificada, estava inquieta;
Ainda chorava a seu amado Dumuzi, seu desejo de amor seguia sem se apagar.
Quando voava, via a imagem trêmula de Dumuzi chamando-a nos raios do Sol,
À noite, aparecia-lhe em visões-sonhos; Voltarei! Dizia-lhe.
Prometia-lhe as glórias de seus domínios na Terra dos Dois Estreitos.
No recinto sagrado de Unug-ki, Inanna estabeleceu uma Casa para o Prazer Noturno.
A ela atraía com enganos e doces palavras aos jovens heróis de Gigunu na noite de suas bodas:
Prometia-lhes longa vida e um ditoso futuro; ela imaginava que seu amante era Dumuzi.
Na manhã seguinte, todos eram encontrados mortos no seu leito.
Foi então quando o herói Banda, que acreditava morto, regressou a Unug-ki vivo!
Banda tinha retornado dos mortos por graça de Utu, de cuja semente era.
Milagre! Milagre! Gritou Inanna excitada. Meu amado Dumuzi volta para mim!

Na morada de Inanna se banhou Banda, com uma faixa na cintura vestiu um manto com franjas.
Dumuzi, amado meu! Chamou-lhe. Atraiu-o até seu leito, enfeitada com flores.
Na manhã seguinte, quando viu que Banda estava vivo, Inanna gritou alegre:
Foi posto em minhas mãos o poder de não morrer, por meio de mim se concedeu a imortalidade!
Depois, Inanna decidiu chamar-se a si mesmo deusa, implicava o Poder da Imortalidade.
Nannar e Ningal, os pais de Inanna, não estavam satisfeitos com sua proclamação;
Enlil e Ninurta ficaram desconcertados com as palavras de Inanna; Utu, seu irmão, ficou pensativo.
Não é possível reviver aos mortos! Disseram entre si Enki e Ninharsag.
Nas terras de Ki-Engi, o povo elogiava a boa fortuna que tinham:
Os deuses estão entre nós, eles podem abolir a morte! Assim se diziam uns aos outros entre o povo.
Banda sucedeu a seu pai Enmerkar no trono de Unug-ki; Lugal, Homem Grande, foi seu título.
A deusa Ninsun, da semente de Enlil, tomou como esposa,
O herói Gilgamesh, seu filho, sucedeu a Lugal-Banda no trono de Unug-ki.
À medida que passavam os anos e Gilgamesh amadurecia, falava a sua mãe Ninsun da vida e da morte,
Perguntava-se sobre a morte de seus antepassados, apesar de serem descendentes dos anunnakis. Os deuses morrem? Perguntou a sua mãe.
Também eu, ainda sendo duas terças partes divino, subirei o muro como um mortal? Perguntava a ela.
Enquanto viver na Terra, a morte de um Terrestre terá! Dizia Ninsun a seu filho.
Mas se for levado a Nibiru, obterá ali uma longa vida!
Ninsun pediu a Utu, o comandante, que levasse Gilgamesh a Nibiru,
Incessantemente o pediu Ninsun a Utu, um dia atrás de outro o rogou:
Que vá Gilgamesh ao Lugar de Aterrissagem! Aceitou por fim Utu.
Para lhe guiar e lhe proteger, Ninharsag elaborou um duplo para Gilgamesh.

Enkidu, Como por Enki Criado, lhe chamou, não era nascido de ventre, não tinha sangue em suas veias.
Gilgamesh viajou com seu camarada Enkidu até o Lugar de Aterrissagem, Utu supervisionou seu progresso com oráculos;
Na entrada do bosque de cedros, um monstro que cuspia fogo lhes bloqueou o caminho.
Com truques conseguiram confundir o monstro, cortaram-no em pedaços.
Quando encontraram a entrada secreta aos túneis dos anunnakis,
Desafiou-lhes o Touro do Céu, criatura de Enlil de bufos mortais.
O monstro lhes perseguiu até as portas de Unug-ki; Enkidu o derrotou ante as muralhas da cidade.
Quando Enlil ouviu isto, chorou em sua angústia; seus lamentos se ouviram nos céus do Anu;
Pois em seu coração sabia Enlil: Realmente mau era o augúrio!
Enkidu foi castigado a perecer nas águas por ter dado morte ao Touro do Céu.
Gilgamesh, por ter sido instruído por Ninsun e Utu, foi absolvido do crime.
Procurando ainda a longa vida de Nibiru, Utu permitiu a Gilgamesh que entrasse no Lugar dos Carros.
Depois de muitas aventuras alcançou a Terra de Tilmun, a Quarta Região;
Entrou em seus túneis subterrâneos, em um jardim de pedras preciosas se encontrou com Ziusudra!
Ziusudra relatou a Gilgamesh os acontecimentos do Dilúvio, revelou-lhe o segredo da longa vida.
Entre as plantas do jardim crescia uma planta que impedia que envelhecessem Ziusudra e sua esposa!
Era única entre todas as plantas da Terra; por ela um homem pode recuperar seu pleno vigor.
O Homem em sua Velhice é Jovem de Novo! Esse é o nome da planta, disse Ziusudra a Gilgamesh.
Um presente de Enki, com a bênção de Enlil, foi-nos concedido no Monte da Salvação!
Quando Ziusudra e sua esposa estavam dormindo, Gilgamesh atou pedras aos pés.
Mergulhou no manancial, a planta de Ser Jovem de novo agarrou e arrancou.

Com a planta em sua bolsa, atravessou precipitadamente os túneis, encaminhou-se para Unug-ki.

Quando estava cansado, dormiu; e uma serpente se viu atraída pela fragrância da planta.

A planta a serpente roubou do adormecido Gilgamesh; com a planta desapareceu.

Na manhã seguinte, ao descobrir sua perda, Gilgamesh se sentou e pôs-se a chorar.

Voltou para Unug-ki com as mãos vazias, ali morreu como um mortal.

Depois de Gilgamesh reinaram sete reis em Urug-ki, mas logo sua realeza chegou ao fim.

Foi exatamente quando se completou a conta de mil anos da Terra!

A realeza da Primeira Região se transferiu a Urim, a cidade de Nannar e Ningal.

Marduk prestava muita atenção a todos os assuntos do que acontecia nas outras Regiões.

Rá estava inquieto com os sonhos e as visões de Inanna que aludiam aos domínios de Dumuzi.

Estava decidido a rebater os planos de expansão de Inanna;

Encontrou muito em que ponderar sobre as questões de ressurreição e imortalidade.

A idade da divindade era-lhe extremamente atraente, anunciou a si mesmo como um grande deus!

Rá se enfureceu pelo que havia sido permitido a Gilgamesh, em boa medida um terrestre,

Mas considerou um caminho mais hábil com o qual conservar a lealdade dos reis e do povo:

Se aos semideuses se mostra o caminho para a imortalidade, que isso se aplique aos reis de minha região!

Assim Marduk, conhecido como Rá na Segunda Região, disse a si mesmo:

Que os reis de minha Região sejam descendentes de Neteru, viajem a Nibiru na Outra Vida!

Isto decretou Rá em seu reino. Ensinou aos reis como construir tumbas voltadas para leste,

Um longo livro ditou aos escribas-sacerdotes, nele se descrevia em detalhes a viagem para a Outra Vida.

No livro se contava como chegar ao Duat, o Lugar dos Navios Celestiais,

Como dali, por meio de uma Escada para o Céu, viajar até o Planeta Imperecível,
Da Planta da Vida comer, beber até não mais poder das Águas da Juventude.
Rá falou com os sacerdotes sobre a chegada dos deuses à Terra.
O ouro é o esplendor da vida! Disse-lhes. É a carne dos deuses!, disse Rá aos reis.
Deu instruções aos reis para fazer expedições a Abzu e aos Domínios Inferiores para obter ouro.
Quando os reis de Rá conquistaram pela força das armas terras que não eram suas,
Invadiu os reino de seus irmãos, fez nascer e crescer neles a ira:
O que está tramando Marduk, perguntavam-se os irmãos entre si, que vem nos pisotear?
Apelaram a seu pai Enki; a Ptah, seu pai, Rá não escutou.
Rá ordenou aos reis de Magan e Meluhha que capturassem todas as terras adjacentes,
O plano de seu coração era ser o senhor das Quatro Regiões.
A Terra é minha, para que a governe! Assim, inflexível, disse a seu pai.

Vem agora o relato de como Marduk declarou sua própria supremacia e construiu Babili,
E de como Inanna, comandando reis guerreiros, fez correr sangue e permitiu sacrilégios.
Depois que se transferiu a realeza de Unug-ki para Urim, Nannar e Ningal sorriram para o povo.
Como apropriado ao seu posto Trinta, a Nannar se adorava como deus da Lua;
Decretou doze festividades por ano, como número de meses da Lua em um ano,
A cada um dos doze grandes anunnakis lhe dedicou um mês e sua festividade.
Por toda a Primeira Região, para os deuses anunnakis, maiores e menores,
Foram construídos santuários e lugares de culto, o povo podia orar diretamente a seus deuses.
Na Primeira Região, a civilização de Ki-Engi se espalhou pelas terras vicinais,

Nas Cidades do Homem se chamaram os governantes locais Pastores Justos;
Artesãos e granjeiros, pastores e tecedores, trocavam seus produtos amplamente,
Decretaram-se leis de justiça, honraram-se contratos de comércio, de matrimônio e de divórcio.
Nas escolas, os jovens estudavam, os escribas tomavam nota de hinos, provérbios e sabedoria.
Havia abundância e felicidade nas terras; também havia disputas e usurpações.
Enquanto isso, Inanna vagava com sua nave celeste de terra em terra; próximo do Mar Superior divertia-se com Utu.
Foi aos domínios de seu tio Ishkur, Dudu, Amado, chamava-lhe.
Inanna se afeiçoou às pessoas que viviam na planície superior dos dois rios;
Era-lhe agradável o som de sua língua, aprendeu a falar sua linguagem.
Eles a chamavam pelo nome do planeta Lahamu em sua língua, Ishtar,
À sua cidade, Unug-ki, chamaram Uruk; Dudu, como Adad, pronunciavam em sua linguagem.
Sin, Senhor dos Oráculos, chamaram seu pai, Nannar; à cidade Urim chamaram Ur.
Shamash, Sol Brilhante, chamaram o Utu em sua língua, também adoravam.
A Enlil, chamavam Pai Enlil, Nibru-ki era Nippur para eles; Ki-Engi, Terra dos Vigilantes Nobres, foi chamada Sumer em sua língua.
Em Shumer, a Primeira Região, a realeza ocorria alternadamente entre as cidades;
Na Segunda Região, Rá não permitia a diversidade, ele desejava reinar sozinho.
O mais velho do Céu, primogênito que está na Terra! Assim é conhecido entre os sacerdotes.
O principal desde os primeiros tempos! Assim decretou ser chamado nos hinos;
Senhor da eternidade, aquele que criou a eternidade, que preside sobre todos os deuses.
Aquele sem igual, o grande solitário e único!
Assim se colocou Marduk, como Rá, acima de todos os outros deuses,

Seus poderes e atributos ele atribuía a si próprio:
Sou como Enlil por senhorio e decretos, como Ninurta na enxada e no combate;
Como Adad pelo raio e o trovão, como Nannar por iluminar a noite;
Como Utu sou Shamash, como Nergal reino sobre o Mundo Inferior;
Como Gibil, conheço as profundidades douradas; de onde o cobre e prata vêm eu descobri;
Como Ningishzidda mando sobre os números e sua conta, os céus falam de minha glória!
Os líderes anunnakis se alarmaram enormemente com estas proclamações,
Os irmãos de Marduk falaram com seu pai Enki, Nergal transmitiu a Ninurta suas preocupações.
O que o dominou? Disse Enki a seu filho Marduk. Inauditas são suas pretensões!
Os céus, os céus falam de minha supremacia! Respondeu Marduk a seu pai Enki.
O Touro do Céu, signo da constelação de Enlil, foi morto por seu próprio descendente,
Nos céus, a era de Carneiro, minha era, está chegando; os augúrios são inequívocos!
Em sua morada, em Eridu, Enki examinou o círculo das doze constelações,
No primeiro dia da primavera, o começo do ano, observou-se atentamente o amanhecer;
Aquele dia se elevou o sol nas estrelas da constelação de Touro.
Em Nibru-ki e em Urim, Enlil e Nannar fizeram as observações,
No Mundo Inferior, onde havia estado a Estação dos Instrumentos, Nergal testemunhou os resultados:
O tempo de Carneiro ainda é remoto, continua sendo a Era de Touro de Enlil!
Em seus domínios, Marduk não se abrandava em suas afirmações. Por Nabu era auxiliado,
Enviou seus emissários aos domínios que ainda não eram seus, para anunciar às pessoas que seu tempo tinha chegado.
Os líderes anunnakis apelaram a Ningishzidda, para ao povo ensinar como observar os céus.
Em sua sabedoria, Ningishzidda desenhou estruturas de pedra, Ninurta e Ish-kur ajudaram a erigi-las.

Nas terras povoadas, perto e longe, ensinaram às pessoas como observar os céus,
Mostraram às pessoas que o sol continuava nascendo na Constelação de Touro.
Enki observava com pesar esses acontecimentos, ponderava como a Sorte estava distorcendo a ordem legítima:
Depois de se declararem a si mesmos deuses, os anunnakis ficaram dependentes do apoio da humanidade!
Na Primeira Região, os anunnakis decidiram unificar as terras com um único líder, desejavam um rei guerreiro.
Confiaram a Inanna, a adversária de Marduk, a tarefa de encontrar um homem adequado.
Inanna indicou a Enlil um homem forte ao qual tinha conhecido e amado em suas viagens,
Arbakad, comandante de quatro guarnições, era seu pai, sua mãe era uma suma sacerdotisa.
Enlil lhe deu cetro e coroa, Sharru-kin, Regente Justo, nomeou-o Enlil.
Como uma vez se fez no Nibiru, fundou-se uma nova cidade central para unificar as terras,
Agade, a Cidade Unificada, chamaram-na, não longe de Kishi estava localizada.
Enlil deu poderes a Sharru-kin; Inanna acompanhava a seus guerreiros com armas brilhantes.
Todas as terras, desde o Mar Inferior até o Mar Superior, deviam obediência a seu trono,
Suas tropas foram estacionadas nos limites da Quarta Região, para protegê-la.
Com olho precavido observava Rá, constantemente, a Inanna e a Sharru-kin; então, como um falcão, arremeteu-se sobre sua presa:
Do lugar onde Marduk havia tentado construir a torre que alcançasse o céu,
Sharru-kin considerou chão sagrado dali a Agadee, para implantar nele o Objeto Brilhante Celestial.
Enfurecido, Marduk avançou sobre a Primeira Região; com Nabu e seus seguidores chegaram ao lugar da torre.
Do chão sagrado sou o único possuidor, por mim se estabelecerá um pórtico dos deuses!
Assim, veementemente, anunciou Marduk, deu instruções a seus seguidores para que desviassem o rio.

Levantaram diques e muralhas no Lugar da Torre, construíram o Esagil, Casa do Deus Supremo.
Babili, o Pórtico dos Deuses, chamou-a Nabu em honra a seu pai,
Marduk se estabeleceu no coração do Edin, em meio da Primeira Região!
A fúria de Inanna não teve limites; com suas armas infligiu morte aos seguidores de Marduk.
O sangue do povo, como nunca antes na Terra, corria como rios.
Para seu irmão Marduk, Nergal veio a Babili, para lhe persuadir de abandonar Babili pelo bem do povo.
Esperemos pacificamente os verdadeiros sinais do céu! Disse Nergal a seu irmão.
Marduk aceitou partir, viajou de terra em terra para observar os céus,
Amun, o Invisível, foi chamado Rá a partir de então na Segunda Região.
Durante um tempo se aplacou Inanna, dois filhos de Sharru-kin foram seus pacíficos sucessores.
Depois, subiu ao trono do Agade o neto de Sharru-kin; Naram-Sin, Amado por Sin, foi chamado.
Na Primeira Região, Enlil e Ninurta estavam ausentes, tinham ido às terras além dos oceanos;
Na Segunda Região, Rá não estava, viajava como Marduk por outras terras.
Inanna viu a oportunidade para tomar todos os poderes, ordenou a Naram-Sin que se apoderasse de todas as terras.
Deu instruções a Naram-Sin para que partisse contra Magan e Meluhha, domínios de Marduk.
Naram-Sin cometeu o sacrilégio de cruzar a Quarta Região com um exército de terrestres,
Invadiu Magan, tentou entrar no selado Ekur, a Casa que é Como uma Montanha.
Enlil se enfureceu com seus sacrilégios e suas transgressões; lançou uma maldição contra Naram-Sin e Agade:
Naram-Sin morreu pela picada de um escorpião, por comando de Enlil foi aniquilada Agade.
Isso aconteceu na conta de mil e quinhentos anos da Terra.

Vem agora o relato da profecia de Galzu a Enlil, dada em uma visão;
Tratava da supremacia de Marduk, de como escolher a um homem para sobreviver a uma calamidade.

Depois que Marduk se tornou Amun, desintegrou-se a realeza na Segunda Região, reinaram a desordem e a confusão;

Depois que Agade foi aniquilada, na Primeira Região reinaram a desordem e a confusão.

Na Primeira Região, a realeza estava sumida no desconcerto, as Cidades dos Deuses se tornavam Cidades do Homem,

Unug-ki, Lagash, Urim e Kish, Isin e lugares mais longínquos, a realeza foi mudando.

Depois, Enlil, após se consultar com Anu, depositou a realeza em mãos de Nannar;

Pela terceira vez se concedeu a realeza a Urim, em cujo solo continuava depositado o divino Objeto Brilhante Celestial.

Em Urim, Nannar designou como rei um Pastor Justo de homens, seu nome era Ur-Nammu.

Ur-Nammu estabeleceu a igualdade nas terras, pôs fim à violência e aos conflitos, em todas as terras era abundante a prosperidade.

Foi naquele tempo que, durante a noite, Enlil teve uma visão:

Apareceu-lhe a imagem de um homem, era brilhante e resplandecente como os céus;

Aproximou-se e ficou de pé junto ao leito de Enlil, então reconheceu Enlil a Galzu, o de cabelos brancos!

Sustentava na mão esquerda uma tabuleta de lápis-lazúli, nela estavam desenhados os céus estrelados;

Os céus estavam divididos nos doze signos das constelações, Galzu os assinalava com a mão esquerda.

Galzu deixou de indicar o Touro para assinalar o Carneiro; três vezes repetiu o movimento.

Depois, na visão-sonho, Galzu falou e disse a Enlil:

O tempo justo da benevolência e da paz será seguido pela maldade e o derramamento de sangue.

O Carneiro de Marduk substituirá o Touro de Enlil em três porções celestiais,

Aquele que a si mesmo declarou Deus Supremo se apoderará da supremacia na Terra.

Por decreto da Sorte, acontecerá uma calamidade como nunca ocorreu!

Como nos tempos do Dilúvio, terá de escolher um homem justo e digno,

Por ele e por sua semente se preservará a Humanidade Civilizada, como pretende o Criador de Tudo!

Assim disse Galzu, o emissário divino, a Enlil na visão-sonho.
Quando Enlil despertou da visão-sonho noturna, não havia nenhuma tabuleta junto a seu leito.
Era um oráculo do céu, ou o imaginei tudo em meu coração? Perguntava-se Enlil.
Não contou a visão-sonho a nenhum de seus filhos, Nannar entre eles, nem a Ninlil.
Entre os sacerdotes, no templo de Nibru-ki, Enlil inquiriu sobre sábios celestiais,
Tirhu, um sacerdote oracular, indicou-lhe o sumo sacerdote.
Era descendente de Ibru, neto de Arbakad, pertencia à sexta geração de sacerdotes de Nibru-ki,
Estavam casados com as filhas reais dos reis do Urim.
Vá ao templo de Nannar no Urim, observa o tempo celestial nos céus:
Setenta e dois anos da Terra é a soma de uma Porção Celestial, toma cuidadosa nota do passo de três delas!
Assim disse Enlil a Tirhu, o sacerdote, fez-lhe contar o tempo profetizado.
Enquanto Enlil refletia sobre a visão-sonho e seus portentos, Marduk viajava de terra em terra.
Às pessoas ia falando de sua supremacia, ganhar seguidores era seu objetivo.
Nas terras do Mar Superior e nas terras da fronteira de Ki-Engi,
Nabu, o filho de Marduk, ia incitando o povo; seu plano era apoderar-se da Quarta Região.
Houve batalhas entre os habitantes do oeste e os habitantes do leste,
Os reis formaram hostes de guerreiros, as caravanas deixaram de viajar, levantaram-se as muralhas nas cidades.
Está ocorrendo o que Galzu predisse! Disse Enlil a si mesmo.
Enlil pôs seu olhar sobre Tirhu e seus filhos, descendentes de digna linhagem:
Esse é o homem a escolher, o que indicara Galzu! Disse Enlil a si mesmo.
A Nannar, sem lhe revelar a visão-sonho, disse-lhe Enlil:
Na terra entre os rios, de onde veio Arbakad, estabeleça uma cidade como Urim,
Será para ti e para Ningal uma morada longe de Urim.
Em seu meio, ergue um santuário-templo, e ponha a seu cargo o Príncipe-Sacerdote Tirhu!

Obedecendo às palavras de seu pai, Nannar fundou a cidade de
    Harran na terra de Arbakad.
Para sumo sacerdote em seu santuário-templo enviou Tirhu, sua fa-
    mília com ele;
Quando se completaram duas porções celestiais das três profetiza-
    das, Tirhu foi a Harran.
Naquele tempo, Ur-Nammu, a Alegria de Urim, caiu de seu carro e
    morreu nas terras ocidentais.
Seu filho Shulgi lhe sucedeu no trono de Urim; Shulgi estava cheio
    de baixeza e de ânsia de batalhas.
Em Nibru-ki, ele mesmo se ungiu supremo sacerdote, em Unug-ki
    procurou os gozos da vulva de Inanna;
Alistou em seu exército guerreiros das terras montanhosas, que não
    serviam a Nannar,
Com sua ajuda, invadiu as terras ocidentais e ignorou a santidade do
    Centro de Controle de Missões.
Na sagrada Quarta Região pôs seu pé, Rei das Quatro Regiões de-
    clarou a si mesmo.
Enlil se enfureceu pelas profanações, Enki e Enlil falaram sobre as
    invasões.
Os soberanos de sua região ultrapassaram todos os limites! Disse
    com rispidez Enki a Enlil.
Marduk é a fonte de todos os problemas! Replicou Enlil.
Guardando para si ainda a visão-sonho, Enlil voltou sua atenção so-
    bre Tirhu.
Enlil voltou o olhar sobre o Ibru-Um, o filho mais velho de Tirhu.
Ibruum era de ascendência principesca e valente, e estava familiari-
    zado com os segredos sacerdotais.
Enlil mandou Ibruum proteger os lugares sagrados e permitir as as-
    censões e descidas dos carros.
Logo que Ibruum partiu de Harran chegou Marduk a essa cidade;
Ele também tinha observado as profanações, considerava-as como
    as dores do parto de uma Nova Ordem.
De Harran, nas fronteiras de Shumer, planejou seu golpe final,
De Harran, situada no limite dos domínios de Ishkur, dirigiu o levan-
    tamento dos exércitos.
Depois de passar vinte e quatro anos terrestres de estadia em Harran,
Marduk, com lágrimas nos olhos, chamou o restante dos deuses, fos-
    sem quais fossem seus ascendentes.

Confessando suas transgressões, mas insistindo em seu senhorio, lhes disse assim:
Ó deuses de Harran, ó grandes deuses que julgam, conheçam meus segredos!
Como enrolo meu cinto, assim, recordo minhas memórias:
Eu sou o divino Marduk, um grande deus, em meus domínios sou conhecido como Rá.
Por meus pecados fui exilado, às montanhas fui, por muitas terras perambulei,
Desde onde o sol se eleva até onde o sol se põe fui, até a terra de Ishkur cheguei.
No meio de Harran vivi durante vinte e quatro anos, em seu templo procurei um augúrio.
Até quando? Pedi um augúrio no templo a respeito de meu senhorio.
Seus dias de exílio terminaram! Disse-me o oráculo no templo.
Ó grandes deuses que determinam as Sortes, deixem que me encaminhe a minha cidade,
Que estabeleça em meu templo Esagil uma morada imperecível, que se instale um rei em Babili;
Que se reúnam em minha casa todos os deuses anunnakis, aceitem minha aliança!
Assim anunciou Marduk sua chegada aos outros deuses, confessando e apelando.
Os deuses anunnakis se inquietaram e se alarmaram pelo apelo, pela sua submissão feita por Marduk.
Enlil convocou todos a uma grande assembleia para tomar conselho.
Todos os líderes anunnakis se reuniram em Nibru-ki; também foram Enki e os irmãos de Marduk.
Todos estavam inquietos pelos acontecimentos, todos se opunham a Marduk e a Nabu.
No conselho dos grandes deuses, as acusações se desenfrearam, as recriminações enchiam a câmara.
Ninguém pode impedir o que se aproxima; aceitemos a supremacia de Marduk! Somente Enki aconselhou.
Se se aproximar o tempo do Carneiro, proibamos a Marduk o Elo Céu-Terra! Propôs Enlil irado.
Todos, salvo Enki, concordaram em arrasar o Lugar dos Carros Celestiais;
Nergal sugeriu para isso utilizar as Armas de Terror; só Enki se opôs:

Da decisão, a Terra enviou palavras a Anu; Anu repetiu as palavras à Terra.
O que estava destinado a ser fracassará por sua decisão destruidora! Assim falou Enki enquanto partia.
Para realizar a maldade escolheu-se Ninurta e Nergal.
Vem agora o relato de como a Sorte levou ao Destino,
Como passo a passo, alguns dados em tempos já esquecidos, ocorreu a Grande Calamidade!
Fique agora registrado e recordado para sempre:
Quando se tomou a decisão de usar as Armas de Terror, Enlil guardava dois segredos para si:
A ninguém, antes que se tomasse a terrível decisão, revelou Enlil o segredo da visão-sonho de Galzu;
A ninguém, até que se tomou a fatídica decisão, havia revelado Enlil seu conhecimento do lugar onde se ocultava o terror!
Quando, a despeito de todos os protestos, o conselho permitiu o uso das Armas do Terror,
Quando Enki, zangado e muito perturbado, abandonou a câmara do conselho,
Em seu coração ele sorria:
Somente ele sabia onde estavam ocultas as armas! Assim acreditava Enki.
Pois foi ele, antes que Enlil chegasse à Terra, que ocultou as armas, junto com Abgal, em um lugar desconhecido.
Enki não sabia que Abgal contara o lugar a Enlil durante seu exílio!
Quando Enki se inteirou deste segundo segredo, em seu coração abrigou um desejo esperançoso:
Que, depois de tanto tempo, o terror das armas tivesse se evaporado!
Não imaginava Enki que a longa estadia iria provocar uma calamidade como nunca antes se havia conhecido na Terra.
E assim foi que, sem necessidade de Enki, Enlil revelou aos dois heróis o lugar da ocultação:
As sete Armas de Terror estão em uma montanha! Disse-lhes Enlil.
Estão no interior de uma cavidade da terra, é necessário revesti-las com o terror!
Depois, Enlil lhes revelou o segredo de como despertar as armas de seu profundo sono.
Antes que os dois filhos, um de Enlil, um de Enki, partissem para o lugar oculto,

Enlil lhes disse palavras de advertência: antes que se usem as armas, o lugar dos carros deve estar vazio de anunnakis;
As cidades devem ser perdoadas, as pessoas não devem perecer!
Em sua nave celestial, Nergal se dirigiu ao lugar oculto, Ninurta se atrasou por causa de seu pai.
Enlil desejava dizer uma palavra a seu filho a sós, revelar-lhe a ele sozinho um segredo:
Falou com Ninurta da profecia de Galzu e da escolha de Ibruum.
Nergal é irrefletido, assegure-te de que as cidades sejam perdoadas, avise a Ibruum! Disse Enlil a Ninurta.
Quando Ninurta chegou ao lugar das armas, Nergal já as tinha tirado da cavidade,
Enquanto despertava seu ME do longo sono, Nergal deu um nome de trabalho a cada uma das sete:
A primeira arma chamou de A que Não Tem Rival; a segunda, de Chama Ardente;
A terceira chamou de A que Desmorona com Terror; Fundidora de Montanhas chamou à quarta;
Vento que Busca os Limites do Mundo chamou à quinta; A que a Ninguém Perdoa foi a sexta;
A sétima estava repleta de um monstruoso veneno, chamou-a Vaporizadora do Vivente.
Com a bênção de Anu entregaram as sete a Nergal e Ninurta, para com elas causar a destruição.
Quando Ninurta chegou ao lugar das Armas de Terror, Nergal estava pronto para destruir e aniquilar.
Eu matarei o filho, aniquilarei o pai! Gritava Nergal com desejo de vingança.
As terras que cobiçam se desvanecerão, destruirei as cidades pecadoras! Assim Nergal anunciou furioso.
Valente Nergal, destruirá ao justo com o injusto? Perguntou Ninurta a seu camarada.
As instruções de Enlil são claras! Eu levarei o rumo aos objetivos selecionados, você me seguirá pela retaguarda!
A decisão dos anunnakis me é conhecida! Disse Nergal a Ninurta.
Ambos esperaram o sinal de Enlil durante sete dias e sete noites.
Como era sua intenção, quando terminou sua espera, Marduk voltou para Babili,
Em presença de seus seguidores, providos com armas, declarou sua supremacia;

A conta de anos terrestres era então de mil setecentos e trinta e seis.
Naquele dia, naquele fatídico dia, Enlil enviou o sinal a Ninurta;
Ninurta partiu para Monte Mashu, depois dele ia Nergal.
O Monte e a planície, no coração da Quarta Região, inspecionou Ninurta dos céus.
Com o coração apertado, fez um sinal a Nergal: Fique aí! Assinalou-lhe.
Então, Ninurta soltou dos céus a primeira arma de terror; com um resplendor, o topo do Monte Mashu se rachou, as vísceras do monte se fundiram em um instante.
Sobre o Lugar dos Carros Celestiais liberou a segunda arma,
Com o resplendor de sete sóis, as rochas da planície se tornaram uma ferida aberta,
A Terra tremeu e desmoronou, os céus se obscureceram depois do resplendor;
A planície dos carros se cobriu de pedras queimadas e trituradas,
De todos os bosques que tinham rodeado a planície, somente três troncos ficaram em pé.
Feito! Exclamou Ninurta da nave celestial, de seu Divino Pássaro Negro.
Do controle que Marduk e Nabu tanto cobiçavam lhes privou para sempre!
Então, Nergal desejou emular a Ninurta, seu coração lhe urgia a ser Erra, o Aniquilador;
Seguindo a Estrada do Rei, voou até o verde vale das cinco cidades.
Nergal planejava no verde vale onde Nabu estava convertendo as pessoas, esmagá-lo como um pássaro enjaulado!
Sobre as cinco cidades, uma atrás de outra, Erra enviou uma arma de terror dos céus,
Destruiu por completo as cinco cidades do vale, viraram desolação.
Com fogo e enxofre foram arrasadas, tudo o que ali vivia se converteu em vapor.
Com tão terríveis armas, as montanhas vieram abaixo, a barreira que continha as águas do mar se partiu,
As águas do mar se derramaram no vale, o vale ficou alagado pelas águas;
Quando as águas se derramaram sobre as cinzas das cidades, elevou-se o vapor para os céus.
Feito! Gritou Erra em sua nave celeste. No coração de Nergal já não havia vingança.

Inspecionando sua maligna obra, os dois heróis ficaram confusos com o que viram:
Os resplendores foram seguidos pelo obscurecimento dos céus, depois soprou a tempestade.
Formando redemoinhos dentro de uma escura nuvem, um Vento Maligno levava a penumbra dos céus,
Com o transcorrer do dia, o Sol desapareceu sobre o horizonte com a escuridão,
Com a noite, um pavoroso resplendor destacava suas bordas, fez desaparecer a Lua.
Quando chegou o amanhecer do dia seguinte, do oeste, do Mar Superior, começou a soprar um vento de tormenta,
A nuvem marrom escura se dirigiu para o este, para as terras habitadas se estendeu a nuvem;
Onde quer que chegasse, trazia sem misericórdia a morte de tudo o que vive;
Do Vale Sem Misericórdia, engendrada pelos resplendores, a morte foi transportada para o Sumer.
Ninurta e Nergal deram a voz de alarme a Enlil e Enki: Implacável, o Vento Maligno leva a morte a todos!
Enlil e Enki transmitiram o alarme aos deuses do Sumer: Escapem! Escapem! Gritaram a todos.
Que se disperse o povo! Que o povo se oculte!
Os deuses fugiram de suas cidades, como pássaros assustados escaparam de seus ninhos.
Os habitantes das terras caíram sob as garras do Vento Maligno; inútil foi sua fuga.
Silenciosa era a morte, como um fantasma atacava os campos e as cidades;
Atravessava os muros mais grossos como as águas de uma inundação,
Não havia porta que pudesse lhe manter fora, nem ferrolho que pudesse lhe impedir o passo.
Aqueles que, detrás de portas fechadas, ocultaram-se dentro de suas casas, como moscas caíram,
Aqueles que fugiram às ruas, nas ruas amontoaram seus cadáveres.
Os peitos cheios de cuspes e escarros, as bocas transbordantes de saliva e espuma;
Quando o Vento Maligno apanhava, invisível, as pessoas, suas bocas se enchiam de sangue.

Lentamente soprou o Vento Maligno sobre as terras, cruzou do oeste a leste sobre planícies e montanhas;
Tudo o que vivia, depois dele ficava morto e moribundo, a gente e o gado pereciam igualmente.
As águas se envenenaram, nos campos murchou toda vegetação.
De Eridu no sul até Sippar no norte, o Vento Maligno arrasou o país.
Babili, onde Marduk tinha declarado a supremacia, foi poupada pelo Vento Maligno.

Sinopse da Décima Quarta Tabuleta

Babili, o centro eleito por Marduk, sobrevive à calamidade.
Enki vê isso como um augúrio da inevitável supremacia de Marduk.
Enlil reflete sobre o passado, a Sorte e o Destino.
Aceita a supremacia de Marduk, retira-se para terras distantes.
Os irmãos se despedem com emoção.
Enki vê o Passado como um guia para prever o Futuro.
Decide tomar nota de tudo para a posteridade.
Convocou o escriba Endubsar.

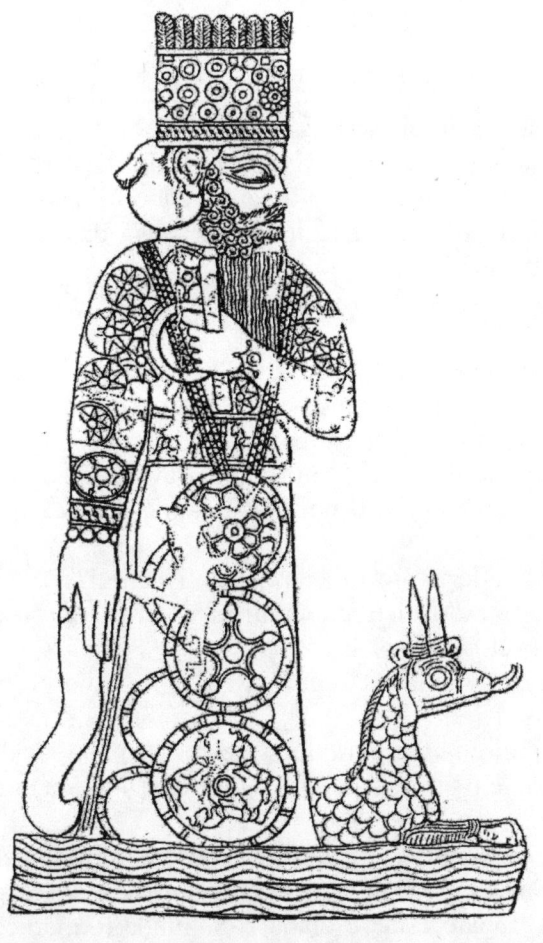

Representação babilônica do resplandecente Marduk

A Décima Quarta Tabuleta

Babili, onde Marduk tinha declarado a supremacia, foi poupada pelo Vento Maligno.
Todas as terras ao sul de Babili foram devoradas pelo Vento Maligno, também alcançou ao coração da Segunda Região.
Depois da Grande Calamidade, Enlil e Enki se encontraram para estudar o desastre,
Enki considerou a Enlil o livramento de Babili como um augúrio divino.
A salvação de Babili confirma que Marduk foi destinado para a supremacia! Assim disse Enki a Enlil.
Deve ter sido a vontade do Criador de Tudo! Disse Enlil a Enki.
Então, Enlil lhe revelou a visão-sonho e a profecia de Galzu.
Se sabia disso, por que não impediu o uso das Armas de Terror? Perguntou-lhe Enki.
Irmão meu! Disse Enlil a Enki com uma voz aflita. Era evidente o motivo.
Depois de sua chegada à Terra, cada vez que a missão era obstruída,
Encontrávamos uma forma de evitar o obstáculo;
E então a criação dos Terrestres, a grande solução,
Foi também a fonte de uma miríade de reviravoltas indesejadas.
Quando chegou a compreender os ciclos celestes e atribuiu constelações,
Quem nelas poderia prever as mãos do Destino?
Quem teria podido distinguir entre as Sortes que escolhemos e o inquebrável Destino?
Quem proclamava falsos augúrios e quem podia pronunciar profecias verdadeiras?
Daí que decidi guardar para mim mesmo as palavras de Galzu.
Era de verdade o emissário do Criador de Tudo, ou era minha alucinação?
O que tiver de acontecer, aconteça! Disse a mim mesmo.
Enki ouvia as palavras do irmão, enquanto assentia com a cabeça.
A Primeira Região está desolada, a Segunda Região está em confusão, a Terceira Região está ferida,

O Lugar dos Carros Celestiais já não existe; isso é o que aconteceu! Disse Enki a Enlil.
Se era essa a vontade do Criador de Tudo, isso é o que ficou de nossa Missão na Terra!
Pelas ambições de Marduk foi feita a semeadura, o que resultará disso será para que ele o colha!
Assim disse Enlil a seu irmão Enki, então aceitou o triunfo de Marduk.
Que a posição cinquenta, que teria passado para Ninurta, seja dada em vez disso a Marduk!
Que Marduk declare sua supremacia sobre a desolação nas Regiões!
Quanto a mim e Ninurta, não vamos nos interpor mais em seu caminho.
Partiremos para as Terras de além dos Oceanos, pelo que viemos,
A missão de obter ouro para o Nibiru, iremos concluir!
Assim disse Enlil a Enki; havia tristeza em suas palavras.
Teriam sido diferentes as coisas se não se usassem as Armas de Terror? Questionou Enki a seu irmão.
E se não tivéssemos ouvido as palavras de Galzu para que não voltássemos para Nibiru? Replicou Enlil.
E se tivéssemos interrompido a Missão Terra quando os anunnakis se amotinaram?
Eu fiz o que fiz. Você mantém o que fez. Não se pode desfazer o passado!
Acaso não há nisso também uma lição? Perguntou Enki para ambos.
Acaso o que ocorreu na Terra não é um reflexo do que teve lugar em Nibiru?
Acaso não está escrito no Passado o esboço do Futuro?
Repetirá a humanidade, criada à nossa imagem, nossos êxitos e fracassos?
Enlil guardou silêncio. Quando ficou em pé para partir, Enki lhe estendeu o braço.
Estreitemos os braços como irmãos, como camaradas que, juntos, enfrentaram muitos desafios em um planeta estranho!
Assim disse Enki a seu irmão.
E Enlil, agarrando o braço de seu irmão, abraçou-o também.
Voltaremos a nos encontrar na Terra ou em Nibiru? Perguntou Enki.
Estaria certo Galzu de que morreríamos se voltássemos para Nibiru? Respondeu Enlil. Então, voltou-se e partiu.

Enki ficou sozinho; acompanhado tão somente pelos pensamentos de seu coração.
Sentou-se e refletiu sobre como tudo havia começado e como tinha terminado até o momento.
Estava tudo destinado, ou foi a Sorte forjada por esta ou aquela decisão?
Se Céu e Terra estavam regulados por ciclos dentro de ciclos,
Voltará a ocorrer o que aconteceu? Acaso o Passado é o Futuro?
Imitarão os Terrestres aos anunnakis, reviverá a Terra o que viveu Nibiru?
O primeiro a chegar será o último a partir?
Assediado por seus pensamentos, Enki tomou uma decisão:
De todos os acontecimentos e decisões, começando desde Nibiru até este dia na Terra,
Registrar-se-á, para que seja um guia para gerações futuras.
Que a posteridade, no momento escolhido pelo destino,
Leia o registro, recorde o Passado, compreenda a profecia do Futuro,
Que o Futuro seja o juiz do Passado!
Essas são as palavras de Enki, Primogênito de Anu de Nibiru.

Décima quarta tabuleta: As Palavras do senhor Enki.
Escritas da boca do grande senhor Enki,
Nenhuma palavra perdida, nenhuma palavra escondida,
Pelo escriba mestre Endubsar, um homem de Eridu, filho de Udbar.
Pelo senhor Enki, com longa vida fui agraciado.

Glossário

Abael: O Abel bíblico, morto por seu irmão Ka-in
Abgal: Piloto da nave espacial, primeiro comandante do Local de Aterrissagem
Abzu Abaixo: O sul da África, dominada por Nergal e Ereshkigal
Abzu: Domínio minerador de ouro de Enki no sudeste da África
Acádio: Língua-mãe das línguas semíticas
Adab: Cidade de Ninharsag pós-Dilúvio em Sumer (Suméria)
Adamu: O Primeiro Trabalhador Primitivo bem-sucedido, o Adam (Adão)
Adapa: Filho de Enki com uma fêmea terrestre, primeiro Homem Civilizado; o Adão bíblico
Agade: Primeira capital pós-guerra de Nibiru, capital unificada de Sumer e Akkad (Suméria e Acádia)
Água da Juventude: Prometida por Rá para seus seguidores após a vida
Água da Vida: Usada para despertar Innana e trazê-la de volta da morte
Akkad: Terras do norte anexadas a Sumer sob Sargon I
Alalgar: Piloto da nave espacial; segundo comandante de Eridu
Alalu: Rei deposto de Nibiru que escapou para a Terra e descobriu ouro; morto em Marte, sua imagem foi desenhada em uma rocha em seu túmulo
Alam: Filho de Anshargal com uma concubina
Amanhecer e Anoitecer: Fêmeas Terrestres engravidadas por Enki, mães de Adapa e Titi
Amun: Nome egípcio para o exilado deus Rá
An: Primeiro rei de Nibiru; nome do planeta que chamamos de Urano

Anak: O metal estanho
Anib: Título real para Ib, sucessor de Nibiru no trono
Anki: Primogênito de An em Nibiru
Annu: Cidade sagrada do Egito, a bíblica On, Heliópolis em grego
Anshar: O quinto governante de Nibiru da dinastia unificada; o planeta que conhecemos como Saturno
Anshargal: O quarto governante de Nibiru na dinastia unificada
Antu: Esposa de An; esposa de Anu; nome pelo qual conhecemos o planeta Netuno
Anunitu: Nome afetuoso para a deusa Inanna
Anunnakis: "Aqueles que do Céu à Terra Vieram" (de Nibiru à Terra)
Anzu: Piloto da nave espacial; primeiro comandante da estação Marte
Apsu: Progenitor primordial do sistema solar, o Sol
Aratta: Um domínio concedido por Inanna, parte da Terceira Região
Arbakad: O Arpakhshad bíblico (um dos filhos de Shem)
Armas do Terror: Armas nucleares, usadas primeiramente em Nibiru e depois, na Terra
Arrata: A terra e as montanhas de Ararat
Asar: Deus egípcio chamado Osíris
Asta: Deusa egípcia chamada Ísis, meia-irmã de Asar
Awan: Meia-irmã de Ka-in (o Caim bíblico)
Aya: Esposa de Utu (deus chamado Shamash em acádio)
Azura: Esposa de Sati, mãe de Enshi (a Enosh bíblica)
Bab-Ili: "Portal dos deuses"; Babilônia, Cidade de Marduk na Mesopotâmia
Bad-Tibira: Cidade de Ninurta para fundição e refino de ouro
Banda: Governante heroico de Uruk (o Ereque bíblico), pai de Gilgamesh
Baraka: Esposa de Irid (a Jarede bíblica)
Barco celestial: Termo egípcio para uma nave espacial dos deuses
Barcos do céu: Veículos aéreos de vários deuses e deusas
Batalha Celestial: Colisão primiordial entre Nibiru e Tiamat
Batanash: Esposa de Lu-Mach (a Lameque bíblica), mãe do herói do Dilúvio
Bau: Esposa de Ninurta, uma curandeira
Ben-Ben: Parte cônica superior da nave celestial de Rá
Bracelete Esculpido: O Cinturão de Asteroides, também chamado de Firmamento

Burannu: Rio Eufrates

Câmara de Criação: Instalações para engenharia genética e domesticação nas Montanhas de Cedro

Caminho de Anu: O grupo central da esfera celestial contendo as constelações do zodíaco; na Terra, o grupo central entre o Caminho norte de Enlil e o Caminho Sul de Enki

Caminho de Enki: A esfera celestial abaixo do paralelo 30 sul

Caminho de Enlil: A esfera celestial acima do paralelo 30 norte

Carros celestiais: Naves espaciais interplanetárias

Centro de Controle de Missão: Em Nibru-ki (Nippur) antes do Dilúvio, no Monte Moriah após o Dilúvio

Circuito: Órbita de um planeta ao redor do Sol

Contagem de Anos na Terra: A contagem de anos desde que Anu visitou a Terra, o calendário Nippur em começou em 3760 a.C.

Criador de Tudo: O Deus universal, cósmico

Damkina: Esposa de Enki, renomeada Ninki; filha de Alalu

Dauru: Esposa de Nibiruano Du-Uru

Destino: Curso de eventos que está sujeito a liberdade de escolhas e alterações

Destino: Curso predeterminado (dos eventos, do circuito) que não se pode modificar

Dilúvio: A Grande Inundação

Duat: Nome egípcio para zona restrita do espaço-porto de Sinai

Dudu: Nome carinhoso ao deus Adad (Ishkur), filho mais novo de Enlil, tio de Inanna

Dumuzi: Filho mais novo de Enki, encarregado do pastoreio no domínio egípcio

Dunna: Esposa de Malalu, mãe de Irid (os Mahalalel e Jarede bíblicos)

Duttur: Concubina de Enki, mãe de Dumuzi

Du-Uru (Duuru): Sétimo governante de Nibiru

E-A: "Aquele que Mora na Água", o protótipo de Aquário; primogênito de Anu, meio-irmão de Enlil; líder do primeiro grupo de anunnakis que desceu à Terra; o criador da Humanidade e salvador do Dilúvio; deu os epítetos Nudimmud ("o Criador"), Ptah (o "Desenvolvedor" no Egito), Enki ("Lorde Enki"); pai de Marduk

Eanna: Os sete estágios do templo de Anu em Uruk, dado de presente por ele a Inanna

Edin: Lugar onde os anunnakis fizeram seus primeiros assentamentos, o Éden bíblico, no sul da Mesopotâmia; mais tarde a área de Shumer
Edinni: Esposa de Enkime, mãe de Matushal (Enoch e Matusalém bíblicos)
Ednat: Esposa de Matushal, mãe de Lumach (o Lameque bíblico)
Ekur: Estrutura alta no pré-diluviano Centro de Controle de Missão; a Grande Pirâmide (de Gizé) após o Dilúvio
Elo Céu-Terra: Instrumentos Complexos no Centro de Controle da Missão
Emissor: Instrumento usado junto com o Pulsador para reacordar Inanna
Emush: Deserto infestado por cobras onde Dumuzi procurou se esconder
Emzara: Esposa de Ziusudra (o Noé bíblico) e mãe de seus três filhos
Enbilulu: Um tenente de Ea com a primeira equipe de pouso
Endusabar: Escriba a quem Enki ditou suas memórias
Engur: Um tenente de Ea com o primeiro partido de pouso
Eninnu: Abóbada do templo de Ninurta no recinto sagrado de Lagash
Enki: Seu epíteto-título foi Ea depois da divisão dos deveres e poderes entre ele e seu meio-irmão e rival NElil; pai de Marduk com sua esposa Damkina; impossibilitado de ter um filho com sua meia irmã Ninmah, teve cinco outros filhos com concubinas, além de crianças com fêmeas terráqueas.
Enkidu: Companheiro de Gilgamesh, criado artificialmente
Enkimdu: Subtenente de Ea no primeiro grupo de terra.
Enkime: Levado para o céu e com muito conhecimentos; o Enoch bíblico; pai de Sarpanit, cônjuge de Marduk.
Enlil: Filho de Anu e esposo de sua irmã Antu e, portanto, o principal filho, intitulado sucessor do trono de Nibiru à frente do primogênito Ea; comandante e administrador militar, mandado à Terra para organizar operações de obtenção de ouro em larga escala; pai de Ninurta com sua meia-irmã Ninmah, e de Nannar e Ishkur com sua esposa Ninlil; contrário à criação dos terráqueos, solicitando o fim da humanidade pelo Dilúvio; autorizou o uso de armas nucleares contra Marduk
Enmerkar: Governante heroico de Unug-ki (Uruk), avô de Gilgamesh

Ennugi: Comandante dos anunnakis designado às minas de ouro de Abzu
Enshar: Sexto governande dinástico em Nibiru; nomeou os planetas abraçados pela órbita de Nibiru.
Enshi: Enoch bíblico, o primeiro a quem foi ensinado os rituais e cultos
Enursag: Subtenente de Ea com o primeiro grupo de terra
Enuru: Terceiro filho de An e Antu e pai do governante de Nibiru, Anu
Ereshkigal: Neta de Enlil, senhora do mundo inferior (África do Sul); esposa de Nergal; irmã de Inanna
Eridu: O primeiro povoamento na Terra, estabelecido por Ea; seu eterno centro e estadia em Shumer
Erra: Codinome de Nergal depois do holocausto nuclear, significando a Aniquilação
Esagil: Templo de Marduk na Babilônia
Essência da Vida: Código genético do DNA
Estações Celestiais: As doze casas das constelações do zodíaco.
Estrela Imperecível: Nome egípcio para para o planeta do qual Rá veio até a Terra
Etana: Um rei de Uruk que foi levado aos céus, mas ficou com medo demais para continuar
Filho principal: O filho nascido de uma meia-irmã para ser governante e, portanto, o herdeiro legal
Firmamento: Cinturão de asteroides, remanescentes da metade quebrada de Tiamat
Floresta de Cedro: Lugar de Aterrissagem (atualmente Líbano)
Gaga: Lua de Anshar (Saturno), que após da passagem de Nibiru tornou-se o planeta Plutão
Gaida: Filho mais jovem de Enkime (Enoch na Bíblia)
Galzu: Um misterioso emissário divino que transmitia mensagens por meio de sonhos e visões
Geshtianna: Irmã de Dumuzi, que o traiu
Gibil: Um irmão de Enki, que cuidava da metalurgia, criador de artefatos mágicos
Gigunu: Casa do Prazer Noturno de Inanna
Gilgamesh: Rei de Uruk; era filho de uma deusa, partiu em busca da imortalidade
Girsu: Recinto sagrado de Ninurta em Lagash
Grande Abaixo: Continente da Antártica

Grande Calamidade: Devastação resultada do holocausto nuclear em 2400 a.C.
Grande Mar: O Mar Mediterrâneo; também chamado de Mar Acima
Grande Profundeza: Oceano Antártico
Guru: Um tenente de Ea no primeiro pouso
Ham: Segundo filho do herói do Dilúvio, irmão de Shem e Jafé
Hapi: Antigo nome egípcio para o Rio Nilo
Harran: Cidade do noroeste da Mesopotâmia (atualmente, Turquia), que serviu como uma cidade gêmea de Ur; lugar permanente de Abraham; colocado à disposição de Marduk para a usurpação da supremacia na Terra
Hem-Ta: Nome egípcio para o Antigo Egito
Homem Civilizado: *Homo sapiens sapiens*, dos quais Adapa foi o primeiro
Horon: O deus egípcio, agora chamado Hórus
Hurum: Uma montanha onde o herói Banda morreu e voltou à vida
Ib: Terceiro rei da dinastia de Nibiru, recebendo o título real de An-Ib
Ibru: Neto de Arbakad, o bíblico Éber (Antepassado de Abraão)
Ibru-Um (Ibruum): Descendente de uma família real sacerdotal de Nippur e Ur, o Abraão bíblico
Igigi: Os 300 anunnakis designados para a nave auxiliar para o caminho da estação de Marte; mulheres terrestres raptadas como esposas; rebeldes frequentes
Ilabrat: Um vizir e emissário de Anur; levou Adapa para Nibiru
Inanna: Filha de Nannar e Nigal, irmã gêma de Utu; traiu Dumuzi; tinha bravura na guerra, era vigorosa ao fazer amor; amante de Uruk e da Terceira Região; conhecida como Ishtar em acádio; associada à deusa que chamamos de Vênus
Inbu: Uma fruta trazida de Nibiru à Terra, fonte do elixir anunnakis
Irid: O bíblico Jared; pai de Enkime (o Enoch bíblico)
Ishkur: Filho mais novo de Enlil e sua esposa Ninlil; deus acádio Adad
Ishtar: Nome acádio da deusa Innana
Ishum: Título dado a Ninurta depois do holocausto nuclear, que significa "O Arrojado"
Isimud: Vizir de Enki
Ka-in: O bíblico Caim que matou seu irmão Abael (Abel) e foi expulso

Kalkal: Porteiro da residência de Enlil em Abzu
Ki: "Terra Firme", o planeta Terra
Ki-Engi: Shumer ("Terra de Observadores Elevados"), a Primeira Região da civilização
Kingu: Principal satélite de Tiamat; Lua da Terra antes da Batalha Celestial
Kirshi: A primeira Cidade do Homem em Shumer onde o reinado começou
Kishar: Esposa do quinto governante de Nibiru; o planeta que chamamos de Júpiter
Kishargal: Esposa do quarto governante de Nibiru
Kulla: Tenente de Ea durante o primeiro pouso
Kunin: O bíblico Kenan, irmão de Enshi e Noam
Laarsa: Uma das cidades anunnakis pré-diluviais; restabelecida após o Dilúvio
Lagash: Construída ao mesmo tempo que Laarsa, feitas para servir as "Cidades Farol"; após o Dilúvio, foi restabelecida em Nibiru como a principal cidade
Lahama: Esposa de Lahma
Lahamu: O planeta que chamamos Vênus
Lahma: O oitavo rei da dinastia de Nibiru
Lahmu: O planeta que chamamos de Marte
Lar da Criação: Laboratório genético na floresta de cedros para a colheita e a pecuária
Lar da Cura: Instalações médico-biológicas de Ninmah em Shurubak
Lar da Vida: Instalações biogenéticas de Enki em Abzu
Lei da Semente: A regra da sucessão do trono dada por meio de um filho gerado por um irmão com sua meia-irmã
Lugal: Literalmente, "Grande Homem"; título dado ao rei escolhido
Lugar cor de neve: Antártica
Lugar de Aterrissagem: Plataforma para os barcos voadores e os foguetes nas Montanhas de Cedros
Lugar do Carros Celestiais: Aeroporto espacial dos anunnakis
Lugar dos Carros: Espaço-porto
Lulu: Um híbrido geneticamente criado, o Trabahador Primitivo
Lu-Mach: Filho de Matushal e Ednat, o bíblico Lamech
Magan: Antigo Egito
Malalu: Filho de Kunin e Mualit, o bíblico Mahalalel
Mar Abaixo: O corpo da água agora chamado Golfo Pérsico

Mar Acima: Mar Mediterrâneo
Marduk: Primogênito e herdeiro legal de Enki e Damkina; adorado como Rá no Egito; tem inveja de seus irmãos; insatisfeito com apenas o Egito sob seu domínio; reivindicou e, após exílios e guerras, atingiu a supremacia na terra em sua cidade, a Babilônia
Material com essência da vida: Cromossomo que contém DNA
Matushal: Filho de Enkime e Edinni, o bíblico Matusalém
ME: Objetos codificados com fórmulas para todos o aspectos da ciência e da civilização
Meluhha: Antiga Núbia
Mena: O rei que deu início à Primeira Dinastia dos faraós egípcios
Mena-Nefer: Primeira capital do Egito, Memphis
Montanhas de Cedro: Local da residência de Enlil na floresta de cedro
Monte da Salvação: Os picos de Ararat, onde a arca permaneceu após o Dilúvio
Monte Mashu: Um monte equipado de instrumentos no pós-diluviano porto espacial de Sinai
Monte que Mostra o Caminho: Monte Moriah, lugar do Centro de Controle de Missão pós-diluviano
Mualit: Esposa de Kunin; mãe de Malalu
Mundo Abaixo: O hemisfério sul, incluindo o sul da África e a Antártica
Musardu: Uma das sete mães biológicas dos primeiros terrestres
Mushdammu: Tenente de Ea no primeiro pouso
Nabu: Filho de Marduk e Sarpanit; organizou os humanos seguidores de Marduk
Namtar: "Sorte"; vizir de Ereshkigal em seu domínio do Mundo Abaixo
Nannar: Filho e Enlil e Ninil; o primeiro líder anunnaki nascido na Terra; deus patrono de Urin (Ur) e Harran; associado à Lua; conhecido com Sin em acádio; pai de Utu e Innana
Naram-Sin: Neto de Sargon e sucessor dele como o Rei de Shumer e Akkad
Nebat: Irmã-esposa do deus egípcio Satu, conhecido como Nephtys
Nergal: Um filho de Enki, governante de Abzu Abaixo com sua esposa Ereshkigal; soltou as armas nucleares juntamente a Ninurta
Neteru: Palavra egípcia para deuses que são como Guardiões Observadores

Nibiru: Planeta onde moram os anunnakis; seu período de órbita, um Shar, equivale a 3.600 anos na Terra; tornou-se o décimo segundo membro do sistema solar após a Batalha Celestial
Nibru-ki: O original Centro de Controle de Missões; cidade de Enlil em Shumer, chamada Nippur em acádio
Nimug: Uma das sete mães biológicas dos primeiros terrestres
Nimul: Mãe de Ea/Enki por Anu; não era a esposa oficial nem meia-irmã; seu filho, embora o primogênito, perdeu a sucessão para Enlil, que tinha como mãe Antu
Ninagal: Um filho de Enki; designado por ele para navegar o barco dos heróis do Diúvio
Ninbara: Uma das sete mães biológicas dos primeiros terrestres
Ningal: Esposa de Nannar (Sin), mãe e Innana e Utu
Ningirsig: Tenente de Ea no primeiro pouso
Ningishzidda: Filho de Enki, professor em genética e outras ciências; chamado por Tehuti (Thoth) no Antigo Egito; foi com seus seguidores até as Américas após ter sido deposto por seu irmão Marduk
Ninguanna: Uma das sete mães biológicas dos primeiros terrestres
Ninharsag: Título dado a Ninmah após ela ter garantido sua morada na península do Siani
Ninib: Esposa de Ib, o terceiro rei da dinastia de Nibiru
Ninimma: Uma das sete mães biológicas dos primeiros terrestres
Ninki: Título dado a Damkina, esposa de Ea, quando este foi intitulado Enki ("O Senhor da Terra")
Ninlil: Adotada por Enlil após ela ter perdoado seu estupro; mãe de Nannar e Ishkur
Ninmada: Uma das sete mães biológicas do primeiros terrestres
Ninmah: Meia-irmã de Enki e Enlil, mãe de Ninurta por Enlil; chefe oficial dos médicos anunnakis; ajudou Enki a criar geneticamente o Trabalhador Primitivo; pacificadora entre os clãs anunnaki rivais e guerreiros; renomeada Ninhasarg
Ninmug: Uma das sete mães biológicas dos primeiros terrestres
Ninshubur: Criada de Innana
Ninsun: Mãe anunnakis de Gilgamesh
Ninurta: Primogênito de Enlil, nascido de Enlil e sua meia-irmã Ninmah, e seu sucessor legal; lutou com Anzu, que roubou as Tabuletas do Destino, e Marduk; encontrou fontes alternativas para o outro e estabeleceu instalações espaciais alternativas nas Américas; deus patrono de Lagash

Nippur: Nome acádio para Nibru-ki, onde o calendário de anos na Terra começa em 3760 a.C.; nascimento de Ibru-Um (Abraham)
Nisaba: Deusa da escrita e da medição
Noam: Irmã-esposa de enshi, mãe de Kunin
Nudimmund: Título dado a Ea, que significa Aquele que Cria as Coisas; o planeta Netuno
Nungal: Piloto da nave espacial
Nusku: Vizir e emissário de Enlil
O Abrasador: Título dado a Ninurta no seu papel de utilizar armas nucleares
Objeto Brilhante Celestial: Um dispositivo consagrado divino secreto, o lugar da realeza
Pai de Toda a Criação: O criador universal de tudo; o Deus cósmico
Pássaro da Tempestade: Aeronave de batalha de Ninurta
Pássaro Negro: Veículo aéreo de Ninurta
Pássaros Voadores: Naves dos anunnakis para voar pelo céu da Terra
Pedra Gug: Cristal emissor de feixes, transferida da Grande Pirâmide para o Monte Mashu
Pessoas de cabelos negros: Povo sumério
Picos de farol: As duas grandes Pirâmides de Gizé; depois, Monte Manshu em Sinais
Planície Acima: Área no norte da Mesopotâmia onde os descendentes de Arpakad habitavam
Planta da Vida: Usada pelos emissários robóticos de Enki para reavivar Innana
Planta que Torna Jovem Novamente: A planta secreta do rejuvenescimento encontrada por Gilgamesh
Porções celestiais: Período de 72 anos para uma mudança de 1º no zodíaco em virtude da Procissão
Portão para o céu: O propósito da torre de lançamento construída por Marduk na Babilônia
Primeira Região: A primeira região de civilização concebida à humanidade, Shumer
Procriador Primordial: "Apsu" – o sol – na criação da cosmogonia
Ptah: Como Enki é chamado no Egito; significa "o Desenvolvedor", comemorando seu feitos por elevar a terra debaixo das águas da Inundação
Pulsador: Instrumento usado junto com o Emissor para reacordar da morte

Quarta Região: A Península de Sinai, localização do espaço-porto no pós-Dilúvio
Rá: Nome egípcio para Marduk, significa O Brilhante
Redemoinho: Um satélite-lua de Nibiru, um de sete
Redemoinhos: Veículos aéreos dos anunnakis, semelhantes a helicópteros
Sarpanit: Uma terrestre, esposa de Marduk, mãe de Nabu
Sati: Terceiro filho de Adapa e Titi (o bíblico Seth)
Satu: Filho de Marduk e Sarpanit, o deus egípcio conhecido como Seth
Segunda Região: Egito e Núbia quando receberam a civilização
Semente da vida: DNA extraído do sêmen
Semente da vida: Material genético codificado em todas as formas, DNA
Serpente Alada: Epíteto de Ningishzidda nas Américas
Serpente do Mal: Epíteto depreciativo dado a Marduk por seus inimigos
Shamash: Nome acádio para Utu
Shamgaz: Um líder dos Igigi e investigador dos sequestros de fêmeas Terrestres
Shar: Um período orbital de Nibiru ao redor do Sol, igual a 3.600 anos na Terra
Sharru-kin: O primeiro rei da unificação de Shummer e Akkad; chamado de Sargon I
Shem: O filho mais velho do heróis do Dilúvio
Shumer: Terra dos Observadores, a primeira Região da civilização pós-diluviana; Suméria
Shurubak: Centro de cura de Ninmah antes do Dilúvio e restabelecido após este
Sin: Nome acádio de Nannar
Sippar: Aeroporto espacial da cidade pré-diluviano comandado por Utu; seu centro de culto após o Dilúvio
Sud: Uma enfermeira; também o nome-título de Ninlil antes de ela se tornar esposa de Enlil
Suzianna: Uma das sete mães biológicas dos primeiros terrestres
Tabuletas do Destino: Dispositivos usados no Centro de Controle de Missões para localizar e controlar órbitas e trajetórias; mais tarde, um gravador de decisões inalteráveis
Tehuti: Nome egípcio para Ningishzidda como "Thoth", o deus da ciência e do conhecimento

Tempo Celestial: Tempo medido pelas mudanças das constelações do Zodíaco.
Tempos Antigos: O período que começa com o primeiro pouso e termina com o Dilúvio
Tempos Prévios: O período de acontecimentos em Nibiru antes das missões na Terra
Terceira Região: Dominada por Innana; a civilização do Vale do Indo
Terra Além dos Mares: As Américas; determinada aos descendentes de Ka-in, supervisionada por Ninurta
Terra Branca: Antártica
Terra dos Dois Limites: Terras próximas ao Rio Nilo
Terra escura: A África dominada pelo deus Dumuzi
Terra escura: África
Ti-Amat: Esposa de Adamu; primeira Terrestre a conseguir procriar
Tiamat: Planeta primordial destruído na Batalha Celestial, dando origem ao cinturão de Asteroides e à Terra
Tilmun: "Terra dos Míssies", a Quarta Região na península do Sinai
Tirhu: Oráculo sagrado em Nippur, Ur e Harran (o Terá bíblico, pai de Abraão)
Titi: Esposa do primeiro Homem Civilizado, Adapa, mãe de Ka-in e Abel
Topo Norte: Residência de Enlil nas Montanhas de Cedar
Touro do Céu: Guardião de Enlil no Lugar de Aterrissagem, símbolo de sua constelação
Trabalhador Primitivo: O primeiro terrestre criado geneticamente
Udbar: Pai do escriba Endubsar
Ulmash: Tenente de Ea no primeiro pouso
Umbigo da Terra: Título dado à localização do Centro de Missões da Terra
Unug-ki: Cidade construída pela visita de Anu, concedida por ele a Innana; mais tarde chamada Uruk (a Erech bíblica); cidade-trono de Gilgamesh e outros semideuses
Ur: Nome acádio para Urim; os governantes de Shumer e Akkad quando a calamidade nuclear aconteceu; são conhecidos como reis da Terceira Dinastia de Ur; o bíblico "Ur para os Caldeus" de onde Abraão partiu para Harran
Urim: Cidade de Nannar em Shumer e a capital em três tempos (incluindo a época da Grande Calamidade); um próspero centro de cultura, indústria e comércio internacional

Ur-Nammu: Primeiro rei da Terceira Dinastia de Ur
Uruk: Nome acádio para Unug-ki (o bíblico Erech)
Utu: "Shamash" em acádio; irmão gêmeo de Innana; comandante do aeroporto espacial de Sippar no período pré-diluviano e o único no Sinai após o Dilúvio; criador de leis para o centro de Sippar após o Dilúvio; Padrinho de Gilgamesh
Vento Leste: Um satélite (Lua) de Nibiru
Vento Norte: Um dos satélites-lua de Nibiru
Vento Oeste: Um satélite-lua de Nibiru, um de sete
Vento Sul: Um satélite-lua de Nibiru
Ventos do Mal: Nuvem da onda de choque nuclear deslizando a leste em direção a Shumer
Zamush: Terra de pedras preciosas, parte da Terceira Região de Innana
Ziusudra: Herói do Dilúvio, um filho de Enki com uma Terrestre (o Noé bíblico)
Zumul: Astrônomo-sacerdote em Uruk durante a visita de Anu

Leitura Recomendada

O 12º Planeta

Livro I das Crônicas da Terra

Zecharia Sitchin

Ao apresentar a história das origens da humanidade por meio da arqueologia, da mitologia e de textos antigos, em O *12º Planeta*, Zecharia Sitchin documenta o envolvimento de extraterrestres na história da Terra. Focando principalmente na antiga Suméria, ele revela com precisão espetacular a história completa do Sistema Solar como contada pelos anunnakis de Nibiru, um planeta que orbita próximo à Terra a cada 3.600 anos.

Fim dos Tempos

Profecias Egípcias e Destinos Humanos

Zecharia Sitchin

Por que nosso atual século XXI d.C. é tão parecido com o século XXI a.C.? A história está destinada a se repetir? As profecias bíblicas se tornarão realidade e, se sim, quando? Mais de três décadas se passaram desde que o livro pioneiro de Zecharia Sitchin, O *12º Planeta*, deu vida à civilização suméria e ao seu registro dos anunnakis – os extraterrestres que formaram o homem e deram civilização e religião à humanidade.

Havia Gigantes na Terra

Deuses, Semideuses e Antepassados Humanos: A Evidência do DNA Alienígena

Zecharia Sitchin

Desde seu primeiro livro, O 12o Planeta (Madras Editora), Zecharia Sitchin afirmou que os Elohim bíblicos que disseram "Vamos moldar o Homem de acordo com nossa imagem e semelhança" eram os deuses da Suméria e da Babilônia – os anunnakis que vieram à Terra de seu planeta Nibiru.

www.madras.com.br

MADRAS® Editora
CADASTRO/MALA DIRETA

Envie este cadastro preenchido e passará a receber informações dos nossos lançamentos, nas áreas que determinar.

Nome _____
RG _____ CPF _____
Endereço Residencial _____
Bairro _____ Cidade _____ Estado ____
CEP _____ Fone _____
E-mail _____
Sexo ❏ Fem. ❏ Masc.   Nascimento _____
Profissão _____ Escolaridade (Nível/Curso) _____

Você compra livros:
❏ livrarias   ❏ feiras   ❏ telefone   ❏ Sedex livro (reembolso postal mais rápido)
❏ outros: _____

Quais os tipos de literatura que você lê:
❏ Jurídicos   ❏ Pedagogia   ❏ Business   ❏ Romances/espíritas
❏ Esoterismo ❏ Psicologia ❏ Saúde   ❏ Espíritas/doutrinas
❏ Bruxaria   ❏ Autoajuda   ❏ Maçonaria ❏ Outros:

Qual a sua opinião a respeito desta obra? _____
_____

Indique amigos que gostariam de receber MALA DIRETA:
Nome _____
Endereço Residencial _____
Bairro _____ Cidade _____ CEP _____

Nome do livro adquirido: <u>O Livro Perdido de Enki</u>

Para receber catálogos, lista de preços e outras informações, escreva para:

MADRAS EDITORA LTDA.
Rua Paulo Gonçalves, 88 – Santana – 02403-020 – São Paulo/SP
Caixa Postal 12183 – CEP 02013-970 – SP
Tel.: (11) 2281-5555 – Fax.:(11) 2959-3090
www.madras.com.br

MADRAS® Editora

Para mais informações sobre a Madras Editora, sua história no mercado editorial e seu catálogo de títulos publicados:

Entre e cadastre-se no site:

www.madras.com.br

Para mensagens, parcerias, sugestões e dúvidas, mande-nos um e-mail:

marketing@madras.com.br

SAIBA MAIS

Saiba mais sobre nossos lançamentos, autores e eventos seguindo-nos no facebook e twitter:

@madrased

/madraseditora